O Que Estão Falando sobre *Transformação Digital*

Finalmente! Um guia pragmático focado no "como" e que considera única cada jornada de transformação. Não importa se você está iniciando um processo de transformação ou em uma fase mais avançada, este livro é um recurso essencial e ideal que deve ser usado todos os dias para guiá-lo em direção à transformação digital bem-sucedida.

— **Luca Cavalli**, CDO (Diretor Digital), Cornèr Bank

A inovação digital tem tudo a ver com a execução. *Transformação Digital* é leitura obrigatória para todos os inovadores. O livro é uma caixa de ferramentas útil que contém as melhores práticas. Elas fizeram muito sentido pra mim, pois todos os dias passo pelos desafios descritos aqui. A organização do conteúdo em quadros me ajudou a pensar em maneiras diferentes de resolver meus problemas de implementação. E o mais importante: eu me diverti lendo os testemunhos de tantos executivos e os casos práticos.

— **Claire Calmejane**, CIO (Diretora de Inovação), Société Générale Groupe

Não importa o quanto a tecnologia seja caprichosa ou o quanto a visão seja grandiosa: saber o básico e ser bom nele é essencial. Os autores ilustram como sequenciar de maneira hábil os fundamentos do negócio para executar uma transformação digital bem-sucedida.

— **Richard Watson**, Professor Regente e de Internet da J. Rex Fuqua, Universidade da Geórgia, e autor de *Capital, Systems and Objects*

As empresas não carecem de ideias para a digitalização. Elas carecem de sucesso em fazer com que essas iniciativas contribuam para o resultado final. Exemplos de falhas são abundantes porque nem todos os aspectos foram considerados. A equipe autora do *Transformação Digital* guia você, de forma prática e bem-sucedida, pela implementação e execução de uma estratégia digital. É uma leitura obrigatória para colher os resultados de seus investimentos em digitalização.

— **Ursula Soritsch-Renier**, Diretora Digital e de Informação de Grupo, Saint-Gobain

Transformação Digital mostra as peças do quebra-cabeça complexo que precisam estar no lugar para executar uma transformação digital de sucesso. É uma leitura muito interessante sobre os mais complicados desafios que ocorrem na transformação digital acompanhados de muitas práticas recomendadas por diferentes organizações. Contém *insights* úteis para executivos de transformação digital que também são muito relevantes para aqueles em áreas de trabalho relacionadas.

— **Bart Leurs**, Diretor de Transformação Digital, Rabobank

O desafio de fazer a transformação digital ser um sucesso é comparável a escalar até o topo de uma montanha. Este livro é como um "Guia Sherpa" para essa jornada.

— **Hiroshi Nishino**, Cofundador do Centro de Inovação de Negócios Digitais, Tóquio, Japão

Transformação Digital cumpre sua promessa ao discutir problemas diretamente da vida real e fornecer análises honestas e soluções práticas para resolvê-los.

— **Tom Voskes**, Sócio-Gerente da SparkOptimus

O objetivo de qualquer transformação digital tem a ver com seus consumidores e com sua relevância futura como entidade social. A transformação começa com pessoas, organização e cultura. Exige também muitos facilitadores técnicos e financeiros. O desafio é criar ecossistemas relevantes para que a adaptação ocorra de forma eficaz e sustentável a ambientes complexos e em rápida mudança que agora são considerados a norma. Isso é bonito de dizer, mas como iniciar/acelerar, como operacionalizar essa transformação e nos adaptarmos a diferentes contextos se não houver um caminho único a seguir? É necessário pôr as teorias em prática, e o livro *Transformação Digital*, com uma compilação prática de *insights* e melhores práticas, inspirará e ajudará muitos líderes a acelerar sua jornada de transformação, seja qual for a etapa em que estejam.

— **Cyril Lamblard**, Diretor Global de eBusiness, Nestlé Nespresso S.A

Transformação Digital é leitura obrigatória para profissionais que procuram escalar com sucesso as transformações digitais na era da covid. Os autores analisam cuidadosamente os principais desafios organizacionais e operacionais que devem ser superados para tornar as transformações digitais bem-sucedidas, aproveitando as experiências do mundo real dos líderes digitais em todas as etapas do processo de transformação. Se você está apenas começando sua jornada ou está ao longo da curva de maturidade, este livro lhe dará *insights* práticos, estruturas e táticas que o ajudarão a alcançar seus objetivos organizacionais.

— **Stephen Bailey**, Fundador e CEO (Diretor Executivo) da ExecOnline

Um manual de campo de última geração para navegar com sucesso nas voltas e reviravoltas da transformação digital. Leitura obrigatória para quem procura embarcar nessa viagem.

— **Tim Ellis**, Fundador e CEO do The Digital Transformation People

TRANSFORMAÇÃO DIGITAL

TRANSFORMAÇÃO DIGITAL

MELHORES PRÁTICAS PARA IMPLEMENTAR E ACELERAR A TRANSFORMAÇÃO DO SEU NEGÓCIO

MICHAEL WADE
DIDIER BONNET
TOMOKO YOKOI
NIKOLAUS OBWEGESER

M.Books do Brasil Editora Ltda.

Rua Jorge Americano, 61 - Alto da Lapa
05083-130 - São Paulo - SP - Telefones: (11) 3645-0409/(11) 3645-0410
e-mail: vendas@mbooks.com.br
www.mbooks.com.br

Dados de catalogação na publicação

WADE, Michael; BONNET, Didier; YOKOI, Tomoko; OBWEGESER, Nikolaus
Transformação Digital
2023 – São Paulo – M.Books do Brasil Editora Ltda.

1. Transformação Digital   2. Tecnologia da Informação   3. Modelo Digital de Negócios   4. Implantação Digital   5. Consultoria em Tecnologia da Informação   7. Gerenciamento Digital de Negócios

ISBN: 978-65-5800-104-1

Do original em inglês: *Hacking Digital*: best practices to implement and accelerate your business transformation
Publicado originalmente por McGraw-Hill
© 2022 McGraw-Hill
© 2023 M.Books do Brasil Editora Ltda.

Editor: Milton Mira de Assumpção Filho

Tradução: Nathalia Amaya Borges

Produção Editorial: Gisélia Costa

Diagramação: 3Pontos Apoio Editorial

Capa: Isadora Mira

M.Books do Brasil Editora Ltda.
Todos os direitos reservados.
Proibida a reprodução total ou parcial.
Os infratores serão punidos na forma da lei.

*Para Heide, agradeço por me fazer perceber que o
digital não é o mais importante*
MW

*Aos meus coautores, que me ensinaram muito
sobre estudos, colaboração e diversão*
DB

Para meus pais, que finalmente descobriram como usar o Skype
TY

A Noémie e Isabel, minhas fontes intermináveis de inspiração
NO

AGRADECIMENTOS

Dizem que é preciso uma aldeia para criar um filho. Bem, é preciso uma cidade para escrever um livro sobre transformação digital! Muitas pessoas contribuíram com as ideias, os exemplos e as prescrições fornecidas nessas páginas e gostaríamos de agradecer a todas elas.

Nenhuma das melhores práticas ou *insights* descritos em *Transformação Digital* teria sido possível sem as centenas de líderes digitais que generosamente compartilharam seu tempo e suas experiências. Coletivamente, eles inspiraram, desafiaram e impulsionaram nosso pensamento sobre a transformação digital e foram muito pacientes enquanto testávamos, revisávamos, testávamos novamente e refinávamos cada recomendação. Sem a abertura e a percepção desses executivos lutando diariamente com os desafios da transformação digital, este livro teria sido possível. Seus nomes podem não estar nos holofotes, mas as centenas de executivos com os quais interagimos regularmente são cocriadores deste trabalho, e sua sabedoria está no âmago dele. Eles são os verdadeiros heróis da transformação digital.

Na IMD, nossos colegas Jialu Shan, Elizabeth Teracino e Remy Assir, do Global Center for Digital Business Transformation, forneceram um apoio intelectual inestimável e comentários que ajudaram a esclarecer nossos pensamentos e nossa direção. Um grande obrigado também vai para Lawrence Tempel, que ajudou com o suporte operacional. Anand

Narasimhan e Natalija Gersak deram supervisão importante e valiosa, enquanto o Presidente do IMD, Jean-François Manzoni, forneceu suporte quando necessário, bem como apoio financeiro para muitas de nossas atividades. Nos inspiramos nos colegas do corpo docente que operam em áreas digitais, incluindo Goutam Challagalla, Carlos Cordon, Mark Greeven, Öykü Isik, Jennifer Jordan, Amit Joshi, Misiek Piskorski e Howard Yu.

O Digital Vortex and Orchestrating Transformation da Cisco, incluindo James Macaulay, Andy Noronha, Joel Barbier e Jeff Loucks, ajudaram a estabelecer as bases intelectuais sobre as quais este livro foi construído. Nosso editor, Pete Gerardo, fez críticas conscienciosas e incisivas em relação aos nossos projetos. Nosso agente literário, Esmond Harmsworth, era uma presença constante nos bastidores, navegando habilmente pelo mundo obscuro da publicação corporativa.

A equipe altamente profissional da McGraw Hill tem sido inestimável no percurso para levar este livro até a linha de chegada. Stephen Isaacs, Judith Newlin, Scott Kurtz, Patricia Wallenburg, Kevin Commins e Scott Sewell foram parceiros e conselheiros confiáveis durante todo o trajeto. Obrigado por sua confiança neste livro.

SUMÁRIO

INTRODUÇÃO 15
    Não há uma solução para todos 19
    Como usar este livro 20
    Começando 25
    Sim, é possível 26

Parte Um
Hackeando os Primeiros Passos
Iniciando a Transformação Digital, 1

1   CRIE UM OBJETIVO CLARO E EFICAZ PARA PROMOVER A TRANSFORMAÇÃO DIGITAL 31

2   DESENVOLVA SENSO DE URGÊNCIA QUANDO SEU NEGÓCIO ESTIVER INDO BEM 37

3   ALINHE A EQUIPE RESPONSÁVEL PARA IMPULSIONAR O SUCESSO DA TRANSFORMAÇÃO DIGITAL 45

4   DESENVOLVA IMPULSO ORGANIZACIONAL E ENGAJAMENTO 53

5   FAÇA INVENTÁRIO DAS INICIATIVAS DIGITAIS JÁ EXISTENTES 62

6   O FINANCIAMENTO DO SEU PROGRAMA DE TRANSFORMAÇÃO DIGITAL 70

Parte Dois
Hackeando a Organização Interna
Configurando a Dinâmica Organizacional Correta, 81

7 COMO DEIXAR SEU CONSELHO DISPOSTO 84

8 ESCOLHA O MODELO CORRETO DE GOVERNANÇA DIGITAL 92

9 COMO FAZER O DIGITAL E O TI TRABALHAREM JUNTOS 103

10 ACELERE A TRANSFORMAÇÃO DIGITAL USANDO MÉTODOS ÁGEIS 110

11 CONSTRUA E GERENCIE UMA INFRAESTRUTURA DE TECNOLOGIA 119

Parte Três
Hackeando o Ambiente Externo
Trabalhando com o Mundo Exterior, 129

12 DESENVOLVA HIPERCONSCIÊNCIA NA ORGANIZAÇÃO 132

13 GERENCIE PARCERIAS E ECOSSISTEMAS 141

14 INVISTA EM *STARTUPS* 151

15 IMPLEMENTE A INOVAÇÃO ABERTA DE MODO EFICAZ 159

16 GERENCIE A TRANSFORMAÇÃO DIGITAL DE MANEIRA RESPONSÁVEL E SUSTENTÁVEL 169

Parte Quatro
Hackeando a Transição do Modelo de Negócios
Criando Valor de Novas Maneiras, 177

17 SAIA DA CENTRALIDADE DE PRODUTO PARA SERVIÇOS E SOLUÇÕES 180

18 CONVENÇA OS CLIENTES A PAGAREM POR SERVIÇOS DIGITAIS 188

19 COMPETIR OU TRABALHAR COM PLATAFORMAS DIGITAIS 199

20 CONSTRUA UM PORTFÓLIO EQUILIBRADO DE INICIATIVAS DIGITAIS 211

Parte Cinco
Hackeando a Liderança da Transformação Digital
Liderando Pessoas e Organizações, 225

21 AS CARACTERÍSTICAS DE UMA LIDERANÇA DIGITAL ÁGIL 229

22 COMO LÍDERES DIGITAIS PODEM ESTABELECER E MANTER A CREDIBILIDADE 239

23 FAÇA O CDO SER BEM-SUCEDIDO 248

24 COMO DESENVOLVER MELHOR AS HABILIDADES DIGITAIS NA ORGANIZAÇÃO? 255

25 TRABALHE ENTRE GRUPOS FECHADOS ("SILOS" E "PANELINHAS") 264

Parte Seis
Hackeando o Impulso Digital
Ancorando e Sustentando o Desempenho, 271

26 CRIE UM CANAL DE INICIATIVAS DIGITAIS 274

27 TRABALHE AS INICIATIVAS DIGITAIS EM ESCALA 282

28 MEÇA O DESEMPENHO DAS INICIATIVAS DIGITAIS 294

29 FIQUE POR DENTRO DAS NOVAS TECNOLOGIAS 304

30 COMO SE APROVEITAR DO DIGITAL PARA OBTER RESILIÊNCIA ORGANIZACIONAL 312

CONCLUSÃO 322

    Hackeando sua jornada em direção à organização digital 323

    Sobre se tornar uma organização digital 325

NOTAS 333

SOBRE OS AUTORES 371

INTRODUÇÃO

*Meu destino não é mais um lugar,
mas uma nova maneira de ver.*
— Marcel Proust

As luzes se apagavam enquanto participantes da Conferência da Próxima Onda de Transformação Digital saíam do auditório. O primeiro dia tinha chegado ao fim e a parte de *networking* estava prestes a começar.

"Preciso encontrar algumas pessoas para conversar", pensou Ian enquanto examinava a sala. Ele era um engenheiro formado, e sua carreira havia tomado um caminho interessante recentemente. Ele foi escolhido para cuidar da parte digital da empresa de engenharia para a qual havia trabalhado nos últimos vinte anos. A empresa concordou que seria bom ele assistir à conferência para descobrir como começar.

Ian viu Elena, que tinha feito uma apresentação mais cedo. Elena já era diretora executiva de dados (CDO) de um banco holandês há um ano e se colocou à disposição para compartilhar experiências. Ela estava conversando com outro participante, André. André tinha sido promovido ao cargo de diretor de tecnologia da informação (CIO) de uma empresa do setor de bens de consumo da qual havia sido CDO antes.

Ian estava entusiasmado para aprender com Elena e André sobre a gestão de grandes e complexos projetos de transformação digital. Depois de se apresentarem, perguntaram a ele a respeito de sua nova função.

"É estranho", começou Ian. "Tudo indica que vai dar certo, mas ainda estou preocupado."

"Como assim?" perguntou André.

"Bem...", Ian continuou, "Há um mês, o diretor operacional, meu chefe, me pediu para pesquisar mais sobre a área digital. Ele não foi muito específico, só disse que precisávamos fazer algo digital rápido. Parece bom, certo? Também disse que forneceria todos os recursos possíveis, dentro do possível, para transformar a empresa em um negócio digital."

"Até aí tudo bem", disse Elena. "Qual é o problema?"

"O problema é que eu não acho que meu chefe, ou qualquer outra pessoa da equipe de gestão, realmente entende o que significa transformação digital. Falei com o CIO, com o chefe de finanças e com os principais executivos, aqueles que realmente administram o negócio, e todos me apoiam, mas não se envolvem tanto. Quando eu insisto para obter mais detalhes, ninguém me dá muitas informações.

"Sinto que há muito mais coisas para aprender sobre a área digital do que eu estou ciente. Não tenho muita noção de todos os projetos que existem na empresa. Temos um *site* e um aplicativo – vários aplicativos, na verdade – mas ninguém parece saber quantos negócios eles podem gerar ou até mesmo se são rentáveis.

"No geral, sinto que todos estão me tolerando e não se comprometem de fato com a transformação. Eles fazem que sim com a cabeça quando falo sobre disrupção e transformação, mas percebo que a mensagem não é absorvida. Não sei se é porque não acreditam na mensagem ou se não acreditam em mim para entregá-la.

"Basicamente", continuou Ian, "acho que eles ficariam felizes em apenas continuar o trabalho deles sem nenhuma interferência minha. Não tem problema eu estar por perto, desde que eu não me meta no que estão fazendo."

"Qual é o tamanho de sua equipe?" perguntou André.

"Ainda tem isso", respondeu Ian. "É bem pequena. Eu fiquei com uma pequena equipe de cinco pessoas com uma ampla gama de habilidades: um gerente de projetos, uma pessoa da área de comunicação, um *coach* de agilidade e duas pessoas de TI. Meu chefe disse que posso contratar quem eu quiser, mas não tenho certeza de quais habilidades precisamos. Além do mais, não temos uma estrutura administrativa na área digital para nos basearmos. Para ser honesto, não sei o que devo fazer agora."

"Isso me soa familiar", falou Elena. "Quando comecei no banco há um ano, estávamos passando por uma grande transformação nos negócios. A empresa estava cansada de mudanças, então foi difícil motivar as pessoas a abraçarem o digital. Assim como você, Ian, eu levei certo tempo para me adaptar. Tive de fazer uma auditoria para descobrir nossa posição no cenário digital. Então montei um time e determinei um conjunto de projetos para desenvolver. Eu estava começando a ter alguma popularidade quando a covid chegou."

"Como foi?", perguntou Ian.

"Por eu ser ativa no cenário corporativo, todos me procuravam em busca de respostas. Por sorte, eu já havia construído uma boa relação com nosso pessoal de TI, então trabalhamos juntos para acelerar nosso projeto de atendimento bancário por chamada de vídeo, que foi o que realmente nos salvou. Também assumi a liderança do projeto de *home office*, cuja execução tomou muito tempo e energia. Felizmente deu tudo certo. Conseguimos sete mil pessoas trabalhando em casa em cerca de duas semanas. O atendimento bancário por chamada de vídeo e o *home office* realmente me ajudaram a obter credibilidade no banco."

"Parece que a covid funcionou bem para você, pelo menos no âmbito profissional", disse André.

"É provável que sim", respondeu Elena, "mas ao mesmo tempo criou expectativas nada realistas sobre o funcionamento de projetos digitais. Recentemente, algumas das nossas iniciativas digitais falharam, e a velha resistência voltou. Estamos meio que parados. Hoje passo a maior parte do tempo na parte organizacional em vez de ficar na parte tecnológica, então tento impulsionar mudanças, redesenhar processos, trabalhar em incentivos com a empresa e o RH, ensinar habilidades digitais para os funcionários e implementar novos modelos de negócios. Também passo bastante tempo com os clientes tentando entender do que precisam e, mais importante, o quanto estão dispostos a pagar.

"Meu maior desafio agora é conseguir tirar os projetos digitais do papel. Temos vários projetos digitais ótimos que estão 'incubados', por assim dizer, mas não consigo desenvolvê-los e isso está me deixando maluca! Em alguns aspectos, fica mais fácil, Ian. Em outros, fica mais difícil. Mesmo com alguns sucessos ao longo do último ano, não me sinto no controle de tudo."

"Vai melhorar... Bom, pelo menos melhorou pra mim." André interrompeu. "Passamos por muita coisa nos últimos três anos e nem sempre tivemos sucesso. Na verdade, cometemos muitos erros, mas acho que finalmente estamos no caminho certo. No início, passei muito tempo convencendo meus colegas da necessidade de transformação. Primeiro, eles não viram a ameaça, pois não estavam acostumados a lidar com mudanças. Segundo, eles não estavam convencidos de que o digital pudesse fornecer as respostas necessárias. A maioria achava que o digital significava ferramentas extravagantes da área de TI, até incluindo o próprio departamento de TI!

"Foram precisos alguns choques na empresa para convencer todos de que o *status quo* não era mais o ideal, e isso foi antes da covid. Para nós, da área de bens de consumo, ela foi bem positiva para os negócios. Nosso desafio foi ampliar os serviços para atender à demanda adicional e o digital nos ajudou. Felizmente, criamos um time digital forte com administração transparente e relações bem definidas com outros departamentos, como o de operações e o de TI. Agora conseguimos desenvolver novas ferramentas digitais, avaliá-las e integrá-las em nosso negócio de acordo com a demanda. Na maior parte do tempo, pelo menos.

"Meu maior desafio atualmente é fazer a transição da transformação digital de um programa, que tem sido por alguns anos a maneira usual de fazer negócios. Pra mim, não faz mais sentido separar os dois, pois quase tudo que fazemos na indústria hoje é digital. Precisamos nos tornar muito mais ágeis, mais colaborativos e mais 'orientados a dados' do que somos hoje. Para isso, são necessárias ferramentas e tecnologias digitais e a integração delas no núcleo de negócios. Além disso, temos de redesenhar nossos modelos de operação e o modo que nos organizamos, então ainda temos um longo caminho pela frente."

NÃO HÁ UMA SOLUÇÃO ÚNICA PARA TODOS

Ian, Elena e André não são pessoas reais, são um misto de diversos indivíduos, mas em nosso trabalho de consultoria, nossas atividades de educação executiva e de pesquisas, interagimos com milhares e milhares de executivos como eles – pessoas com dificuldade de lidar com a gestão de projetos digitais e com a transformação de suas organizações.

Aprendemos ao longo dos anos que transformação digital é difícil. Gostaríamos que houvesse uma fórmula mágica, uma única metodologia ou um caminho a seguir, mas apesar do que você pode ouvir de outros consultores ou ler em outros livros, não há. Pode acreditar.

A transformação digital é uma jornada com muitas voltas e reviravoltas, e há um desafio em cada uma delas. Alguns desses desafios estão relacionados à tecnologia, mas na maioria das vezes as barreiras que impedem a transformação bem-sucedida são organizacionais, pois envolvem pessoas, estrutura organizacional, incentivos, administração, visão e uma série de outros aspectos complicados.

Analisamos 11 pesquisas sobre transformação e vimos que 87% dos programas não conseguem atender às expectativas originais.[1] Esses números não são bons! Então, nosso melhor conselho é: se não precisa transformar, não transforme. Infelizmente, **não** transformar é uma opção para cada vez menos organizações, pois as oportunidades (e as ameaças) são tão grandes que você precisa considerar pelo menos alguma forma de transformação digital. É difícil e as probabilidades são ruins, mas você provavelmente não terá escolha.

Não prometemos sucesso, mas acreditamos que podemos melhorar suas chances. Já explicamos, em outras obras, a dinâmica da mudança digital e recomendamos ferramentas e *frameworks* úteis para seguir o caminho da transformação. Acadêmicos, consultores e analistas do mundo todo forneceram *frameworks* e *insights* para orientar os interessados no processo de transformação digital, mas ainda assim muitos executivos ainda têm dificuldades.

Neste livro, adotamos uma abordagem diferente. Após uma década de experiência em transformação digital, captamos as melhores práticas de profissionais e acreditamos que elas irão ajudar outros a trilhar (ou *hackear*) o caminho difícil da transformação digital na empresa.

COMO USAR ESTE LIVRO

Muitos líderes digitais enfrentam desafios semelhantes – e esperamos abordar os mais pertinentes aqui –, mas cada caminho tem objetivos e prioridades distintas que influenciam fortemente a jornada digital. Com este livro, reconhecemos que cada jornada de transformação digital é única e tem seu próprio método para alcançar o sucesso.

Assim, para torná-lo mais útil, nós o estruturamos para atender suas necessidades de cada específicas. Leitores diferentes têm níveis diferentes de maturidade e objetivos digitais, então não existe uma jornada digital simples para todas as organizações. Como leitor e líder digital, é sua responsabilidade aceitar cada desafio e adaptá-lo ao contexto em que vive. Com base em nossa extensa pesquisa e em incontáveis conversas com líderes digitais, sabemos que cada um dos desafios descritos neste livro, dependendo do momento, será mais relevante para você do que outro, mas só você sabe **quando** e **onde**.

Pense neste livro como uma lista de afazeres. Comece identificando os itens mais urgentes (como desafios) para sua empresa e vá atualizando a lista conforme avança. Lembre-se de que não existe uma ordem correta e tudo depende da jornada digital da empresa.

Vamos voltar para Ian, Elena e André. Eles precisam de conselhos práticos diretamente relacionados aos desafios que enfrentam. E por estarem em diferentes fases da jornada de transformação, os desafios não são os mesmos.

Nossas pesquisas e experiências mostraram que programas de transformação digital passam por três fases naturais: iniciação, execução e estabilização. Cada fase tem desafios distintos que os líderes das empresas precisam percorrer com cuidado para obter sucesso (observe a Figura I.1).

A fase de iniciação pode não ser a maior em termos de atividade — estimamos que ela represente cerca de 10% do total —, mas todo o processo de transformação digital é colocado em risco se essa fase não for concluída corretamente, já que ela consiste em garantir o sucesso da transformação digital pela construção de uma base sólida. Nessa fase, há três principais componentes: construção do impulso, definição de objetivos[4] e compreensão do cenário.

A construção do impulso envolve a criação de um senso de urgência para a transformação e o alinhamento das principais partes interessadas na necessidade de mudança, sobretudo a equipe responsável, que precisa estar internamente e fortemente alinhada em todo o processo. Além disso, é preciso assegurar que os fundos e os recursos necessários sejam alocados para o programa.

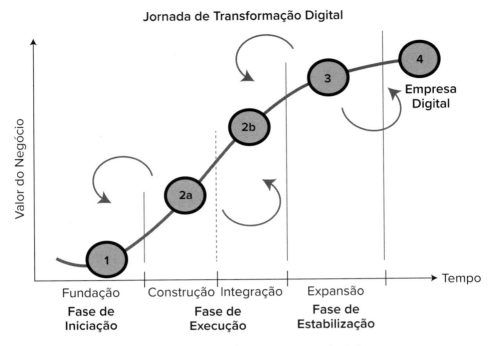

Figura I.1 Da fundação à construção de uma empresa digital.

A definição de objetivos claros é um passo imprescindível para estabelecer um conjunto de propósitos mais vasto e com enfoque em negócios em vez de "ir pro digital só por ir".

Por fim, a compreensão do cenário consiste em fazer uma avaliação clara da maturidade digital da organização e obter uma imagem precisa do portfólio atual de tecnologias e projetos digitais.

A fase de execução é, sem dúvida, a maior e mais desafiadora parte de qualquer programa de transformação digital – estimamos que ela represente aproximadamente 70% do total, além de ser a fase que mais agrega valor à organização. É aqui que a maioria das transformações digitais são consideradas um sucesso ou um fracasso!

Devido ao tamanho, dividimos a fase de execução em duas partes: construção e integração. A construção serve para começar bem o processo de transformação e inclui elementos importantes como o estabelecimento de governança digital apropriada e a criação de um portfólio equilibrado de projetos digitais. Uma fase de construção bem-sucedida consiste na realização de experimentos regulares para testar o que funciona e o que não funciona, além do estabelecimento de vitórias rápidas e da criação de impactos instantâneos e visíveis a partir de projetos digitais. Ela pode funcionar relativamente isolada do resto da organização.

A fase de integração é provavelmente a mais complicada porque exige que projetos e times digitais se assimilem à organização existente. Resultados sustentáveis só podem ser alcançados dessa forma. Esta fase requer uma grande dose de gerenciamento das partes interessadas e de alinhamento das equipes responsáveis por diferentes funções, como operações, RH, marketing e TI. Muitas atividades estão incluídas nesta fase, como o estabelecimento de indicadores-chave de desempenho claros (KPIs), desenvolvimento das habilidades digitais dos funcionários, integração de tecnologias digitais a produtos e processos descontinuados, aperfeiçoamento de novos modelos de negócio e cooperação com parceiros externos.

A fase de estabilização é o começo do fim de qualquer transformação digital e estimamos que ela represente aproximadamente 20% do total. Conforme ferramentas, sistemas e processos digitais se incorporam ao dia a dia, diminui a necessidade de criar um programa ou infraestrutura digital separada. A fase de estabilização consiste em inserir ferramentas e tecnologias digitais na estrutura da organização e expandi-las de modo que o negócio digital vire apenas negócio. Envolve construir uma base de competências digitais entre os funcionários para que novas funcionalidades tecnológicas ou modelos de negócios possam ser integrados de modo rápido sem a necessidade de criar um programa digital separado. Inclui também a incorporação de um nível apropriado de governança específico, de modo que o digital se torne uma parte natural da organização. Além disso, procura formar uma organização à prova do futuro, isto é, capaz de alavancar e expandir ferramentas e tecnologias digitais para conseguir oportunidades e combater ameaças à medida que forem aparecendo.

Essas fases também não são imutáveis. Elas têm nuances e várias idas e vindas. Por exemplo, uma inovação tecnológica com aprendizado de máquina pode fazer os líderes digitais na fase de execução repensarem a governança do programa para garantir que compartilhem um conjunto de habilidades raro – e caro. Da mesma forma, outras condições podem mudar. A chegada de um novo CEO também pode gerar questionamento sobre as expectativas de transformação digital e/ou a urgência da mudança. Mais uma vez, cabe a você manter a lista de afazeres atualizada e redefinir suas prioridades continuamente.

Vamos voltar para Ian, que está em uma nova função há algumas semanas. Ele com certeza está na fase de iniciação. As expectativas são altas e o futuro parece brilhante, mas ele pode falhar caso não tenha cuidado. A primeira parte do livro seria muito útil para ele, já que discorre sobre a organização da transformação digital. Ele pode aprender muito com os capítulos iniciais deste livro, como "Crie um Objetivo Claro e Eficaz para promover a Transformação Digital" (Capítulo 1), "Desenvolva Senso de Urgência Quando seu Negócio Estiver Indo Bem" (Capítulo 2) ou "Faça Inventário das Iniciativas Digitais Existentes" (Capítulo 5), entre outros.

As necessidades de Elena são diferentes das de Ian. Por estar no cargo há quase um ano, ela já passou por muitos dos desafios que Ian está encontrando agora. E teve vitórias e derrotas. Ela está chegando ao núcleo da fase de execução. Além disso, Elena está em um momento muito frágil do emprego: nossa pesquisa descobriu que a "expectativa de vida" de um CDO é um pouco mais de dois anos e meio.[2] Ela precisa ir além da tecnologia para incorporar a transformação profundamente na organização. Atualmente, a maioria dos profissionais de transformação digital são como Elena, então os desafios que ela enfrenta constituem a maior parte deste livro. Talvez ela se interesse mais por capítulos como "Acelere a Transformação Digital Usando Métodos Ágeis" (Capítulo

10), "Gerencie a Transformação Digital de Maneira Responsável e Sustentável" (Capítulo 16) ou "Convença os Clientes a Pagarem por Serviços Digitais" (Capítulo 18).

Já André é um veterano da transformação digital, mas isso não significa que não precisa tomar cuidado. Infelizmente, vários líderes digitais bem-sucedidos já ficaram abalados após falharem em expandir suas iniciativas digitais para o resto da organização. Ele está saindo da fase de execução e indo para a fase de estabilização, ou seja, partindo de um processo de transformação digital para a organização digital. Esses desafios são menos táticos do que os de Ian e Elena, mas não menos importantes. As últimas seções deste livro são para pessoas como André e incluem dicas de como criar técnicas para iniciativas digitais em escala (Capítulo 27) e como medir o progresso e o sucesso de sua empresa (Capítulo 28)

No momento, talvez você seja Ian, Elena, André ou uma mistura de todos eles. Independentemente de sua jornada digital atual, há muitos *hacks* disponíveis para maximizar suas chances de sucesso.

COMEÇANDO

Recomendamos que você leia o **Sumário** com atenção e comece com um desafio que seja relevante para a fase em que está – ou que seja exatamente o mesmo –, consulte o capítulo correspondente e leia as recomendações. Em cada capítulo, referenciamos capítulos adicionais que costumam se complementar, e conforme você navega pelos capítulos e pelos desafios, sua lista inicial de afazeres aumentará e as prioridades se tornarão mais claras.

Cada capítulo tem um formato padronizado para garantir que você aprenda e obtenha *insights* com facilidade. Após descrever o desafio e fornecer um breve resumo das recomendações mais importantes, dividimos o conteúdo como explicado a seguir.

Por que é Importante? Explicamos o porquê do desafio em questão ter sido incluído no livro, ou seja, o motivo de ele ser crucial para o sucesso de sua transformação digital. Esta seção costuma incluir fatos e estatísticas para esclarecer a relevância do desafio.

Melhores Práticas e *Insights* Essenciais. Essa é a maior seção de todas. Ela apresenta nossas dicas – baseadas em evidências – para resolver o desafio, incluindo recomendações e as melhores práticas para usar em casos típicos do dia a dia (com exemplos). Junto com as dicas, costumamos sugerir uma ferramenta ou *framework* para você incluir em sua organização.

Arsenal do Hacker. Nesta seção, oferecemos um conjunto de ferramentas e conselhos superpráticos que você pode utilizar para causar impacto imediato.

Questões para Autorreflexão. Aqui elencamos algumas questões que podem ser usadas como lista de verificação ou validação das abordagens recomendadas.

SIM, É POSSÍVEL

A metáfora do avião é frequentemente usada para descrever a transformação digital: enquanto você abastecer o avião com combustível, chegar à pista de pouso e decolar, as coisas continuarão dando certo. No entanto, essa metáfora não nos contempla, pois a transformação digital, para nós, é tipo uma caminhada nas montanhas. É essencial se preparar para a jornada, mas não é suficiente, e abaixar a guarda é inadmissível. Uma caminhada bem-sucedida consiste em: prestar muita atenção ao redor, evitar obstáculos, adaptar-se às mudanças, gerir as expectativas das pessoas ao seu redor e, acima de tudo, perseverar.

Considere este livro um canivete suíço da transformação digital. Sinta-se livre para abri-lo e fechá-lo a qualquer momento, dependendo da fase em que estiver e dos desafios diários específicos. Mesmo assim, mantenha-o próximo, pois você nunca sabe de onde virá o próximo desafio digital!

O objetivo do *Transformação Digital* é decodificar a transformação digital. Sim, é difícil, mas não impossível. Já vimos muitos fracassos – mais do que lembramos –, mas também muitos sucessos. Disponibilizamos para você, neste livro, um conjunto das melhores práticas, *insights* e recomendações para ajudá-lo a enfrentar os desafios mais difíceis da transformação digital, usar as circunstâncias a seu favor e, consequentemente, chegar cada vez mais perto de se tornar uma organização digital.

Parte Um
Hackeando os Primeiros Passos
Iniciando a Transformação Digital

O segredo pra sair na frente é começar.
— Mark Twain

Criar a base não é a parte mais complexa da construção de uma casa. Nem a mais agradável de olhar — e, ao longo do tempo, essa fase será esquecida. Mas se essa etapa for feita de maneira medíocre, eventualmente você pagará um preço alto. Infiltrações, rachaduras e afundamento podem transformar a casa dos seus sonhos em ruína. Os mesmos problemas ocorrem ao se iniciar um programa de transformação digital.

Construa bases sólidas e seu programa digital terá boa chance de dar certo sem dificuldades na fase de execução. Pule as partes importantes e terá de corrigir tudo no meio do caminho. Ao longo da última década, enquanto estudamos transformações digitais, vimos muitas organizações lutarem para progredir, e, em muitos casos, a principal causa foi a má iniciação. Então, o que é necessário?

Em primeiro lugar, pergunte o **porquê**. Embarcar em uma transformação digital passou a ser quase moda no mundo corporativo. Isso é perigoso. Fazer "digital só por fazer" quase certamente aumentará os custos, mas não é garantia de melhor desempenho. A visão é importante, assim como um conjunto claro de objetivos de transformação que encapsulam suas aspirações e metas de negócios. Sem essa clareza, a transformação digital logo se tornará difusa.

Para colocar sua organização em movimento, você precisa convencer a equipe de gerenciamento e as partes interessadas relevantes de que é urgente a mudança. Paradoxalmente, se você estiver sob intensas pressões competitivas e financeiras, será uma venda fácil. Mas se não estiver, terá de criar um objetivo aspiracional que prometa valer o esforço.

A transformação digital pode ser impulsionada de cima para baixo, mas não é um esporte solo. Boa visão, objetivos claros e uma equipe alinhada devem definir a direção certa a seguir, mas é necessária uma força de trabalho engajada para transformar essa visão em realidade. Construir o impulso organizacional inicial é fundamental para o sucesso.

Poucas organizações começam a transformação digital com uma tela em branco. É bem provável que alguma atividade digital já esteja acontecendo no momento. Para determinar o melhor ponto de partida e a maturidade digital geral da organização, faça um balanço de todas as iniciativas digitais em andamento.

Por fim, a transformação digital custa dinheiro. Não importa o quanto sua base seja boa, se não tiver um compromisso claro de financiamento, o programa de transformação raramente progredirá além de um conjunto de belos *slides* do PowerPoint e alguns pilotos. Sem um compromisso de mudança verbal e financeira, você nunca fará uma transição suave para a fase de execução.

Assim como na fundação de uma nova casa, dedique tempo, cuidado e esforço para iniciar adequadamente a transformação digital. É uma condição prévia de curto prazo para o sucesso, mas um investimento de longo prazo que sustentará a execução adequada de seu programa digital.

CAPÍTULO 1

CRIE UM OBJETIVO CLARO E EFICAZ PARA PROMOVER A TRANSFORMAÇÃO DIGITAL

Elaborar um objetivo claro e eficaz que explique a razão para a transformação digital é uma declaração que define as aspirações e metas gerais da empresa, porque agrega a intenção estratégica de todos os objetivos condutores espalhados pelas divisões ou outros negócios da companhia. Assim, o objetivo principal unifica todos as outras metas para promover a execução alinhada. Se o objetivo não for claro, a transformação digital pode rapidamente se tornar fragmentada e impossível de gerir.

POR QUE É IMPORTANTE?

Muitas organizações desejam ser orientadas por uma visão ou missão específica. Ainda que esse seja um ideal louvável, a maioria das declarações de visão ou de missão – chamadas de métrica North Star – não tem energia para promover a transformação digital. O motivo? São muito vagas e de alto nível para serem impulsionadoras eficazes de execução.[1] Sem clara declaração de objetivos, o processo de transformação digital pode facilmente se tornar uma confederação desajeitada de iniciativas digitais que giram em torno de novas tecnologias, alguns poucos projetos tipo *skunk works* (equipes independentes e ultra-arrojadas) e ações aleatórias de habilitação digital.[2] Ou pior, podem cair na armadilha do "digital pelo digital". Sim, objetivos limitados ou a falta deles contribuem muito para a alta taxa de fracassos em processos de transformação digital.[3] Uma declaração clara de objetivos com uma governança forte, direcionada aos reais impulsionadores de desempenho, garante que os processos de transformação digital continuem no caminho certo.

MELHORES PRÁTICAS E *INSIGHTS* ESSENCIAIS

Recomendamos que um objetivo para promover a transformação digital tenha cinco características essenciais. Usamos o acrônimo PRISM — preciso, realista, inclusivo, sucinto e mensurável[4] — para descrevê-lo, como mostra a Figura 1.1

Em primeiro lugar, o objetivo deve ser **preciso**, isto é, claro e sem ambiguidade. Por exemplo, o objetivo da Cisco para cinco anos foi definido

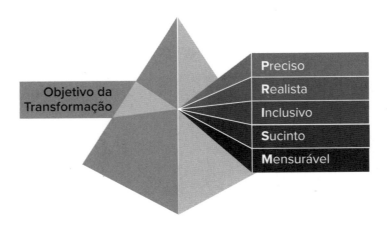

Figura 1.1 Componentes dos objetivos para uma transformação digital efetiva.

em 50/50/2020.[5] Isso quer dizer que 50% das receitas viriam de *softwares* em vez de *hardwares*, e que os outros 50% viriam de fontes recorrentes em vez de vendas únicas. Esses objetivos seriam alcançados até o fim do ano fiscal de 2020. Em 2015, quando foram estabelecidos, as vendas únicas de *hardware* consistiam aproximadamente 80% da receita da Cisco. Por serem objetivos tão precisos, havia pouquíssimo espaço para dúvidas ou mal-entendidos. Sem precisão, é possível que diferentes partes da organização interpretem os objetivos de diversas formas e acabem "transformando" de jeitos distintos. Muitas vezes, a falta de alinhamento pode causar uma "mudança pela mudança", na qual a velocidade supera a direção estratégica. Mas **com** alto grau de precisão, as pessoas costumam seguir a mesma direção. A precisão não precisa ser um número exato, mas números são úteis para rebater as inspiradoras – mas normalmente vagas – declarações de visão e de missão.

Segundo, o objetivo deve ser **realista**. Metas possíveis, ainda que difíceis de alcançar, são viáveis. Metas impossíveis não são. A liderança executiva, a gerência intermediária e os colaboradores individuais devem visualizar o objetivo como algo que a empresa pode alcançar com o passar do tempo. Objetivos pouco realistas podem levar à frustração e à falta de motivação. Se não forem realistas, por que tentar alcançá-los? Se a Cisco tivesse definido como objetivo 50/50/2016, a maioria das pessoas não teria levado a sério, pois saberia que seria inatingível em tão pouco tempo.

> Precisamos pensar em números, em KPIs, em referências e assim por diante para mostrar que não estamos promovendo [a transformação] para parecermos modernos ou por estar na moda, mas porque está realmente impactando os negócios.
>
> — PATRICK HOFFSTETTER, EX-CDO DA RENAULT[6]

Em terceiro lugar, o objetivo deve ser **inclusivo**. Ele deve ser relevante para todos na empresa – de cima para baixo e de um lado a outro. O objetivo 50/50/2020 da Cisco era importante para toda a organização. As equipes de P&D tiveram de desenvolver novos tipos de produtos e serviços e as equipes de marketing buscaram formas de promover esses serviços; a equipe de vendas precisou adaptar o jeito que os clientes interagiam com a marca; as equipes de produção e de logística foram direcionadas para *software* em vez de *hardware*; os indicadores-chave de desempenho (KPIs), precisaram de ajustes; programas de contratação e de reciclagem foram criados etc. O objetivo exigiu mudanças no comportamento de todos da organização.

Quarto, o objetivo deve ser **sucinto**. Se os funcionários não conseguirem assimilá-lo facilmente e lembrar dele com facilidade, não será efetivo. Defina um destino em vez de criar uma lista de todos os passos necessários para chegar nele. Um objetivo sucinto e fácil de lembrar permite que as pessoas avaliem se suas respectivas funções estão contribuindo para atingir a meta. Axel Springer definiu um objetivo que não era apenas preciso, realista e inclusivo, mas também sucinto e fácil de lembrar: 50% de suas receitas e lucros seriam obtidas de fontes digitais em dez anos – começando em 2006, ano em que foi estabelecido.

E em quinto lugar, o objetivo deve ser **mensurável**. Alguns objetivos podem até parecer incríveis, mas são tão "flexíveis" que as pessoas passam a moldá-los como acham melhor. A frase "encher o mundo com o calor e a luz da hospitalidade", de Hilton, pode ser inspiradora, mas não é um bom objetivo para a transformação digital da empresa. Quando não há uma forma clara de medir nenhum dos elementos, os funcionários vão defini-la sozinhos, o que impossibilita o acompanhamento do objetivo, isto é, se e quando ele foi alcançado. Metas quantitativas – receita, lucro, participação de mercado, pontuação média de satisfação dos clientes, pontuação média de satisfação dos funcionários etc. – costumam ser mais efetivas porque podem ser medidas de modo contínuo. É preciso ter métricas consistentes e que ajudem a organização a identificar exatamente onde ela está em sua jornada digital e o que ainda falta conquistar.

Empresas que integram o PRISM em sua jornada de transformação digital tomam melhores decisões e executam melhor seus planos. Infelizmente, muitos propósitos corporativos não passam de fachada – o que o falecido presidente dos Estados Unidos George H. W. Bush chamou de "o negócio da visão"[7]. São frases que podem funcionar em cartazes inspiradores na lanchonete da empresa, mas têm pouquíssima importância para quem toma as decisões ou faz mudanças complexas.

Arsenal do Hacker

Evite objetivos muito complexos. Objetivos que visam à transformação digital costumam ser definidos pelas equipes. Portanto, é natural que várias pessoas façam concessões para chegarem a um acordo. Esse processo pode resultar em objetivos pouco ambiciosos ou muito complicados, então recomendamos que as equipes se reúnam de novo para aprimorá-los e simplificá-los. Por fim, é preciso conferir se todos estão de acordo com as características do PRISM.

Não se preocupe com os termos e comece a pensar em tomar boas decisões. Ao escrever declarações, é normal se ater a termos específicos. Em vez disso, tente se concentrar em tomar decisões e priorizar suas metas. Uma maneira é perguntar a si mesmo: "Se tivermos de escolher apenas uma coisa, o que seria? X ou Y?".

Teste, teste, teste. Testar os objetivos com as várias partes interessadas (*stackholders*) também é uma forma de avaliar a clareza (São compreensíveis?), a relevância (São importantes?) e a viabilidade (São alcançáveis?) deles. Revisitá-los após testá-los com esses interessados também é altamente recomendável.

Seja específico e se comprometa. Tente sempre acrescentar metas específicas aos objetivos. Muitas partes interessadas ficam incomodadas quando as metas são numéricas – isso significa que eles ficarão responsáveis pelo cumprimento delas. Não seja vago. Os objetivos mais eficazes são aqueles com metas e datas bem definidas.

Questões para Autorreflexão

O seu objetivo de transformação é preciso o suficiente para garantir resultados claros?

Seu objetivo é realista o suficiente para ser alcançado no prazo estipulado?

Algum grupo não será impactado ou incluído no objetivo? Se sim, como você pode incluir essas pessoas?

Você consegue deixar seu objetivo mais simples de assimilar e de lembrar? Além dos diretores e dos executivos, os outros funcionários da empresa conseguem explicar os objetivos?

Como você pode ter certeza de que seu objetivo é mensurável?

CAPÍTULOS RELACIONADOS

Alinhe a Equipe Responsável para Impulsionar o Sucesso da Transformação Digital (Capítulo 3)

Como Deixar seu Conselho Disposto (Capítulo 7)

Gerencie a Transformação Digital de Forma Responsável e Sustentável (Capítulo 16)

Meça o Desempenho das Iniciativas Digitais (Capítulo 28)

CAPÍTULO 2

DESENVOLVA SENSO DE URGÊNCIA QUANDO SEU NEGÓCIO ESTIVER INDO BEM

A transformação digital é mais eficaz quando a organização tem senso de urgência. Grande parte dos líderes acha mais fácil divulgar uma necessidade urgente de mudança quando a empresa está enfrentando dificuldades competitivas e financeiras. Mas e se tudo estiver indo bem? Quando os negócios estão indo bem, criar urgência por meio de alarmismo não funciona. Em vez disso, você precisa convencer as pessoas de que a transformação digital é uma boa oportunidade para a organização e os funcionários. Você precisa de um modelo idealizado que desperte o desejo de ser alcançado.

POR QUE É IMPORTANTE?

Pesquisas mostram que criar uma atmosfera de urgência é o primeiro passo prático em direção a qualquer grande mudança.[1] A transformação digital não é exceção.

Algumas organizações podem enfrentar uma crise competitiva e/ou financeira que exige ação urgente. Quando as métricas financeiras não estão indo bem, a vantagem competitiva é ameaçada, ou um novo modelo de negócio sacode a indústria, é mais fácil criar urgência. O motivo?

O risco é óbvio, imediato e fácil de comunicar. Ou seja, mudanças são necessárias. Para gerar impulso, é necessário conscientizar tanto a equipe de liderança quanto os funcionários da urgência de mudar para garantir a longevidade do negócio. É um "modelo de déficit" em que as organizações consideram a transformação digital um passo necessário para a sobrevivência.

Mas e se tudo estiver indo bem? O desempenho comercial está bom, a concorrência está estável e o retorno financeiro está satisfatório. A reação natural é deixar do jeito que está porque "não se mexe em time que está ganhando". Mas como líder, você pode ficar incomodado. Sua intuição diz que essa situação talvez não dure muito. Você pode ter certeza de que a transformação digital é indispensável para deixar seu negócio pronto para o futuro. Nesse contexto, como criar impulso e senso de urgência?

Com uma idealização, um modelo que desperte inspiração e todos almejem alcançá-lo. Assim, líderes de negócios devem mostrar o quanto a transformação digital pode ser benéfica para a empresa no médio e no longo prazo. No entanto, esse é um dos desafios de liderança mais complexos no decorrer da transformação dos negócios.

MELHORES PRÁTICAS E *INSIGHTS* ESSENCIAIS

A urgência de mudança não ocorre de modo natural em organizações, principalmente quando tudo está indo bem. Como disse Bill Gates: "O sucesso é um péssimo professor. Ele faz pessoas inteligentes pensarem que não podem fracassar".[2] Então, como você pode superar a mentalidade de "tudo na mesma" e a inércia que isso produz?

Às vezes, a inspiração está em lugares inesperados. Por exemplo, o setor público é raramente mencionado quando se fala de inovação, mas ainda assim o governo da Estônia criou um modelo incrível de liderança digital. A partir da década de 1990, a Estônia desenvolveu o "e-Estônia", um programa ambicioso voltado à infraestrutura digital e aos serviços para o cidadão. Ele tornou-se amplamente conhecido, apoiado por diversos políticos e um símbolo da sociedade e da economia estoniana, que agora se abriam ao Ocidente. O programa teve pouquíssimas iniciativas populares. Tinha a ver com inspiração – imaginar um futuro digital para o país e seus cidadãos. Desde então, o programa se tornou oficialmente parte da imagem oficial da Estônia e está frequentemente no topo do *ranking* de transformações digitais de sucesso dos governos.[3]

Dito isso, quais os elementos desse exemplo de sucesso?

Comece a procurar aspirações fora da empresa. A urgência é mais fácil de perceber quando vem de fora. Pense num futuro digital melhor do que o atual para sua organização e os funcionários dela. Deixe claro como chegar lá. Defina os motivos para a urgência e os resultados (o que é considerado *bom*?). Assim como grandes crises, grandes oportunidades também podem ajudar a criar um impulso organizacional capaz de gerar mudanças. Concentrar-se em oportunidades positivas – não em ameaças negativas – estimula o engajamento dos funcionários nesse processo.

Leve o tempo em consideração ao administrar seu negócio. Equilibre a gestão do seu atual negócio de sucesso com a necessidade de construir um futuro negócio digital. É importante ficar atento tanto às necessidades de curto prazo quanto às aspirações de longo prazo. Muito foco no curto prazo pode levar ao "burnout" (esgotamento). Muito foco no futuro pode diminuir a vontade de "agir agora".

Reformule sua comunicação. Construa uma narrativa pessoal com histórias positivas, mas não esqueça de reforçá-la e atualizá-la com frequência. Uma narrativa de transformação obsoleta acaba com qualquer senso de urgência. Manter a urgência é tão importante quanto criá-la.

Muitos executivos, ao tentarem criar urgência, enfatizam o risco da disrupção digital para os negócios ou para a indústria. Outros usam frases motivacionais como "Precisamos mudar antes que façam isso por nós". Não use essas abordagens. Elas não vão funcionar com suas equipes de líderes ou funcionários. Crises hipotéticas não funcionam.

> O primeiro desafio que temos é reconhecer o legado de 130 anos de uma empresa muito bem-sucedida... O segundo desafio é impulsionar uma mudança quando não há crise. Muitas empresas são forçadas a mudar por pressão financeira ou uma ameaça existencial. Felizmente, nenhuma delas é o caso da BHP. Começamos nos esforçando, não nos estressando. Por mais invejável que possa parecer, isso torna a energia de uma organização mais difícil de ativar. Embora não tenhamos uma crise, temos uma ambição... ser ainda melhor do que somos hoje e desenvolver nossas capacidades líderes do setor.
>
> — JONATHAN PRICE, DIRETOR DE TRANSFORMAÇÃO, BHP[4]

Sair da mentalidade "tudo na mesma" para a mentalidade revolucionária requer a criação de uma imagem mais atraente do que a atual. A melhor forma de fazer isso é descrever como a nova realidade digital vai nos levar ao "nirvana" e convencer as pessoas de que essa realidade é o futuro. Para iniciar o processo, leve a organização a focar no mundo exterior. Onde e como os comportamentos digitais dos clientes estão mudando? Quais companhias obtiveram sucesso em suas transformações digitais? Quais marcas são interessantes para os nativos digitais?

Construa uma visão fundamentada em casos de sucesso fora da empresa, não no que pode ser melhorado no interior da organização. Coloque imagens tangíveis na mente de seus funcionários.

"E se nossa qualidade de serviço fosse igual à dos agentes de vendas das lojas da Apple?"

"E se nossa experiência de usuário fosse tão intuitiva quanto a de um Uber?"

"E se nossos produtos fossem tão bons quanto um Audi?"

"E se nossos produtos e serviços tivessem um sistema de assinatura como a Netflix?"

Defina e aperfeiçoe sua visão digital com exemplos práticos que as pessoas possam visualizar e se identificar.

Quando o negócio estiver indo bem, você precisa levar o tempo em consideração na hora de administrá-lo. Aproveite a situação atual para maximizar o retorno financeiro (*exploitation*) e, ao mesmo tempo, faça uma apólice de seguro para seu futuro digital (exploração). O truque é gerenciar o ritmo da transição digital. Para você, qual é o prazo ideal para a transição? E quais mudanças organizacionais podem ser feitas?

Comece com uma lógica de financiamento positiva: "É por sermos bem-sucedidos hoje que podemos nos dar ao luxo de construir o futuro digital da organização". Depois, compartilhe essa mensagem com a diretoria. Talvez você precise reavaliar como a inovação funciona em sua organização. E pode ser necessário captar mais energia e obter mais recursos para iniciar a fase digital do negócio.

No entanto, não se esqueça de que a mudança é um trabalho em equipe. Compartilhe sua visão digital revolucionária! Convide pessoas para cocriar o caminho da transformação digital. Deixe seu pessoal descobrir o que precisa ser mudado para alcançar o objetivo. Comece a analisar as abordagens de planejamento lineares (como formulação de estratégias, orçamento, alocação de recursos etc.).

Para reforçar a urgência de mudança para o digital, o DBS Bank, multinacional de serviços financeiros de Cingapura, criou uma nova unidade organizacional chamada "Digibank" para liderar o lançamento de bancos digitais autônomos em novos mercados, como a Índia. O objetivo era o desenvolvimento fora do local de origem para não desestabilizar o negócio atual, que já era bem-sucedido. Mesmo assim, foi suficiente mostrar ao banco que o mercado digital era o futuro.[5]

Reformular a maneira de se comunicar é construir uma nova narrativa – não um *slogan* – para o futuro digital da organização. Ela deve ser lógica (estratégia digital), apelar para as emoções das pessoas (futuro empolgante) e ser reforçada com atitudes (novo processo, nova unidade digital, campeões digitais etc.). Mostre que o trabalho do seu pessoal tem muito a ganhar quando a missão for cumprida. Celebre o negócio de hoje enquanto continua caminhando para um futuro ainda melhor.

De vez em quando, algumas pessoas podem resistir à mudança. Quando isso acontece, é aceitável "aparar as arestas" para tentar convencer os complacentes. Mas atenha-se às mensagens positivas que falam sobre um futuro melhor e destaque os riscos à organização caso ela não aceite a transformação digital. Em todos os casos, engaje os departamentos de RH e de comunicação para espalhar a narrativa e incentive o *feedback*.

Por último, sempre reforce essa narrativa. A complacência é inimiga. Elogie o progresso, mas também deixe claro o que falta ser feito. E certifique-se de medir o impulso e o engajamento das pessoas ao longo do processo.

Quando os negócios estão indo bem, mas ainda precisam passar pela transformação digital, você não pode criar urgência e impulso pensando no que pode dar errado. Pense em outras empresas e veja como as histórias de sucesso digital delas podem inspirar seus funcionários.

Arsenal do Hacker

Construa uma visão externa. Peça a um grupo de pessoas que se concentre no que acontece fora da empresa e, consequentemente, ajude a criar essa visão. Certifique-se de que esse time externo representa a complexidade de sua organização: deve ser multidisciplinar, multicultural e diverso. O grupo deve identificar mudanças no comportamento dos consumidores, futuros padrões de consumo, tecnologias digitais emergentes e novos modelos de negócios.

Use "crushes digitais". Identifique modelos externos que ilustrem toda sua visão digital ou elementos do que é considerado *bom*. Por exemplo: "Queremos a velocidade de reabastecimento da cadeia de suprimentos da Zara" ou "Precisamos da qualidade de serviço dos agentes de vendas das lojas da Apple". Em seguida, crie grupos dentro da organização para visualizar como tirar a ideia do papel. Observe a metodologia dessas organizações.

Deixe suas intenções claras. Quando a visão tomar forma, sinalize sua intenção fazendo mudanças e investimentos visíveis para apoiar a implementação – por exemplo: criar uma nova unidade digital, nomear campeões da área digital e talvez realinhar departamentos. Esses passos demonstram o quanto você se interessa pela organização.

Envolva seus departamentos de comunicação e de RH. Eles vão ajudá-lo a construir e espalhar uma narrativa emocionante para sua visão digital. Evite exageros. Por exemplo, não diga "Nós seremos a Uber da indústria de serviços financeiros". Isso não vai funcionar. O DBS Bank, por exemplo, percebeu que a transação bancária é uma pequena parte da compra, portanto, torná-la rápida e invisível seria o melhor jeito de agradar os clientes. A DBS utiliza, em sua visão digital, o "mantra" RDC: respeitoso, descomplicado e confiável (em inglês, RED) e uniu suas iniciativas de transformação digital a esses objetivos.[6] Assim que tiver uma boa narrativa de transformação digital, certifique-se de que você e sua equipe repitam-na com frequência.

> **Questões para Autorreflexão**
>
> Quanto tempo você passa olhando as melhores práticas digitais fora da organização?
>
> Você consegue formular uma visão digital que não inclua o que precisa mudar na organização, mas se concentra no que ela poderia se tornar (de fora para dentro)?
>
> Consegue identificar pessoas da organização que estão entusiasmadas e podem ajudá-lo na transformação digital?
>
> Você tem a estrutura organizacional e os recursos para romper com a mentalidade "tudo na mesma"? Se não tiver, quais alterações podem funcionar como estímulos visíveis?
>
> Desenvolveu uma narrativa clara e convincente que cria tanto urgência quanto compromisso?

CAPÍTULOS RELACIONADOS

Crie um Objetivo Claro e Eficaz para Promover a Transformação Digital (Capítulo 1)

Desenvolva Impulso Organizacional e Engajamento (Capítulo 4)

Desenvolva Hiperconsciência na Organização (Capítulo 12)

Fique por Dentro das Novas Tecnologias (Capítulo 29)

Como se Aproveitar do Digital para Obter Resiliência Organizacional (Capítulo 30)

CAPÍTULO 3

ALINHE A EQUIPE RESPONSÁVEL PARA IMPULSIONAR O SUCESSO DA TRANSFORMAÇÃO DIGITAL

Quando CEOs decidem lançar programas de transformação digital, geralmente há pouca dissidência na equipe responsável. E isso faz sentido. Os clientes estão se tornando mais digitais, as operações de negócios estão cada vez mais conectadas e a maioria das indústrias tradicionais já está se adequando. Assim, encontrar novas fontes de crescimento digital é essencial para as possibilidades da empresa a longo prazo. O que acontece depois, no entanto, é frequentemente menos simples. Os roteiros precisam ser criados; os programas, financiados; os recursos, alocados; os talentos, redirecionados; os projetos, iniciados e parados etc. Quando a coisa fica séria, a aquiescência coletiva desaparece. A resistência (ativa ou passiva) entra em cena, surgem desacordos sobre as prioridades e as pessoas voltam a defender sua "parte" do negócio. Em outras palavras, não há alinhamento na equipe responsável e isso, com certeza, coloca a transformação em risco. O compromisso coletivo com a transformação digital só acontecerá por meio de debates construtivos entre os líderes organizacionais e de um processo justo (e transparente).

POR QUE É IMPORTANTE?

De acordo com uma pesquisa com mais de 4 mil gerentes da MIT Sloan School of Management, apenas 28% dos entrevistados conseguiram listar corretamente três das principais prioridades estratégicas de sua empresa.[1] Outra pesquisa mostrou que o desafio mais comum para a transformação digital é o "desacordo velado entre os gerentes principais sobre metas".[2] Esses dados são preocupantes porque nossas próprias pesquisas indicam que quase todas as transformações digitais bem-sucedidas em grandes empresas foram conduzidas de cima para baixo.[3] Quais são as chances da transformação digital ter êxito sem uma liderança forte e alinhada? Como os líderes podem direcionar as equipes às prioridades digitais corretas se as interpretações dos objetivos dos outros líderes diferem? E quanto à alocação clara e coerente de recursos e de investimentos digitais? Como a organização vai enxergar a liderança nesse contexto?

Alinhar os objetivos de transformação digital é difícil e as organizações precisam estar na mesma página em relação ao **porquê** de estarem buscando essa mudança. A empresa tem uma abordagem mais defensiva em relação às mudanças no comportamento do consumidor? Ou essa abordagem é mais ofensiva para conseguir novas fontes de valor digital? Ou ambos? É aí que vem a necessidade de se alinhar com **o quê**. Quais investimentos digitais inteligentes devem ser feitos para reinventar as experiências dos clientes, conectar e automatizar operações ou explorar novos modelos de negócios digitais? Por último – e mais importante – é preciso alinhar com o **como**. Como mobilizar e engajar a organização. Como contratar, treinar ou redistribuir as funções certas para as oportunidades certas. Como governar o programa por meio de equipes ou departamentos funcionais, geográficos ou outros. Como dar autonomia às equipes técnicas e de negócios ágeis para que elas experimentem e ofereçam sucessos escaláveis?

É uma tarefa difícil? Sim. Mas o alinhamento das equipes responsáveis é a maneira mais direta de reduzir a lacuna entre estratégia e execução, além de impulsionar o valor dos programas de transformação digital.

MELHORES PRÁTICAS E *INSIGHTS* ESSENCIAIS

O alinhamento da equipe responsável é um esforço coletivo que deve ser orquestrado. Raramente acontece de forma natural. É claro que é papel do líder da equipe fazer uma busca profunda e descobrir as áreas desalinhadas. Mas isso não é tudo. Assim como equipes com boas dinâmicas devem demonstrar responsabilidade coletiva para manter todo mundo na linha, os líderes digitais também devem cultivar um ambiente (chamado de "segurança psicológica"[4] por pesquisadores acadêmicos) no qual é seguro assumir uma postura de risco e encorajar desacordos produtivos. Isso não é fácil. A jornada em direção ao alinhamento da equipe responsável com a transformação digital está repleta de bloqueios que devem ser expostos e superados.

O Efeito "HiPPO"

Consultar a opinião da pessoa mais bem paga (HiPPO: *highest paid person's opinion*) talvez seja um sinal de que você tem um líder forte – alguém que fez a lição de casa e sabe a necessidade da transformação digital. Mas isso não é garantia de alinhamento sólido. Temos visto muitos "dias digitais" ou outros eventos de decisão por consenso dominados por líderes fortes com uma clara visão pessoal sobre a direção digital da empresa. Mas quando o envolvimento da equipe responsável é mínimo ou inexistente, esses eventos produzem, na melhor das hipóteses, um acordo fraco (aquiescência coletiva) ou, na pior das hipóteses, silêncio completo. Ambas as situações tipicamente mascaram visões diferentes e conflitos subjacentes que não desaparecerão durante a transformação.

Um executivo de uma empresa de televisão canadense lembra-se de várias reuniões "em que as pessoas têm várias ideias e dão sugestões, mas, no final das contas, acabam aceitando a ideia que o chefe criou do nada. Você meio que vê todos os subordinados na sala olhando uns para os outros, derrotados, e (seus rostos) expressam: 'estamos realmente de acordo com isso?'"[5]

Quando se deparar com um líder assim, encontre um momento relativamente seguro em que você pode, de modo construtivo, falar com ele sobre a necessidade de alinhamento mais profundo com a equipe. Se você for um desses líderes (o que significa que tem autoconsciência), procure orientação pessoal ou reúna um grupo menor para ajudá-lo a moldar uma intervenção construtiva na equipe.

> Não importa o quanto sua mente ou estratégia sejam brilhantes. Se estiver jogando sozinho, você sempre perderá para um time.
> — REID HOFFMAN, COFUNDADOR DO LINKEDIN[6]

A Maldição das "Suposições Subjacentes"

O que move a decisão de um líder são suas suposições subjacentes sobre a velocidade da mudança, a natureza da concorrência, os benefícios que a tecnologia digital trará à empresa e assim por diante – algumas dessas suposições serão moldadas pela razão; outras, pela emoção. A menos que essas suposições sejam abertamente expostas para ser debatidas, as pessoas não vão mudar de opinião. Quando elas forem expostas, haverá um debate construtivo que será enriquecido por pontos de vista e experiências diversos, o que é uma boa prática e exercício fundamental para o alinhamento. É claro que se requer certo nível de confiança e um ambiente propício para desacordos produtivos. Mas essa não é a base de todos os times efetivos? É como Steve Jobs disse: "É mais divertido ser pirata do que entrar na Marinha".[7]

A Maldição das "Médias"

Muitas vezes, questões importantes sobre o rumo de uma transformação digital são decididas por meio de algum tipo de avaliação ou mesmo de uma votação em equipe. Embora pareça ser bastante democrático, não é o ideal para tomar boas decisões ou propício para o comprometimento da equipe responsável. O motivo? As opiniões das pessoas raramente desviam pouco da média. Concentrar-se na média ofusca a profundidade das diferenças. Em vez disso, assuma a posição contrária. Observe os pontos fora da curva digital – as visões extremas que o ajudarão a construir entendimentos, fazer com que mais vozes sejam ouvidas e (com sorte) influenciar outras pessoas.

Várias técnicas têm se mostrado eficazes, como a separação da equipe responsável em dois grupos. Em cada grupo, os integrantes representam os extremos (por exemplo: otimistas digitais contra pessimistas digitais; defensores da "disrupção do modelo atual" contra defensores da "manutenção da fórmula vigente"). Em seguida, explique o que teria de acontecer para que cada visão extrema fosse correta. Outra abordagem eficaz é iniciar um exercício de planejamento de cenários para incentivar o pessoal a considerar cenários desafiadores, mas plausíveis. Faça as pessoas falarem quais são suas suposições subjacentes para cada cenário e use o debate para criar um consenso entre todos.

A Maldição do "Indiscutível"

Em muitas organizações, certos assuntos são conscientemente ou inconscientemente considerados "indizíveis". E isso pode tornar o trabalho das equipes responsáveis praticamente impossível. De acordo com uma pesquisa recente feita por colegas do IMD, quando as equipes executivas têm dificuldade com os assuntos indiscutíveis, as consequências variam. Pode resultar em conflitos não resolvidos entre os membros da equipe, participação e engajamento irregulares e até pensamentos destrutivos no grupo.[8] Tópicos indiscutíveis assumem diversas formas: coisas que as pessoas pensam, mas não ousam dizer (arriscadas), por exemplo: "Nunca conseguiremos o financiamento necessário para realizar esta transformação". Coisas que as pessoas dizem, mas sem a intenção de dizer (comportamento), por exemplo: "O digital é essencial para nossa abordagem centrada no cliente". Coisas que as pessoas sentem, mas não conseguem descrever (sentimentos negativos), por exemplo: "Não temos a capacidade necessária para alcançar este objetivo". E, por fim, coisas que as pessoas fazem sem perceber (comportamentos inconscientes). A boa notícia – e o paradoxo – é que as equipes superestimam os riscos de falar sobre assuntos indiscutíveis. Na verdade, a pesquisa do IMD revelou que discutir o indiscutível traz alívio, aumenta a energia e reforça a boa vontade da equipe. Em resumo, discutir o indiscutível é importante se você quiser evitar uma ilusão digital em toda a equipe.

* * *

Alinhar as equipes responsáveis não significa agradar a todos que fazem parte delas. Significa direcionar sua transformação digital para o sucesso e fazer com que as ações acompanhem as discussões. O compromisso só se manterá quando vozes diferentes tiverem sido ouvidas e o processo tiver sido justo e transparente. As pessoas de sua organização vão agradecer-lhe por isso.

Arsenal do Hacker

Abra um espaço na agenda para "sessões de desintoxicação" rotineiras da equipe responsável. Crie um espaço no qual opiniões divergentes, contrárias e tabus possam ser discutidos de maneira aberta, construtiva – e sem consequências. Essa abordagem enriquece tanto a dinâmica da equipe quanto o conteúdo das discussões sobre transformação digital.

Não busque unanimidade. Voltar atrás e fazer uma votação simples não vai ajudar. Em vez disso, incentive ou interprete visões extremas e construa cenários que eduquem e estimulem as visões da equipe.

Explore além da opinião de cada membro da equipe. Descubra as suposições por trás das opiniões. Fazer apresentações interativas durante as reuniões ajuda a expor desalinhamentos e suposições subjacentes e evita cair na armadilha das "médias". Concentre as discussões resultantes nas respostas mais "fora da curva" a fim de expor e compreender as diferentes suposições.[9] Faça as perguntas certas para identificar os assuntos indiscutíveis de sua equipe.[10]

Inclua perspectivas neutras. Exponha o time sênior às ideias inovadoras de especialistas externos – como pesquisadores, acadêmicos e outros líderes de empresas. Isso trará perspectivas novas para as discussões sobre transformação digital.

Considere a criação de um comitê paralelo ou conselho de assessoria. A AccorHotels, por exemplo, criou um comitê como parte de sua estratégia de transformação digital, composto por seis mulheres e seis homens cujas idades variavam entre 25 e 35 anos. Essas pessoas também representavam sete nacionalidades. O comitê, que se reunia de dois em dois meses, era responsável pela avaliação de novos projetos e seus membros atuavam também como representantes de decisões estratégicas.[11]

Se algumas suposições controversas permanecerem, não as ignore. Em vez disso, forme grupos para esclarecê-las por meio de mais pesquisas com base em fatos e peça que elaborem um relatório.

Questões para Autorreflexão

Se você for o líder da equipe, pergunte a si mesmo se está enfrentando um problema que foi criado com sua participação. A autoconsciência é uma ferramenta poderosa para alinhar a equipe responsável.

Você sente que vários membros da equipe responsável facilitam o trabalho de modo ostensivo?

Percebe se os principais membros da equipe concordam durante as reuniões, mas tomam decisões diferentes ou se comportam de maneira diversa quando voltam às funções operacionais?

Já passou tempo suficiente analisando as opiniões dos membros de sua equipe para entender as suposições subjacentes de cada um?

A comunicação da equipe responsável para o resto da organização e a parte externa é feita de modo claro e alinhado?

CAPÍTULOS RELACIONADOS

Crie um Objetivo Claro e Eficaz para Promover a Transformação Digital (Capítulo 1)

Desenvolva Impulso Organizacional e Engajamento (Capítulo 4)

Como Deixar seu Conselho Disposto (Capítulo 7)

Como Líderes Digitais Podem Estabelecer e Manter a Credibilidade (Capítulo 22)

CAPÍTULO 4

DESENVOLVA IMPULSO ORGANIZACIONAL E ENGAJAMENTO

Uma boa visão define a direção estratégica, mas trabalhadores engajados criam o impulso necessário para transformar essa visão em realidade. Programas grandes e transformadores só têm sucesso quando os líderes conquistam a confiança dos funcionários, além de engajá-los e mobilizá-los. Infelizmente, não existe um "ingrediente secreto" que gere um impulso organizacional instantâneo para a transformação digital. Leva tempo e resiliência. Desenvolver o impulso organizacional e o engajamento dos funcionários significa com unir a organização, dar voz às pessoas e promover novas formas de trabalhar.

POR QUE É IMPORTANTE?

A criação de um impulso para a transformação digital depende do apoio dos melhores ativos de uma empresa – seus funcionários. Mas o engajamento dos funcionários não pode ser forçado. Tem de ser merecido. E isso é muito mais fácil na teoria. De acordo com o "State of the Global Workplace", da Gallup, o engajamento médio de funcionários no mundo é de apenas 15%.[1] Assim, os líderes de transformação digital precisam motivá-los. O primeiro passo é, naturalmente, a boa comunicação. Uma pesquisa mostra que 64% dos funcionários não sentem que os líderes seniores compartilham adequadamente suas visões de transformação digital com todos na organização.[2] Um dos principais objetivos dela, afinal, é desenvolver a cultura e capacitar as pessoas fazendo com que trabalhem de novas maneiras, particularmente os funcionários da linha de frente. Funcionários engajados tornam-se campeões na categoria "esforço para promover a mudança". Mas isso não acontece naturalmente. Embora várias organizações tenham investido muito em tecnologias digitais (por exemplo: videoconferência, plataformas de cocriação ou redes sociais corporativas para engajar grande quantidade de funcionários), nenhuma dessas ferramentas é útil sem a adesão dos usuários a elas. O Return Over Investment (Retorno sobre Investimento, ROI) das ferramentas de colaboração digital ocorre apenas se os funcionários aderirem a elas e mudarem as práticas durante o trabalho, não é quando as tecnologias são introduzidas.

O sucesso da transformação digital depende muito da adesão ou não adesão dos funcionários. Quando os funcionários não estão engajados – ou quando a empolgação inicial passa –, os programas de transformação digital têm poucas chances de sucesso. Por isso, criar um plano para engajar continuamente os funcionários é tão importante quanto traçar um roteiro para a implementação de iniciativas digitais.

> Pensamos em nossos funcionários como pensaríamos nos consumidores – consumidores internos, mas a ideia é a mesma. Para uma transformação digital bem-sucedida, o vigor é tão importante quanto a velocidade. As organizações devem ser firmes. Empenhar-se numa maratona faz mais sentido do que numa corrida rápida. É fácil se apressar logo no início. No entanto, o verdadeiro desafio é determinar se a organização, as pessoas e a liderança conseguem manter o vigor e, assim, assegurar o impulso.
>
> – RAHUL WELDE, VICE-PRESIDENTE EXECUTIVO (EVP) DE TRANSFORMAÇÃO DIGITAL, UNILEVER[3]

MELHORES PRÁTICAS E *INSIGHTS* ESSENCIAIS

Para ajudar na transformação digital, recomendamos que as organizações sigam três passos importantes para desenvolver impulso e engajar os funcionários.

Conecte a Organização para Engajar os Funcionários em Larga Escala

A maioria das organizações implementou ferramentas digitais para facilitar a comunicação e a colaboração das pessoas na empresa. O próximo passo é fazer uma lista dessas ferramentas e avaliar o quanto elas contribuem positivamente para a melhoria da experiência dos funcionários e/ou para o atendimento eficaz dos clientes e do negócio. Uma vez que os trabalhadores têm, em média, pelo menos nove tecnologias diferentes para gerenciar as interações com os colegas de trabalho,[4] é importante simplificar essas ferramentas e dar exemplos claros e específicos de usos comunitários para deixar o trabalho dos funcionários melhor, mais fácil e mais gratificante.

A General Electric, por exemplo, encarou o desafio de acessar as áreas de experiência que estavam distribuídas por toda a organização. A empresa decidiu usar os analytics para avaliar e prever com mais segurança o quanto a experiência nos negócios poderia ser facilmente compartilhada em suas nove outras unidades. A empresa utilizou o analytics para descobrir qual funcionário teria a experiência adequada para responder às perguntas específicas e, através da implementação de um *software* em escala, para distribuir automaticamente outras perguntas aos especialistas apropriados. Essa implementação específica de ferramentas digitais permitiu que a GE se conectasse e se envolvesse melhor com seu pessoal. Em apenas um ano, 1.172 colaboradores internos conseguiram resolver 513 problemas de clientes por meio de uma parceria em larga escala.[5]

Dê Voz aos Funcionários e às Comunidades

Conectar o pessoal da empresa estimula o engajamento, mas dar voz aos funcionários e incentivar diálogos significativos é o que realmente importa. Os objetivos da transformação digital são frequentemente elaborados para colocar uma estratégia competitiva em prática, aumentar a eficiência ou obter métricas financeiras melhores. Isso faz sentido para a empresa. Mas para engajar os funcionários de maneira genuína, tais objetivos devem ser traduzidos para uma linguagem que faça sentido para os que estão na linha de frente, por exemplo: "Veja como a transformação tornará seu trabalho melhor, mais fácil ou mais satisfatório".

Os funcionários que acreditam ter contribuído para a transformação – e que foram ouvidos – são mais propensos a abraçar a mudança. Assim, com o uso de comunicação bidirecional, de opiniões, de ideias, de *insights* e de compartilhamento das melhores práticas, gerentes e executivos devem se concentrar no treinamento, aprimoramento e capacitação dos trabalhadores da linha de frente em comunidades relevantes para os negócios

O "ValuesJam" da IBM é um exemplo emblemático de como a empresa pode incentivar o engajamento dos funcionários. Quando Sam Palmisano se tornou CEO em 2003, ele começou um projeto em toda a empresa cujo objetivo era reexaminar os valores da IBM pela primeira vez em quase 100 anos. Reconhecendo que uma estrutura de comando e controle não seria eficaz em uma organização com 300.000 funcionários, Palmisano os incentivou a contribuir em uma discussão *online* de 72 horas em que quatro conceitos que tinham sido anteriormente discutidos com 300 executivos seniores foram abordados. Ao todo, 50.000 funcionários participaram da discussão *on-line* e contribuíram com mais de 10.000 comentários que foram introduzidos nos valores corporativos revisados da IBM (que ainda estão em vigor hoje).[6]

Promova Novas Formas de Trabalho

O trabalho da liderança é engajar os funcionários. Servir de exemplo para a mudança desejada é um bom começo para conseguir o engajamento, mas não é o bastante.

Quando a Adobe Systems quis fazer a transição de um modelo de negócios orientado ao produto para um modelo novo de negócios e serviços digitais, o CEO Shantanu Narayen adotou "uma abordagem que levava em conta a linha de chegada e como chegar nela", que ele descreveu como "incômoda... e é por isso que você precisa se manter positivo".[7] Ele "estabeleceu a linha de chegada" ao anunciar para as partes interessadas a transição digital idealizada e, então, mostrou que a estrada para alcançá-la seria construída com linhas do tempo e conquistas claras. A Adobe partilhou publicamente seus indicadores financeiros e lutou pela transparência na sua transição. Crítico para a transformação, Narayen disse, foi a criação de uma cultura que permitiu que as pessoas olhassem as coisas de forma transparente, reconhecessem fracassos e corrigissem erros ao longo do caminho.

> Em primeiro lugar, entendemos que há funcionários que estão entusiasmados, há funcionários que estão indecisos e há funcionários que são resistentes à mudança. Sabíamos que não poderíamos ter um plano de comunicação e mudança baseado apenas no envio de um *e-mail* diário dizendo: "Estamos em uma jornada digital". Precisávamos guiar as pessoas pelas diferentes fases de mudança. Fazemos isso cumprindo parte da visão e mostrando exemplos tangíveis de como o digital melhorou a vida de nossos clientes. Adaptamos a comunicação a grupos específicos e garantimos que as mensagens ressoem com eles.
>
> — SASKIA STEINACKER, CHEFE GLOBAL DA TRANSFORMAÇÃO DIGITAL DO GRUPO BAYER[8]

Para garantir o engajamento em todos os níveis, Pernod Ricard começou no topo, com altos funcionários e conselheiros. No prazo de 12 meses após o lançamento de sua rede social corporativa, Pernod Ricard conectou 84% de seus colaboradores em todo o mundo em comunidades autônomas, o que contribuiu ativamente para melhorar as práticas de negócios existentes e criar novas. As comunidades foram formadas em torno de grupos de negócios relevantes, como a gestão de marcas ou de preços. "As comunidades criadas na rede estão livres de fronteiras geográficas, funcionais ou hierárquicas", disse o presidente e CEO Alexandre Ricard. "O imediatismo e a discussão estão agora no centro das relações entre nossos funcionários, e tornaram-se essenciais em nossa relação com os consumidores".[9]

Para chegar à fase seguinte da transformação, Pernod Ricard precisava cimentar novas formas de trabalho e incentivar novos comportamentos. Assim, a empresa decidiu recrutar funcionários para co-projetar a próxima fase da transformação digital.

Pierre Pringuet, ex-CEO da Pernod Ricard, explicou: "Com a primeira fase de nossa transformação digital, conectamos a organização e transformamos a forma como comunicamos, trabalhamos e inovamos. A segunda fase ajudar-nos-á a expandir e acelerar esse processo. E seu sucesso depende muito de trazer nosso povo conosco nesta viagem".

Até o final de 2019, uma pesquisa independente dos empregados da Pernod Ricard descobriu que 88% da força de trabalho global se consideravam engajados ou altamente engajados – bem acima da média global da indústria.[10]

* * *

O engajamento dos funcionários é mais uma maratona do que uma corrida rápida. É fácil ficar motivado nos primeiros dias, em que há forte comunicação, programas de engajamento concretos, reuniões, presentinhos e similares. Mas com o passar do tempo, o pessoal fica cansado da mudança e volta a fazer as mesmas coisas. Manter o impulso é difícil porque envolve experimentar e, em seguida, ancorar as práticas de trabalho até que elas se institucionalizem. Para ganhar essa maratona, é necessário engajar continuamente os funcionários na cocriação das várias fases da transformação digital.

Criar um impulso organizacional para a transformação digital é engajar os funcionários em larga escala. É preciso conectar a organização, dar voz aos funcionários e às comunidades para aumentar a adesão e institucionalizar novas práticas de trabalho bem-sucedidas.

Arsenal do Hacker

Lance e lidere um programa de engajamento. É o que vai criar impulso para transformar sua visão digital em realidade. Identifique um conjunto de comunidades de interesse relevantes para o negócio. Considere aquelas que irão se beneficiar da troca de melhores práticas e da colaboração na resolução de problemas. Por exemplo, uma comunidade de gerentes de marca que precisa decidir a melhor abordagem de comercialização para promover um novo produto mundialmente, ou uma comunidade financeira encarregada de igualar os preços das transferência globais entre entidades internas.

Faça uma lista. Identifique os diversos instrumentos de colaboração e de produtividade que foram implantadas na organização, como redes sociais corporativas, ferramentas de cocriação, plataformas de videoconferência etc. Simplifique e tente usar as melhores ferramentas possíveis para conectar todos os funcionários da organização. Seja claro a respeito das ferramentas a serem utilizadas e com que finalidade para dar voz e um propósito prático aos funcionários. Assegure-se de que os empregados tenham as habilidades, a formação e o acompanhamento necessários para o engajamento e o impulso da adesão (junto com o RH).

Incentive, facilite e comunique o compartilhamento das melhores práticas entre as comunidades. Isso pode ser feito, por exemplo, com programas internos de reconhecimento, de gamificação ou de premiação. Assim que os benefícios do negócio ficarem claros, adapte os processos, as recompensas e o *design* organizacional para institucionalizar novas formas de trabalho bem-sucedidas. Certifique-se de que o departamento de RH usa ferramentas digitais para verificar regularmente se os funcionários estão engajados de modo que você possa avaliar o progresso deles.

Cocrie soluções. À medida que o engajamento e a colaboração aumentarem, atribua às comunidades a função de cocriar soluções para os problemas mais urgentes do seu negócio —como o que Pernod Richard fez ao incentivar os funcionários a projetarem a próxima fase da transformação digital. Assegure-se de que as tarefas de resolução de problemas sejam suficientemente detalhadas e práticas. Elas precisam resultar em soluções implementáveis e ser direcionadas para as comunidades adequadas.

Questões para Autorreflexão

Suas declarações sobre a transformação digital estão transmitindo de modo claro como ela tornará o trabalho dos funcionários mais fácil, melhor ou mais gratificante?

Está se concentrando o suficiente na adesão dos usuários em vez de focar apenas na introdução das ferramentas digitais?

Os líderes seniores estão "botando a mão na massa"?

Há espaço para a participação de todos da empresa na conversa sobre iniciativas digitais?

Você sente que o pessoal da organização está ficando cansado da mudança?

CAPÍTULOS RELACIONADOS

Crie um Objetivo Claro e Eficaz para Promover a Transformação Digital (Capítulo 1)

Desenvolva Senso de Urgência Quando seu Negócio Estiver Indo Bem (Capítulo 2)

Acelere a Transformação Digital Usando Métodos Ágeis (Capítulo 10)

Trabalhe entre Grupos Fechados ("Silos" e "Panelinhas") (Capítulo 25)

CAPÍTULO 5

FAÇA INVENTÁRIO DAS INICIATIVAS DIGITAIS JÁ EXISTENTES

Para orquestrar uma transformação digital de sucesso, um dos primeiros passos é determinar o estado atual da organização. Assim, os líderes digitais devem fazer um inventário De todas as iniciativas digitais da empresa para minimizar as repetições, identificar as pendências e garantir o alinhamento estratégico. Normalmente é mais fácil na teoria, porque as informações sobre essas iniciativas podem estar espalhadas entre muitos proprietários e em várias partes da organização. Além disso, alguns proprietários das iniciativas podem resistir a essa revisão, considerando-a um exercício de centralização. Para superar esses medos, revisões de iniciativas digitais bem-sucedidas exigem uma abordagem de cima para baixo, comunicação clara dos objetivos de transformação digital e foco na necessidade de **coordenação** – e **não de controle** – da equipe digital.

POR QUE É IMPORTANTE?

Os líderes de transformações digitais frequentemente se deparam com um cenário fragmentado de iniciativas digitais, isto é, com diferentes níveis de propriedade e responsabilidade. Na maioria das vezes, isso é mais comum em empresas com uma estrutura organizacional descentralizada em que o centro do poder está em linhas/funções/regiões/marcas de negócios que têm alto teor de autonomia.[1] Um cliente com o qual trabalhamos supôs que tinha algumas dezenas de iniciativas digitais espalhadas por toda a empresa. No entanto, após auditoria minuciosa, identificamos mais de 160 iniciativas distintas! Essas situações não são incomuns. Em nossa experiência, o "desabrochar de cem flores" leva precisamente a isto: milhares de flores desconectadas. Abordagens desorganizadas geralmente resultam em inconsistências, repetições e dificuldade em dimensionar as necessidades da empresa. Além disso, o possível desperdício de investimentos digitais afeta negativamente o desempenho das companhias. Para equipes/unidades digitais, o truque é consolidar os investimentos sem que pareçam "ditadores digitais", isto é, pessoas empenhadas em tomar o controle das unidades operacionais.

> Enquanto andava por aí, descobri mais e mais unidades menores interessadas no digital e na inovação.
>
> — FRED HERREN, EX-CDO DA SGS[2]

MELHORES PRÁTICAS E *INSIGHTS* ESSENCIAIS

Fazer inventário das iniciativas digitais é um primeiro passo necessário em qualquer transformação digital, mas frequentemente indesejável. Líderes digitais enfrentam ceticismo diante das decisões que agora têm o poder de tomar, e os proprietários das iniciativas já existentes devem superar o medo de perder o controle. Um executivo até disse: "Dá a impressão de que estamos policiando as pessoas".

Em nossa experiência, muitos líderes superam essa percepção negativa ao se lançarem como facilitadores, agentes de capacitação e aceleradores das iniciativas de seus parceiros comerciais. Para fazer isso, é necessário estabelecer um nível alto de confiança e compartilhar informações entre as principais equipes digitais e as unidades operacionais. Conquistar a confiança das principais partes interessadas ajuda muito a garantir o fluxo das informações e a obter alinhamento. Frances Frei e Anne Morriss, particularmente, chamam esse processo de "triângulo da confiança". Consiste em três elementos fundamentais: autenticidade, lógica e empatia.[3] A maioria dos líderes tem dificuldade em expressar empatia. Uma maneira de demonstrá-la é colocar as necessidades dos outros em primeiro lugar. Em outras palavras, ao oferecer ajuda, os líderes de transformação digital descobrirão que a informação flui melhor. Ajuda muito se as equipes digitais tiverem um orçamento de capital e/ou atributos únicos, pois com esse adicional, as unidades operacionais reconhecerão imediatamente os benefícios que a equipe central pode oferecer. Nossa pesquisa revela três abordagens que funcionaram para líderes digitais: facilitar, capacitar e acelerar.

Facilitar

Para atuarem como facilitadores, alguns líderes de transformação digital se esforçam para remover ativamente as barreiras que impedem a adesão ao digital. Assim, as equipes digitais atuam como um escritório de gerenciamento de projetos e trabalham sob demanda. Essa abordagem permite que os líderes tenham credibilidade na empresa e coletem informações sobre as competências digitais necessárias. Como Guido Jouret, ex-CDO da ABB, disse: "Eu apareço e digo: 'Tenho equipes que entendem mais dessa parte de TI. Se você trabalhar conosco, vou disponibilizar meus arquitetos, meus gerentes de produto, e apresentá-lo a empresas que têm tecnologias facilitadoras interessantes e que oferecem a oportunidade de desenvolver o *software* dessas novas tecnologias'".[4]

Outra tática de facilitação usada por muitos líderes digitais é a indicação de *leads* digitais dentro de unidades de negócios e de regiões geográficas. Isso cria uma rede de embaixadores digitais que facilitam a coordenação e os fluxos de informação entre a equipe central e as unidades operacionais. Esses *leads* digitais têm papéis voltados tanto para o cliente quanto para a equipe interna, e geralmente são vistos como uma extensão da equipe digital da empresa. Em 2018, quando Bertrand Bodson assumiu o recém-criado cargo de CDO na gigante farmacêutica Novartis, uma de suas prioridades estratégicas foi estabelecer um portfólio de projetos *lighthouse*. Essas promissoras iniciativas digitais internas eventualmente se tornariam as mais importantes da agenda digital da Novartis. Criar um portfólio de projetos *lighthouse* foi um passo fundamental na estratégia da Bodson para tornar a Novartis líder das áreas digital e de dados. A ideia era desenvolver esses programas com o negócio, ganhar o apoio do comitê executivo e demonstrar rapidamente o potencial dos dados e do digital. Ao trabalhar em conjunto com outros diversos negócios da Novartis para descobrir as necessidades mais urgentes da empresa, ele convenceu trezentos líderes ("campeões digitais") a se comprometerem pessoalmente com a alocação de recursos e talentos.[5]

Capacitar

Uma abordagem rígida de cima para baixo raramente funciona em organizações altamente descentralizadas. Por isso, é melhor capacitar cada unidade operacional. No entanto, a capacitação só é eficaz quando toda a organização está comprometida com a visão digital e os líderes seniores estão alinhados de modo estratégico. Isso depende de uma liderança forte. Fred Herren, ex-CDO da SGS, o maior fornecedor mundial de serviços de inspeção, teste e certificação, mirou na construção da confiança e numa cultura de compartilhamento de informações. Ele disse:

Eu quero recompensar em vez de ameaçar para que a organização venha até nós. Parabenizo os funcionários pela iniciativa, encorajo-os a ganhar dinheiro com ela e a me manterem informado. Se, no dia seguinte, um colega vier até mim com uma iniciativa semelhante, eu o ajudo a compartilhar as informações com os outros. Consegui obter muitas informações vindo em minha direção porque não estou dizendo a eles para parar [suas atividades]. Eu saio por aí perguntando às pessoas o que há de novo e sempre reajo de modo positivo. Não acho que devemos controlar tudo.[6]

Acelerar

Para reunir as equipes operacionais, os líderes seniores devem deixar claro que acelerar a transformação digital é um objetivo comum a todos. Essa tática é frequentemente usada quando há necessidade de coordenar iniciativas desiguais de maneira mais rígida, ou quando há forte pressão competitiva para acelerar a digitização do negócio. A covid-19, por exemplo, serviu de acelerador digital para muitas organizações.[7]

Se a aceleração for mobilizadora, os funcionários se tornam instantaneamente mais colaborativos uns com os outros. Em uma empresa de petróleo e gás, os líderes com os quais conversamos relataram que a equipe digital principal e as unidades de negócios ficaram muito mais engajadas na transformação assim que o objetivo principal dela se tornou o digital. "Realizamos 'sessões de aceleração' todos os meses. Nelas, uma rede informal de representantes de unidades de negócios e a equipe digital principal se reúnem com o único propósito de discutir como podemos acelerar iniciativas digitais", disse um dos líderes. "Fazemos exercícios para deixar nossas funções nas empresas digitais e nas unidades de negócios bem claras. As unidades de negócios têm seu próprio espaço. Nesse local, eles tomam conta do caso de negócios, da entrega e da execução de suas próprias iniciativas digitais. O papel da equipe digital principal é alinhar essas unidades de negócios de modo estratégico."

* * *

Fazer um inventário das iniciativas digitais é um primeiro passo importante para qualquer transformação digital. Embora a centralização da informação ajude a minimizar redundâncias e a criar possíveis sinergias, os líderes de transformação digital também devem convencer o resto da organização de que não estão tentando assumir o controle das iniciativas. Em vez disso, devem adotar uma abordagem colaborativa baseada em objetivos compartilhados. O sucesso da transformação dependerá da confiança dos funcionários nos líderes. Dessa forma, as ambições digitais podem ser alinhadas às diversas atividades que ocorrem na empresa. Assim que a confiança for estabelecida e os líderes tiverem uma visão geral das iniciativas digitais de toda a organização, eles podem priorizar novamente o portfólio e os investimentos de acordo com os novos objetivos.

Arsenal do Hacker

Mapeie a arquitetura do seu negócio. Identificar as funções específicas de cada funcionário e de cada equipe é um passo importante para entender o que está acontecendo. Imagine que está desenhando um círculo em volta de todas as pessoas, dos dados e da infraestrutura que fazem parte de sua organização com uma caneta bem grande. Isso permite que você veja quais recursos estão disponíveis em cada área da organização e quais deles poderão ser usados quando mudanças forem necessárias. Peça aos líderes dessas zonas que indiquem *leads* digitais. Esses *leads* digitais facilitam os fluxos de informação, fornecem *insights* cruciais sobre as necessidades da linha de frente e atuam como agentes de mudança.

Seja acessível e presente. Fazer inventário de iniciativas digitais é uma boa oportunidade para demonstrar como você vai colaborar com o resto da organização. Não é uma tarefa que deve ser delegada a outras pessoas. Em vez disso, recomendamos que você seja acessível. Crie oficinas de facilitação, busque informações ativamente e esteja sempre disponível para tirar dúvidas.

Crie grupos de trabalho informais. Muitos líderes de transformação digital criam grupos de trabalho para falar sobre novas tecnologias (por exemplo: *blockchain* ou IA) e convidam para a equipe quem souber trabalhar com elas ou tiver interesse. Esses grupos de trabalho informais são oportunidades para funcionários que querem descobrir novos interesses e experimentar outras tecnologias.

Questões para Autorreflexão

O que impede o compartilhamento de informação sobre iniciativas digitais em sua empresa?

Como fazer a equipe digital confiar nas unidades operacionais e vice-versa?

Como melhorar as colaborações com proprietários de iniciativas?

De que modo você pode provar que não está tentando controlar todas as iniciativas digitais?

Quais informações você precisa ter sobre iniciativas digitais?

A equipe digital confia nas unidades operacionais e vice-versa? Se sim, essa confiança é o bastante para que o portfólio de iniciativas passe a se concentrar nos aspectos mais importantes da transformação?

CAPÍTULOS RELACIONADOS

Alinhe a Equipe Responsável para Impulsionar o Sucesso da Transformação Digital (Capítulo 3)

O Financiamento do Seu Programa de Transformação Digital (Capítulo 6)

Construa um Portfólio Equilibrado de Iniciativas Digitais (Capítulo 20)

Trabalhe entre Grupos Fechados ("Silos" e "Panelinhas") (Capítulo 25)

Crie um Canal de Iniciativas Digitais (Capítulo 26)

CAPÍTULO 6

O FINANCIAMENTO DO SEU PROGRAMA DE TRANSFORMAÇÃO DIGITAL

Discutir a disrupção da indústria, a visão digital ou as prioridades da jornada digital normalmente deixa as equipes executivas muito empolgadas. No entanto, essa empolgação não costuma ocorrer durante as discussões sobre o financiamento da transformação digital. Em muitos casos, todas as cabeças se voltam para o CIO e o orçamento da área de TI. Mas essa raramente é a única – ou a melhor – resposta. Por mais ambicioso e inteligente que seja o programa de transformação digital, estudos mostram que não dará certo se não for financiado de maneira adequada. Mas como isso pode ser feito? Os fundos disponíveis são limitados, os ciclos orçamentários estão bagunçados por causa das ambições digitais e o CFO pede um ROI exato. Ainda assim, a equipe responsável está convencida de que a empresa precisa passar imediatamente pela transformação para prosperar.

Financiar um programa digital é uma arte e uma ciência. É necessário compreender de maneira clara quais são os tipos de investimento, os diversos modelos de financiamento disponíveis e ter um portfólio equilibrado de iniciativas que considerem retornos de curto e longo prazo.

POR QUE É IMPORTANTE?

Os gastos com investimentos em transformações digitais explodiram nos últimos anos. A empresa de análise IDC estimou que até 2023 representariam mais de 50% de todos os investimentos em tecnologia da informação e comunicação (TIC). Em 2019, eram 36%.[1] No entanto, os gastos da organização com transformação digital são diferentes dos gastos com TI. A transformação digital é uma jornada, não um projeto fixo. E métricas tradicionais como o ROI não capturam os efeitos mais amplos dos investimentos digitais. O financiamento não se restringe a tecnologias facilitadoras (a parte digital), mas à mudança humana e organizacional (a parte de transformação).[2] O benefício da transformação digital depende muito da adesão das pessoas a ela – e isso tem um custo. Os custos dessa adesão – por exemplo, o desenvolvimento de habilidades digitais, as mudanças organizacionais, os novos meios de comunicação e o treinamento – precisam ser contabilizados logo no início. Os custos diretos e indiretos de capital humano também devem ser considerados.

Alguns investimentos digitais são mais difíceis de explicar do que outros, especialmente quando os executivos não veem o caso de negócios ou os cálculos do ROI como claros ou realistas. Por exemplo, melhorar o desempenho dos processos normalmente é fácil, mas pôr em prática uma iniciativa que visa impulsionar a interação dos clientes com uma marca pode ser mais difícil – ainda que esse investimento talvez seja o mais importante para o sucesso da transformação. Além disso, os diretores financeiros (*chief financial officers*, CFOs) são frequentemente programados para desviar o financiamento organizacional para projetos que podem ser claramente medidos. É aí que a estratégia digital deve vir à tona. Assim, o enfoque no objetivo principal não vai se perder. As metas de criação de valor e de crescimento para toda a transformação digital devem ser definidas de forma que cubram tanto a despesa inicial de capital (*capex*) quanto a despesa operacional em execução (*opex*). Durante as negociações de financiamento, também é fundamental não perder as ambições "North Star" de vista.

A solução para estabelecer a clareza do financiamento ocorre durante a fase inicial do projeto do programa de transformação. Alguns investimentos vão se concentrar no desenvolvimento de capacidades a longo prazo, enquanto outros vão focar em experimentos de exploração ou a curto prazo. Na medida do possível, o programa deve ser fundamentado em séries de corridas ágeis e não em maratonas radicais. Mas, na realidade, alguns esforços dependem de investimentos em plataformas tecnológicas escaláveis que podem exigir uma abordagem de financiamento mais tradicional. O equilíbrio entre os resultados de curto e longo prazo do seu projeto de transformação deve ser acompanhado por um portfólio equilibrado com modelos e fontes de financiamento.

MELHORES PRÁTICAS E *INSIGHTS* ESSENCIAIS

O primeiro passo para conseguir financiar a transformação é parar de falar sobre custos relacionados à tecnologia e concentrar-se na criação e na facilitação do valor comercial do negócio, por exemplo: experiência do cliente ou do funcionário, ganhos de competitividade ou disrupção da indústria. Líderes digitais também precisam garantir que os requisitos financeiros da transformação sejam avaliados de maneira adequada. Faça parceria com a comunidade financeira e/ou dedique recursos financeiros à jornada de transformação. Mas isso não será suficiente. Os líderes digitais também devem categorizar os esforços de transformação, diversificar as fontes de financiamento e desenvolver um portfólio de financiamento equilibrado.

Categorias de Investimento Digital

Investimentos em manutenção como segurança de *sites* ou projetos de conformidade com a Lei Geral de Proteção de Dados Pessoais

(LGPD), mostram claramente os benefícios operacionais. Assim, eles devem estar de acordo com os métodos tradicionais de financiamento (ROI, ciclos orçamentários etc.). Os investimentos em manutenção são geralmente financiados por orçamentos funcionais que já existem. Uma empresa de bens de consumo embalados (consumer packaged goods, CPG), por exemplo, precisou reintegrar cenas de *sites* diferentes em uma só plataforma de hospedagem para harmonizar a experiência. O projeto foi financiado, gerenciado e entregue pelo departamento de TI seguindo o procedimento de planejamento padrão.

Investimentos fundamentais, como os principais sistemas e plataformas, são apostas no sucesso estratégico da transformação. Eles são caros e os benefícios costumam ser distribuídos entre as unidades de negócios. Geralmente são financiados centralmente ou por TI. Em todos os casos, exigem o julgamento da liderança. Casos de negócios detalhados são difíceis de calcular e, sem forte liderança em C-suite, não acontecerão. No início, por exemplo, a Burberry percebeu que nenhuma de suas ambições de transformação digital poderia ser alcançada dentro de um *backbone* comum de planejamento de recursos corporativos globais (ERP). A CEO da época, Angela Ahrendts, fez da entrega do ERP uma prioridade para o CIO da Burberry, e o projeto foi entregue no prazo e no orçamento. O novo ERP harmonizado permitiu que os serviços digitais da Burberry fossem construídos sobre uma base comum forte.[3]

Investimentos exploratórios, como a digitização de produtos ou o desenvolvimento de um conjunto de novos serviços, são impulsionados pela vontade de inovar. Embora sejam mais incertos, os investimentos exploratórios são bons para desenvolvimentos iterativos e de ciclo curto, como pilotos, provas de conceito, produtos mínimos viáveis ou incubadoras. Esses investimentos precisam ser grandes o suficiente para que obtenham sucesso, mas pequenos o suficiente para viabilizar o gerenciamento do perfil de risco. Pensar muito no ROI pode acabar com uma ideia boa. Pensar pouco pode resultar em custos irrecuperáveis. Agir como um capitalista de risco quando o assunto é investir em inovações é a melhor escolha.[4] A Mondelez, fabricante global de alimentos, investiu na criação da SnackFutures, uma incubadora cujo objetivo é testar novas ideias disruptivas de lanches junto com parceiros e *startups*. A Mondelez criou um processo de escalonamento para financiar as ideias que pareciam mais promissoras.[5]

> Você precisa colocar um teto na quantidade de dinheiro a ser investido em uma iniciativa de transformação digital e estabelecer um prazo para limitar o risco. Depois de certo tempo, costumo mostrar o que consegui com base no que descrevi anteriormente e, em seguida, peço a próxima parcela do financiamento. Tem de acontecer de maneira progressiva. No entanto, é importante ser ágil e ter um produto mínimo viável para pronta-entrega. Sem isso, você vai continuar dizendo "não, não, não me pergunte sobre o ROI" pelo resto da vida. E ninguém vai acreditar.
>
> – MRUTYUNJAY MAHAPATRA, EX-CDO DO STATE BANK OF INDIA[6]

Modelos de Financiamento

Westerman et al. explicam como diversificar as fontes de financiamento para sua transformação digital.[7] Elas podem vir:

da criação de uma capacidade de financiamento. Existem maneiras de criar fundos usando os envelopes orçamentários já existentes. Muitas empresas revisam iniciativas no início da transformação.

O objetivo dessas revisões é fazer com que as iniciativas digitais sejam o foco dos programas. Se a revisão de um portfólio de projetos digitais mostrar sobreposições significativas em algumas áreas, os projetos duplicados podem ser combinados ou racionalizados e os fundos resultantes ser alocados a novos projetos digitais. Outras empresas usam as metas anuais de redução de custos geradas pela industrialização da retaguarda do departamento de TI e aplicam algumas dessas economias (ou todas) em investimentos digitais. Por exemplo, uma empresa global de bens de consumo embalados/rápidos (FMCG, a sigla em inglês) teve redução de 3% ao ano ao industrializar suas plataformas de TI. Os líderes seniores decidiram destinar 1% das economias aos lucros e 2% ao financiamento de programas digitais.

de investimentos centrais. São investimentos distribuídos por toda a empresa e que exigem coordenação entre as entidades participantes. Os investimentos digitais fundamentais servem a um modelo central. Mas também são usados com frequência para financiar empreendimentos arriscados que visam à inovação, como incubadoras ou laboratórios inovadores. Os investimentos centrais às vezes são agregados a estornos em que o investimento é alocado nas unidades de negócios que mais lucrarão com o desenvolvimento digital ao longo do tempo. O Lloyds Banking Group, que presta serviços financeiros no Reino Unido, por exemplo, decidiu financiar uma reformulação completa de seus sistemas de TI na parte central da companhia. Essa decisão foi fundamental. Foi um investimento necessário para garantir o sucesso das iniciativas de transformação digital que seriam construídas na nova plataforma.[8] Para acelerar a transformação, a ABB criou "fundos correspondentes", que serviram para dobrar o investimento digital da unidade de negócios com o dinheiro do fundo digital central.[9]

de investimentos locais. Quando os projetos forem beneficiar diretamente uma unidade de negócios ou uma parte específica desse mesmo negócio, um investimento local funciona – por exemplo, quando um aplicativo de *e-commerce* beneficia mais uma marca do que outra. Os investimentos locais são os melhores, porque mostram que as unidades de negócios estão realmente comprometidas e aumentam as chances de sucesso da adesão. Sempre que possível, devem ser incentivados.

de investimentos apoiados por parceiros. Esse tipo de investimento vem com várias peculiaridades. Parceiros de tecnologia e *startups* às vezes podem contribuir com os investimentos em troca de acesso ao mercado ou uma boa referência de caso de uso. Você pode pedir aos parceiros investimentos com base em desempenho ou uma taxa, caso o piloto escale. A Burberry, por exemplo, criou um conjunto sólido de parcerias com a empresa de tecnologia Salesforce.

A tabela 6.1 resume as opções de financiamento.

Tabela 6.1 Opções de financiamento.

	Capacidade atual	Investimento central	Local/ Funcional	Apoiado por parceiros
Manutenção	✓		✓	
Fundamental		✓		✓
Exploratório		✓	✓	✓

Abordagem de Financiamento de Portfólio

A transformação digital bem-sucedida depende do tipo de impulso que percorre os orçamentos funcionais e departamentais. A maioria das organizações criou uma equipe digital principal ou um subgrupo da equipe de gerenciamento para supervisionar a coordenação e o progresso da transformação. Observar propostas de investimento individuais não o levará a lugar nenhum. É recomendável que a alta administração considere todas as categorias de investimento antes de financiar um portfólio. Algumas iniciativas terão ROIs próprios, enquanto outras terão um ROI bom apenas quando todo o portfólio for considerado. Alguns empreendimentos levarão mais tempo, como a integração entre vários canais. Outros podem demorar menos, como a reengenharia digital de um processo funcional. Equilibrar o portfólio não só gera resultados de curto prazo na empresa, mas diminui o risco da transformação ao longo do tempo à medida que alguns projetos são concluídos e outros são iniciados. Obviamente, a configuração do portfólio dependerá do tamanho das ambições digitais e do quanto a corporação está disposta a arriscar.

Arsenal do Hacker

Garanta apoio financeiro. Tenha um executivo financeiro competente em sua equipe digital. Use-o para medir, monitorar e relatar as diferentes categorias de iniciativas digitais. De preferência, escolha um executivo financeiro que já pertença ao departamento interno de finanças ou tenha conexões lá dentro. Estabeleça regras de financiamento e de relatórios com o departamento financeiro e defina de que modo os investimentos digitais serão gerenciados – como a frequência dos relatórios, por exemplo.

Defina seu investimento de referência. Faça uma revisão completa de suas iniciativas digitais atuais. Levando em conta suas ambições de transformação digital e o momento em que elas estão, priorize novamente investimentos específicos: atrase ou cancele iniciativas que não forem essenciais para a criação de uma capacidade de investimento para o programa digital. Agrupe seus investimentos digitais em categorias (manutenção, exploratória etc.,) e obtenha acordos para garantir modelos de financiamento para cada um (como unidades centrais de negócios, por exemplo). Aloque níveis de financiamento referentes a cada categoria e iniciativa e associe-os a metas de entrega.

Engaje seu ecossistema de parceiros externos. Para engajar parceiros – como fornecedores e consultores de tecnologia – compartilhe suas ambições e sua jornada de transformação digital. Sinalize aos principais parceiros que você está preparado para embarcar com eles nessa jornada de transformação a longo prazo em troca de recursos, investimentos ou resultados. Trabalhe com aquisições para garantir que o acordo com os parceiros digitais escolhidos seja discutido apenas entre vocês.

Revise os investimentos digitais, no mínimo, trimestralmente. Envolva a alta administração e os representantes das fontes de financiamento (como as unidades de negócios). Revise o investimento como se fosse um portfólio, não uma coleção de projetos. Isso manterá a integridade geral do programa de transformação e fará que os investimentos sejam realocados de acordo com a necessidade.

Questões para Autorreflexão

Você quantificou, por tipos de investimento e cronogramas de benefício, os investimentos digitais que sustentam a transformação?

Está preparado para interromper os projetos e as iniciativas já existentes na empresa e realocar o financiamento de seus esforços digitais?

Já olhou para a poupança da industrialização do seu departamento de TI como uma fonte de financiamento digital?

Você tem a estrutura ideal de governança e o suporte do departamento financeiro para coordenar investimentos digitais nos grupos?

> Está confiante de que seu portfólio de investimentos digitais é equilibrado o suficiente para satisfazer a necessidade de retorno de curto prazo sem comprometer suas metas de longo prazo?
>
> Quais riscos você pretende correr para que a transformação seja um sucesso?

CAPÍTULOS RELACIONADOS

Faça Inventário das Iniciativas Digitais Já Existentes (Capítulo 5)

Como Deixar seu Conselho Disposto (Capítulo 7)

Escolha o Modelo Correto de Governança Digital (Capítulo 8)

Invista em *Startups* (Capítulo 14)

Competir ou Trabalhar com Plataformas Digitais (Capítulo 19)

Construa um Portfólio Equilibrado de Iniciativas Digitais (Capítulo 20)

Crie um Canal de Iniciativas Digitais (Capítulo 26)

Meça o Desempenho das Iniciativas Digitais (Capítulo 28)

Parte Dois
Hackeando a Organização Interna
Configurando a Dinâmica Organizacional Correta

Você tem de ter esse princípio organizacional por trás da música.
— Tom Verlaine

Concluímos a Parte Um, que discorreu sobre o estabelecimento de uma base para a transformação digital. A transformação propriamente será abordada nas partes Dois a Cinco e se concentra no que está mais acima. Os andares principais e superiores são as partes visíveis de um edifício e as pessoas passam a maior parte do tempo neles, assim, ele precisa ter uma estrutura sólida e funcional, além de ser esteticamente agradável. Com a transformação digital ocorre o mesmo.

Estabelecer a dinâmica interna ideal para a transformação é fundamental para executá-la. A própria organização precisa estar alinhada ao projeto e pronta para ser digitalizada. Para que um edifício dure, sua estrutura interna precisa combinar elementos que garantam o funcionamento: encanamento, eletricidade, integridade estrutural, além de elementos funcionais e estéticos, como decoração de interiores, arte e tecnologias. Na transformação digital, os elementos visíveis – ferramentas, aplicativos e tecnologias – precisam funcionar. Mas uma quantidade igual (ou maior) de energia deve ser empregada na estrutura interna porque é nela que é feito o alinhamento com a área de TI, a definição de uma governança clara e a limpeza e proteção dos dados.

Falamos, na Parte Um, sobre a importância de alinhar a equipe da alta administração com o projeto. Se você não explicar o que a transformação digital significa para a organização – o porquê dessa transformação –, é improvável que dê certo. É igualmente importante que o conselho supervisor aprove. Os membros do conselho costumam ficar mais longe do negócio do que a gerência, então eles podem se sentir menos pressionados pela transformação.

Em geral, os conselhos também são menos experientes digitalmente do que os executivos e podem não gostar muito dos recursos, esforços e da mudança organizacional necessários para a transformação digital bem-sucedida. É importante prestar atenção no conselho, pois seu impacto na transformação – como acelerador ou freio – pode ser significativo.

Além disso, muitas falhas em diversas transformações podem ser atribuídas a uma governança pobre ou fraca. A governança precisa ser abordada com antecedência – e com cuidado –, pois ela afetará muitas das atividades de transformação. Uma boa governança contém papéis, responsabilidades e direitos de decisão articulados de modo claro para as principais partes interessadas. Também requer decisão organizacional sobre o nível de integração (ou separação) dos esforços digitais com base nas ambições e na cultura da organização. Uma abordagem única raramente funciona com a governança.

No início de qualquer transformação digital, sempre vão surgir perguntas sobre a relação entre a equipe digital e o departamento de TI. É uma aliança complicada e quase sempre com responsabilidades que se sobrepõem e são mutuamente dependentes. Se não houver boa relação, esses dois grupos vão inevitavelmente competir entre si por recursos e pela atenção da gerência. Já vimos até casos em que um lado sabotou o outro. Portanto, é fundamental que o TI e o digital tenham bom relacionamento e estejam alinhados.

Os dados são importantes tanto para o TI quanto para o digital. As ferramentas e as tecnologias digitais raramente são independentes. Eles estão no topo da infraestrutura e se baseiam em dados internos e externos. Se a infraestrutura for ruim ou se os dados estiverem confusos, suas iniciativas digitais não serão consideradas.

Por fim, há a agilidade. Métodos ágeis e projetos digitais muitas vezes andam de mãos dadas, mas têm relacionamento complexo. Projetos digitais não precisam ser implantados por meio de métodos ágeis, e ferramentas ágeis podem ser aplicadas a projetos não digitais. Em um programa de transformação digital, é fundamental extrair o melhor dos métodos ágeis disponíveis para que a execução final ocorra tranquilamente.

Embora muitas ferramentas e tecnologias digitais (IA, realidade aumentada e registros distribuídos) sejam legais e sexy, o processo para incorporá-las em uma organização pode ser bem prosaico e sem graça. No entanto, os esforços empregados na estrutura interna desse "edifício" para alinhar todo o contexto organizacional (governança, dados e processos) com a transformação podem gerar enormes dividendos.

CAPÍTULO 7

COMO DEIXAR SEU CONSELHO DISPOSTO

O conselho de administração (CA) é responsável pela gestão de risco, pela criação de valor e pela viabilidade a longo prazo.[1] Para fornecer orientações eficazes sobre esses tópicos, o CA deve considerar o impacto das tecnologias digitais e dos modelos de negócios. No entanto, para isso os membros do conselho devem ter nível adequado de conhecimento digital. Eles também precisam desenvolver processos e estruturas de governança para garantir que *insights* relevantes sobre a transformação digital estejam sendo levados em consideração. Por fim, têm de estabelecer relação próxima e transparente com a alta administração quando o assunto for tópicos digitais.

POR QUE É IMPORTANTE?

De acordo com uma pesquisa, 63% dos executivos acreditam que uma parceria com o conselho é fundamental para o sucesso das transformações digitais. Mesmo assim, apenas 27% deles relatam que o CA defende as estratégias atuais.[2]

Ter um CA com experiência digital como parceiro é fundamental nas iniciativas a seguir.

1. Orientar e validar estratégias digitais, além de avaliar adequadamente as oportunidades e as ameaças digitais ao modelo de negócios da organização.
2. Supervisionar programas de transformação digital e garantir que a jornada digital, os principais projetos e os investimentos estejam no caminho certo.
3. Proteger a organização de riscos cibernéticos e garantir a privacidade dos dados, a conformidade com a LGPD e a ética dos dados.

Um conselho com experiência digital também causa impacto positivo no desempenho financeiro. Pesquisas recentes indicam que organizações cujos conselhos têm experiência digital superam outras organizações em áreas como aumento de receita, margens de lucro, retorno sobre ativos e maior capitalização de mercado.[3] Infelizmente, a mesma pesquisa mostra que apenas 24% das organizações nos Estados Unidos com receitas acima de um bilhão de dólares têm conselhos com experiência digital.

MELHORES PRÁTICAS E *INSIGHTS* ESSENCIAIS

Muitas organizações recrutaram membros com experiência digital para seu conselho de empresas digitais como Google, Amazon ou Uber. Outras nomearam empreendedores digitais de sucesso. No entanto, recrutar pessoas com essas origens não garante um conselho digitalmente experiente. Embora esse pessoal introduza perspectivas externas e novas formas de pensar, eles não têm a experiência necessária para transformar uma organização tradicional numa organização digital. Assim, é melhor juntar esses especialistas digitais com especialistas em **transformação** – pessoas com experiência em transformação digital de empresas tradicionais.

Educar por meio de "Expedições de Aprendizagem Digital"

Muitas vezes, a alta administração organiza "safáris digitais". Neles, o pessoal visita organizações que são nativas digitais (Amazon, Tencent, Google etc.) ou empresas não concorrentes com histórico bem-sucedido de transformação digital (Starbucks, Schneider Electric). Como esses safáris ajudam muito no aprendizado, recomendamos levar os membros do conselho. Sair da zona de conforto para ver "o que é possível alcançar e o que pode ser 'melhorado'" permite que os membros do conselho entendam o impacto estratégico do digital na própria organização.

Embora as visitas em si sejam úteis, elas também devem incluir sessões de esclarecimento (*debriefing*) com os membros do conselho e a alta administração para que debatam o possível impacto da disrupção e da transformação digital. O inevitável tempo de inatividade durante essas reuniões também pode servir como um fórum para os membros do conselho e os executivos. Nesse fórum, eles podem discutir de modo privado e honesto como a organização pode adaptar sua transformação digital às mudanças nas condições do mercado. Sem as sessões de *debriefing*, essas expedições não passam de turismo executivo.

Transparência

Permitir o surgimento de uma grande lacuna de conhecimento digital entre a alta administração e o CA pode ser tão contraproducente quanto a falta de transparência. Para evitar essa lacuna, a Netflix incentiva um relacionamento transparente entre os gerentes e os membros do conselho ao incentivá-los a participar regularmente das reuniões da gerência (por meio de ferramentas de comunicação digital). "É uma boa oportunidade para que os membros do conselho vejam a equipe em ação e conheçam as várias camadas que ela tem... Isso resulta em membros mais experientes e que não se reúnem apenas em jantares e reuniões", disse Reed Hastings, CEO da Netflix.[4]

Utilizando os Mecanismos de Governança da Empresa

Na maioria das organizações, os comitês de governança já existentes fornecem um fórum útil para o conselho coletar informações, discutir e formular estratégias digitais e se comunicar com executivos de alto nível encarregados de desenvolver e implementar tais estratégias. Alguns exemplos de comitê incluem os itens a seguir.

Comitês de estratégia. Os comitês de estratégia do CA são ideais para debater estratégias digitais e a evolução do cenário competitivo. Assim, recomendamos que esses comitês deixem tempo suficiente em suas agendas para um diálogo minucioso e contínuo sobre estratégia e transformação digital. Como espremer tópicos digitais em uma agenda já lotada pode ser difícil, uma empresa encontrou uma solução que combina interações informais com reuniões formais esporádicas. Alguns membros do conselho, por exemplo, trabalham em equipe com líderes funcionais e empresariais para observar como os negócios são executados desde o início e como a cultura e o estilo operacional da empresa estão evoluindo com a estratégia digital.

Comitês de tecnologia. Alguns conselhos deram aos comitês digitais ou tecnológicos tanta importância quanto aos comitês de auditoria ou de estratégia. Esses comitês digitais assumem um papel consultivo e facilitam discussões sobre questões digitais para ajudar a tomar decisões informadas.

Uma pesquisa recente[5] revelou que o aumento das interações entre os CIOs e o conselho pode levar a uma mistura mais equilibrada de conversas. Elas passam a incluir riscos e inovações digitais e investimentos em tecnologia, fazendo com que os membros do conselho entendam melhor como a digitização está mudando os modelos de negócio.

Em 2016, apenas 9% das S&P 500 (índice da Standard & Poor's) tinham um comitê digital ou tecnólogico,[6] mas esse número vem aumentando, e isso também tem acontecido com os "comitês digitais" que consistem em membros do conselho e executivos digitais importantes. Muitos desses comitês também envolvem especialistas externos e, às vezes, eles são formalizados e viram "conselhos digitais consultivos".

Uma empresa de produtos de consumo criou um "ecossistema consultivo que ajuda o comitê a debater maneiras com as quais os sistemas conectados à IOP (Internet of Things, internet das coisas) possam remodelar a experiência do consumidor.[7] Esse tipo de debate e a aprendizagem contextual podem preencher as lacunas de conhecimento e, além disso, abrir novos caminhos para discussões sobre o uso estratégico das tecnologias digitais.

> A Netflix tem passado por transformações radicais e importantes desde que eu entrei no conselho: distribuição de DVDs por *streaming*, internacionalização, investimento de milhões de dólares em conteúdo e dinheiro para produzir esses conteúdos. Como membro do conselho, isso é fascinante... A gerência é tão atenciosa e aberta a dissensões nas conversas que as questões mais desafiadoras se tornam relativamente mais fáceis de serem resolvidas devido ao cuidado do pessoal.
>
> — DIRETOR DO CONSELHO, NETFLIX INC.[8]

Criando Modelos Inovadores

Fazer a transformação digital evoluir para um negócio digital duradouro pode exigir que algumas organizações desenvolvam novos modelos que melhorem o engajamento e a eficácia do conselho quando o assunto for questões digitais.

Comitês paralelos. Para se conectarem melhor com empresas e funcionários mais jovens, as empresas criaram "comitês paralelos". São grupos de funcionários que trabalham como consultores de iniciativas estratégicas com o conselho.

Quando o GroupM, um conglomerado de serviços de marketing, precisou implementar uma transformação digital e cultural de três anos, o CEO da sede do Sul da Ásia criou um comitê executivo para jovens. Desde a criação em 2013, o comitê foi encarregado de desenvolver a GroupM's Vision 3.0 e tornar o digital o aspecto mais importante do crescimento futuro da empresa. O comitê paralelo desenvolveu várias iniciativas cujos enfoques eram a digitalização de contratos e o fortalecimento de parcerias com proprietários de mídia, provedores de dados, auditores e *startups*. Ele também criou um canal de comunicação entre a administração e os funcionários de nível mais baixo. Essa iniciativa usou os *insights* dos funcionários mais jovens e diversificou a perspectiva dos membros do conselho.[9]

Mentoria reversa. Algumas empresas adotaram a mentoria reversa para criar "sistemas de camaradagem" nos quais os membros do conselho são unidos com funcionários com experiência digital. Assim, eles podem explorar, de maneira informal, áreas específicas e importantes para a estratégia ou para a transformação digital.

Deixar o conselho disposto é fundamental para o sucesso da transformação digital. Engajar o conselho em sua jornada digital e transformá-lo em um parceiro eficaz durante a transformação requer educação, transparência, boa governança e diálogo aberto.

Arsenal do Hacker

Certifique-se de ter uma linha direta de comunicação com seu conselho. Arranje espaço na agenda para promover diálogos importantes. Assegure-se de que essas conversas estejam equilibradas entre mitigação de riscos (ataques cibernéticos etc.) e as oportunidades de criação de valor com base nas tecnologias disponíveis. Programe discussões sobre risco e crescimento em momentos diferentes para manter os dois assuntos separados deliberadamente.

Equilibre a experiência digital do CA. Incentive – ou force – uma mistura de especialistas digitais com especialistas em transformação, experientes, que já supervisionaram ou fizeram parte de transformação digital em uma organização tradicional. Uma pesquisa mostrou que três membros do conselho com experiência digital já são suficientes para apoiar devidamente a transformação digital.[10]

Assegure-se de que seu conselho esteja visualizando a mudança digital. Quando os membros do conselho veem e têm noção da legitimidade da mudança, eles ganham *insights* práticos e se tornam mais engajados no processo. Por exemplo, quando um varejista global implementou um novo serviço de "click-and-collect", a empresa incentivou os membros do conselho a testarem o serviço. Depois, eles avaliavam e davam sugestões.

Crie estruturas para que as pessoas façam relatórios. Disponibilize estruturas – como painéis ou *balanced scorecards* – para deixar mensagens constantes sobre o progresso, os obstáculos e os resultados positivos da implementação operacional da transformação digital.

Questões para Autorreflexão

Qual é o nível de experiência digital do seu conselho de administração?

Você criou mecanismos para atualizar constantemente o conselho sobre a transformação digital?

O conselho entende, apoia ativamente e financia a transformação digital?

Qual é o nível de transparência que você tem (ou deveria ter) com o conselho?

Há tempo suficiente na agenda do CA para discussões aprofundadas sobre a estratégia e a implementação da transformação digital?

Você está usando ativamente os comitês atuais da empresa (comitês de estratégia ou de tecnologia, por exemplo) ou os novos comitês de coordenação (um conselho digital consultivo, por exemplo) para orientar e implementar a transformação digital?

Estabeleceu mecanismos de relatório adequados (um *scorecard*, por exemplo) para que o conselho monitore o progresso e os resultados da transformação digital?

CAPÍTULOS RELACIONADOS

Crie um Objetivo Claro e Eficaz para Promover a Transformação Digital (Capítulo 1)

Desenvolva Senso de Urgência Quando seu Negócio Estiver Indo Bem (Capítulo 2)

Alinhe a Equipe Responsável para Impulsionar o Sucesso da Transformação Digital (Capítulo 3)

O Financiamento do Seu Programa de Transformação Digital (Capítulo 6)

CAPÍTULO 8

ESCOLHA O MODELO CORRETO DE GOVERNANÇA DIGITAL

Acertar na governança digital é a chave para o sucesso da transformação digital, mas é difícil. A escolha do modelo de governança depende das ambições transformadoras de sua organização, e para que o modelo funcione de maneira efetiva, é necessário levar em consideração a cultura subjacente.

Há um debate contínuo sobre a necessidade de separar completamente ou integrar rigorosamente uma equipe digital com o resto da organização. Na prática, essa escolha não existe. Geralmente, nenhum dos extremos leva a resultados positivos. Abordagens híbridas funcionam melhor. Criar uma equipe digital distinta fornecerá impulso, mas encontrar os pontos certos de integração facilitará a operacionalização das iniciativas. À medida que as organizações se tornam mais maduras digitalmente, a necessidade de uma equipe dedicada diminui na mesma proporção que os esforços digitais se tornem mais incorporados ao modelo operacional da organização.

POR QUE É IMPORTANTE?

Uma das primeiras decisões que uma organização deve tomar é qual modelo de governança deve ser adotado para traduzir a visão digital para uma realidade orientada a resultados. De acordo com nossa pesquisa,

84% das organizações criaram um grupo dedicado a supervisionar e gerenciar os esforços de transformação digital.[1] No entanto, há vários tipos de ambições de transformação digital: desde aprimorar digitalmente as operações atuais até reformular as experiências e operações dos clientes de novas maneiras e reinventar modelos de negócios já existentes. Cada ambição ditará um modelo diferente de governança.

A separação completa das equipes digitais facilita que elas pensem além do modelo atual e das restrições operacionais. Assim o esforço de transformação fica livre das algemas dos processos e dos relatórios tradicionais, além de também haver a possibilidade acelerar esse esforço. Mas a separação traz o grande risco de isolar os negócios do dia a dia, muitas vezes levando a síndromes de "torre de marfim", que dificultam a operacionalização e o dimensionamento das iniciativas.

É importante evidenciar que "equipe dedicada" não significa necessariamente "equipe separada". De fato, há fortes evidências de que a criação de uma organização digital segregada, como a GE fez com a GE Digital, pode gerar separação gigantesca entre a equipe digital e o restante da organização.

A integração completa das equipes digitais proporciona proximidade com as operações atuais, o que torna a transferência da experimentação digital para as operações muito mais fácil. No entanto, a integração carrega um grande risco de incrementalismo e duplicação em detrimento de novas maneiras de pensar, de aprendizagens organizacionais e de verdadeiras inovações digitais. O truque é encontrar o equilíbrio certo – separar o suficiente para dar início ao impulso digital, mas também integrar o suficiente para facilitar a transferência de iniciativas bem-sucedidas para toda a operação.

Há ainda há a questão da cultura. Algumas organizações são altamente descentralizadas, isto é, têm alto nível de autonomia nas unidades de negócios. Nesses casos, a separação da equipe digital deve ser gerenciada com muito cuidado para refletir o trabalho diário da organização.

Por exemplo, muitas organizações criaram uma rede de campeões digitais, dando às unidades de negócios direito de decisão ou influência sobre as prioridades digitais. Outras organizações têm culturas e formas de operação mais centralizadas. Nesses casos, priorizar a coordenação central e a harmonização dos esforços digitais pode fazer mais sentido. Por exemplo, como a P&G já tem uma cultura forte de serviços centrais sólidos que apoiam suas marcas globais, a empresa conseguiu replicar com sucesso esse modelo de governança para implementar a transformação digital.[2]

Quanto à necessidade do digital ser centralizado ou distribuído, nossa pesquisa mostrou que as organizações estão igualmente divididas nesse aspecto.[3] Mas em todos os casos de sucesso que observamos, foi alcançado equilíbrio entre separação e integração. Em outras palavras, o modelo híbrido faz sentido.

A transformação digital força as grandes organizações a realizar atos não naturais de coordenação e de compartilhamento entre "panelinhas" ou "silos". É por isso que a governança é importante. Mas as organizações também evoluem e aprendem com o tempo.

À medida que a maturidade digital aumenta e as ferramentas, as tecnologias e as formas de trabalho digitais se tornam parte essencial e integrada do modelo operacional de uma organização, a maneira como as equipes digitais são estruturadas e governadas deve evoluir. Com o tempo, muitas organizações podem eliminar completamente a governança digital separada.

MELHORES PRÁTICAS E *INSIGHTS* ESSENCIAIS

A escolha de modelos de governança digital varia de acordo com suas ambições de transformação digital e de cultura organizacional. A escolha também será influenciada pela quantidade de coordenação que as iniciativas digitais exigem nos vários grupos organizacionais e quantos recursos compartilhados você deve implantar para obter sucesso. Nossa pesquisa mostra que existem quatro modelos principais de governança.

1. **Negócios como de costume (com coordenação digital leve).** O esforço digital é impulsionado pelas equipes de negócios e de gestão já em funcionamento e que têm um comitê digital que coordena iniciativas. Esse modelo atribui funções simples às esquipes, sem mudanças organizacionais ou estruturais e é financiado pelos P/Ls (indicadores preço/lucro) que já existem. No entanto, há grande risco de o pessoal ficar preso em um modelo de empresa tradicional com progresso pequeno e sem compartilhamento de recursos.
2. **Funções da liderança digital.** O esforço digital é coordenado por um executivo dedicado, como um diretor digital, e tem diferentes níveis de recursos e de alocações orçamentárias. Esse modelo é usado para acelerar os esforços, pois incentiva o foco, a coordenação e o compartilhamento de recursos. O risco está ligado ao nível de responsabilidade e de autoridade do líder, bem como à necessidade de uma articulação rigorosa com as unidades operacionais.
3. **Unidades digitais compartilhadas.** O principal benefício desse modelo é direcionar os recursos digitais especializados e escassos (por exemplo, recursos de IA) para um eixo. Ele prevê um roteiro integrado de iniciativas digitais, formas harmonizadas de trabalho e forte coordenação entre unidades por meio de uma rede de embaixadores digitais, por exemplo. Os riscos são: isolamento do negócio principal, duplicação de esforços e tensão entre as unidades já existentes na empresa, como a de TI e a de marketing. As unidades compartilhadas podem variar de grupos digitais alojados em estruturas existentes (por exemplo, TI) a centros digitais de excelência e a unidades organizacionais separadas e autônomas.
O banco holandês Rabobank decidiu criar um "eixo digital" dedicado. Para isso, foi reunido um conjunto de recursos corporativos fragmentados. O eixo manteve relativa independência em relação ao resto da organização para que pudesse criar e promover certo grau de flexibilidade e inovação.

Centralizar ainda mais o eixo, em vez de desmontá-lo, também forneceu acesso aos recursos corporativos que já havia. Bart Leurs, o diretor digital e de transformação do Rabobank, diz:

> Na Holanda, decidimos realmente seguir com o digital, então criamos um Eixo Digital dentro da empresa para impulsionar a transformação. O Eixo vai pegar desafios digitais, desenvolver soluções para eles e, em seguida, entregar essas soluções de volta a meus colegas no negócio. No início do Eixo Digital, o que fizemos foi olhar de maneira genuína para todas as jornadas de clientes que vemos atualmente na organização, especificamente aquelas que podem ser digitalizadas. Acho que olhamos cerca de cem jornadas de clientes.[4]

4. **Empreendimentos Greenfield.** Esse modelo é mais eficaz quando você tem ambições digitais que representam um afastamento drástico das operações atuais, como o desenvolvimento de um novo modelo de negócios. Ele aumenta a velocidade de chegada ao mercado e permite modelos econômicos originais, processos e pilhas de tecnologia. Os riscos incluem a concorrência com os negócios existentes, o que pode levar à duplicação e conflitos na empresa, bem como à incompatibilidade de recursos e de culturas com os negócios existentes, tornando a migração do antigo para o novo mais desafiadora.

Para influenciar sua grande base de clientes, a Orange, uma operadora de telecomunicações francesa decidiu ampliar seu modelo de negócios para o setor de bancos digitais. Devido à aquisição anterior de uma infraestrutura bancária, a Orange construiu um empreendimento Greenfield quase autônomo: o Orange Bank. O novo empreendimento foi lançado em um ano, e o modelo agora foi estendido para outros lugares.[5]

A maioria das organizações vai escolher versões híbridas desses modelos. Organizacionalmente, a chave é deixar relatórios, autoridade, direitos de decisão e orçamentos alinhados de modo apropriado. As opções estão indicadas na Figura 8.1.

A implementação de um modelo de governança apropriado é necessária para o sucesso da transformação digital, mas requer certo nível de "cirurgia organizacional". Felizmente, aprendemos lições poderosas para maximizar as chances de sucesso graças a nossas pesquisas e experiências trabalhando com líderes digitais, veja a seguir.

Conexão direta com o topo. A equipe digital deve ter conexão direta com o CEO ou com um membro do conselho, como o COO ou o CMO. Conexões bem próximas também devem ser mantidas com o departamento de TI.

Redes distribuídas. É uma boa prática distribuir parte da equipe digital. Isso geralmente é feito incorporando "embaixadores digitais" ou "campeões digitais" às linhas de negócio. Essas pessoas são como os olhos e os ouvidos da equipe digital, dando-lhes uma ideia clara e atualizada de quais projetos digitais estão sendo priorizados na organização.

Para apoiar seu esforço de transformação digital, a Radiall, uma empresa de componentes eletrônicos, desenvolveu e treinou uma rede de embaixadores digitais cujo papel era harmonizar implementações digitais em todas as instalações da Radiall do mundo. Os embaixadores eram funcionários de campo treinados em processos digitais e no gerenciamento de mudanças.[6]

Competição interna. É muito importante que a equipe digital não seja vista competindo com o resto da organização por projetos digitais – nem mesmo com o departamento de TI. Esse tipo de comportamento foi um dos principais motivos pelos quais a GE Digital falhou.[7] Em vez de competir, a equipe digital deve apoiar a organização durante a transformação digital. Guido Jouret, ex-CDO da gigante industrial ABB, falou o seguinte: "Minha equipe é formada por *personal trainers*. Não vale a pena fazermos todas as flexões. Precisamos mesmo é fazer com que o negócio desenvolva músculos digitais".[8]

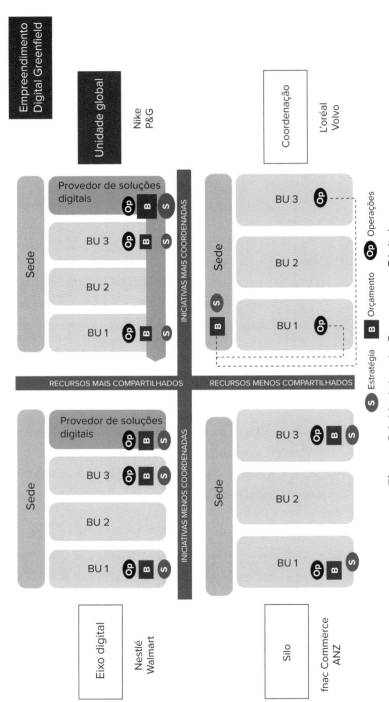

Figura 8.1 Modelos de Governança Digital.

Capacidades combinadas. As equipes digitais devem incluir pessoas com experiência e habilidades combinadas — especialistas digitais, gerentes de projeto experientes e pessoas da área de comunicação. Misturar conhecimentos de domínio interno, como manutenção e reparo, com experiência digital externa é muitas vezes a melhor maneira de desafiar suposições subjacentes. O pessoal interno vai entender a cultura e caminhar pela organização com maestria, aumentando as chances de sucesso. Você obviamente precisará de novas habilidades e perspectivas de forasteiros, mas equilíbrio é fundamental. O excesso de pessoal externo aumenta a chance de isolamento da equipe digital.

Charlotte Lindsey-Curtet, ex-diretora de transformação digital e de dados do Comitê Internacional da Cruz Vermelha, disse:

> Eu tentei trazer pessoas de outros departamentos para minha equipe. Um dos consultores estratégicos de tecnologia trabalhou no departamento de TI antes, mas estava sediado no campo. Por isso, ter conhecimento de muitos anos baseado na integração de atividades no campo é extremamente útil. Acho que tentar selecionar pessoas de diferentes partes da organização tem vários benefícios. Eles vão aproveitar a confiança que têm em suas próprias redes, sua própria integração, para realmente observar e dizer: "trabalhamos com pessoas para seguirmos em frente".[9]

Modelos em evolução. A estrutura do modelo de governança e o tipo de suporte fornecido pela equipe digital evoluem ao longo do tempo. Conforme a competência digital e a maturidade crescem na organização, a necessidade de separar as equipes digitais diminui. Incorpore práticas digitais em seu modelo operacional à medida que sua organização amadurece.

Construir uma equipe digital dedicada foi a rota escolhida pela Energie Baden-Württemberg (EnBW), uma empresa regional de energia e serviços públicos na Alemanha, quando a empresa revelou sua transformação digital pela primeira vez. Sven Meier, diretor de transformação digital, explicou como a estrutura organizacional, a força das linhas de negócios já existentes e os ativos integrados foram levados em consideração para a decisão: "Nós, como uma unidade de transformação digital, estamos bem no meio da organização. Somos uma empresa verticalmente integrada e nossa transformação digital tem de trabalhar com nossos ativos. Uma estrutura digital derivada teria sido difícil de pôr em prática".[10]

Após dois anos desempenhando papel central de suporte para as iniciativas das unidades de negócios, a equipe de transformação digital da EnBW começou a observar redundâncias em toda a organização. Portanto, estruturas de governança comunitária foram criadas com base em casos individuais para gerenciar iniciativas comuns (como processamento robótico) sem intervenção central.

A governança digital não deve ser deixada à toa. É uma alavanca essencial para o sucesso da transformação. A separação total ou a integração total de equipes digitais raramente funcionam. Uma abordagem híbrida que corresponda às suas ambições e à cultura da empresa é a melhor escolha.

> Criar a digitalONE, a unidade digital, foi importante porque ela personificou uma organização em mudança na qual silos estão sendo divididos, equipes e disciplinas estão se fundindo e uma nova mentalidade comum está emergindo.
>
> – SABINE SCHEUNERT, VP DIGITAL & TI MARKETING/VENDAS, DAIMLER AG[11]

Arsenal do Hacker

Enfrente sua governança digital de frente. Não a deixe à toa. Determine quais modelos de governança digital — provavelmente modelos híbridos — serão mais apropriados para alcançar seus objetivos de transformação digital. Por exemplo, para governar uma integração de canais no varejo, será necessária forte coordenação entre o *front-end* do cliente, as operações da retaguarda e a equipe de TI. Certifique-se de que seu modelo de governança digital também seja compatível com a cultura operacional de sua empresa, por exemplo: centralizada *versus* descentralizada, multigeografias e assim por diante.

Seja muito claro e explícito sobre responsabilidades. Formalize a autoridade de sua equipe digital no que diz respeito aos escopos de atribuição, às estratégias, aos direitos de decisão, às responsabilidades operacionais e aos orçamentos.

Escolha os líderes e as funções digitais com cuidado. Garanta o equilíbrio entre a experiência digital, para oferecer as melhores soluções, e boas habilidades interpessoais, para navegar pela organização e facilitar a execução operacional. Uma mistura de contratações externas e executivos experientes internos costuma ser boa solução.

Certifique-se de que há um processo para adaptar seu modelo de governança à empresa. A transformação digital exige mudanças à medida que a organização evolui. Ao longo do tempo, alterne os líderes da equipe digital com os líderes operacionais (e vice-versa) para incentivar a harmonização e incorporar as práticas digitais.

Considere ir relaxando a governança formal ao longo do tempo. À medida que a coordenação e o compartilhamento dos esforços digitais se tornam parte da cultura da empresa, considere relaxar a estrutura formal de governança, ou seja, transfira mais direitos de decisão para as unidades de negócios enquanto mantém um nível de coordenação para garantir a consistência.

> **Questões para Autorreflexão**
>
> Você conhece exatamente tudo o que há no seu portfólio de iniciativas digitais?
>
> Está claro quem lidera a transformação digital na organização?
>
> A transformação digital está progredindo no ritmo certo?
>
> Você percebe que sua equipe digital e as linhas de negócios estão competindo?
>
> Sente que sua organização está se tornando mais madura digitalmente – a ponto de poder transferir mais da iniciativa de transformação digital para as operações?

CAPÍTULOS RELACIONADOS

Alinhe a Equipe Responsável para impulsionar o Sucesso da Transformação Digital (Capítulo 3)

Como fazer o Digital e o TI Trabalharem Juntos (Capítulo 9)

Acelere a Transformação Digital Usando Métodos Ágeis (Capítulo 10)

Construa um Portfólio Equilibrado de Iniciativas Digitais (Capítulo 20)

Faça o CDO Ser Bem-sucedido (Capítulo 23)

Trabalhe entre Grupos Fechados ("Silos" e "Panelinhas") (Capítulo 25)

Meça o Desempenho das Iniciativas Digitais (Capítulo 28)

CAPÍTULO 9

COMO FAZER O DIGITAL E O TI TRABALHAREM JUNTOS

Na última década, organizações tradicionais de TI e de empreendimentos digitais tiveram um relacionamento conturbado. O modelo de TI tradicional é frequentemente considerado grande impedimento para a inovação digital, enquanto o digital é considerado alavanca para um futuro melhor. A verdade é que os dois devem estar conectados intimamente para que a transformação digital seja bem-sucedida. É necessário ter a mentalidade ideal, uma visão comum que almeje um futuro digital melhor, responsabilidades claras e mecanismos de governança adequados.

POR QUE É IMPORTANTE?

Estudos sobre transformações digitais costumam citar sistemas e aplicativos de TI arcaicos como os principais obstáculos,[1] e as organizações acham fácil chamar o TI de "Departamento do 'Não'" – distante, arcaico e burocrático. Embora possa até ter alguma verdade nisso (em algumas organizações), esse estereótipo encorajou a separação entre o desenvolvimento digital e o TI tradicional.

Independentemente do estado do departamento de TI, a transformação digital não vai muito longe sem ele.[2] Além de experimentos isolados ou do desenvolvimento de novos objetos, a implementação digital precisa do suporte do TI tradicional para suprir as demandas da empresa inteira, especialmente quando o digital precisa interagir com os sistemas de retaguarda em operação ou extrair dados que representam o valor central de tantos aplicativos digitais.[3]

Com a transformação digital, os negócios e o TI se tornaram profundamente interligados. Infelizmente, responsabilidades duplicadas entre as iniciativas digitais e o TI muitas vezes levam a confusão, custos significativos e ineficiência. Precisamos de um objetivo comum.

Seja qual for o modelo de governança digital (CDO, unidade digital etc.), é importante definir claramente o escopo, a responsabilidade e o alinhamento dos líderes digitais com os de TI.[4] Sem dúvida, a falta de alinhamento levará a uma integração cara e dolorosa no futuro conforme os esforços digitais são escalados, algo que é um pré-requisito para obter retorno saudável dos investimentos digitais.

> Nossa equipe inteira de liderança é bem engajada e animada com o digital e a tecnologia, além de com o que podem representar para a empresa. Liderar métodos inovadores e tecnologias centradas no consumidor faz parte dos objetivos compartilhados que temos como equipe de liderança.
>
> – ADAM BROTMAN, EX-CDO DA STARBUCKS[5]

MELHORES PRÁTICAS E *INSIGHTS* ESSENCIAIS

A transformação digital precisa equilibrar o antigo e o novo. Isso também vale para o gerenciamento do departamento de TI. Organizações de TI eficientes ainda são cruciais para manter as empresas atuais funcionando, o que se consegue por meio de sistemas complexos de retaguarda e infraestruturas de *backbone* operacional, que podem ser controladas internamente ou de modo terceirizado. As empresas ainda dependem desses sistemas para o bom funcionamento de sua cadeia de valor tradicional, que vai desde a aquisição de bens e serviços até a fabricação, a distribuição, as vendas e as operações de atendimento ao cliente.

Mas a transformação digital adicionou novas demandas à agenda do departamento TI, incluindo desenvolvimento rápido de aplicativos, interações inovadoras com os clientes, construção de plataformas e digitização de produtos e serviços. Gerenciar efetivamente essas demandas é fundamental para o sucesso da transformação digital, mas requer que os líderes de TI mudem de mentalidade, pois agora eles devem alinhar as demandas do TI operacional com soluções digitais inovadoras. As demandas exigem que os líderes reconheçam e gerenciem um conjunto de sete tensões (ver Figura 9.1).

O comprometimento da equipe de liderança é essencial para gerenciar as tensões. Um dos requisitos principais para manter os programas de TI e os programas digitais alinhados é a concordância com uma estrutura em que haja clara divisão de responsabilidade e de prestação de contas. Também envolve mapear claramente o cenário atual do sistema e o objetivo final, que é o que vai incentivar os desenvolvimentos digitais.

Figura 9.1 Gerenciamento de tensões entre soluções de TI tradicionais e digitais.

Por exemplo, os times do CDO e do IO se juntaram na CooperVision Inc., uma fabricante de lente de contatos, e decidiram "separar os sistemas *front-end* dos sistemas *back-end*" para traçar uma clara divisão de responsabilidades. O CIO John Casella diz que "separar" a experiência do usuário em seu *site* (na medida do possível) dos principais sistemas corporativos deu à equipe digital mais controle e receptividade, ao mesmo tempo que não forçou o TI a trabalhar mais do que o necessário. Isso levou a responsabilidades mais claras e a menos conflitos.[6]

O alinhamento bem-sucedido do departamento de TI com os empreendimentos digitais também dependerá do modelo de governança adotado. Em alguns casos, tanto o TI quanto o digital pertencem à mesma entidade e prestam contas às mesmas pessoas, e isso permite que um modelo duplo de TI seja estabelecido. No entanto, a integração rigorosa pode acabar sendo incremental em vez de radical, reduzindo a velocidade de tempo para o mercado.[7] Em outros casos, um CDO ou outro(s) executivo(s) fica(m) encarregado(s) de supervisionar a unidade digital, que atua como uma ponte entre o TI e o negócio para a entrega de soluções digitais.

A Starbucks adotou esse modelo e obteve muito sucesso ao nomear o CDO Adam Brotman como parceiro do CIO Curt Garner, e ambos prestavam contas ao CEO. Garner explica o alinhamento: "Temos equipes *tiger* ou equipes SWAT que são atribuídas a projetos e a objetivos específicos. Conseguimos tirar muito tempo e ciclos do trabalho ao colocar os líderes de pensamento do digital e da tecnologia e suas respectivas equipes juntos. Assim, todos trabalhavam em busca de um mesmo objetivo. Tudo, desde o início da discussão de ideias até a prestação de serviços, é propriedade de todos, centrado na equipe e muito colaborativo".[8]

Às vezes, as unidades digitais são organizadas como entidades independentes do TI tradicional. A vantagem desse método é que o enfoque e a responsabilidade são direcionados para a transformação digital, mas precisa ser gerenciado com rigor, pois existe o risco de isolamento do negócio principal, o que pode gerar fontes de conflito com o TI tradicional.

Por fim, o alinhamento pode ser reforçado ao se estabelecer fluidez de recursos entre o TI e o digital, por exemplo: criar uma equipe conjunta com foco duplo na entrega digital e na integração da retaguarda; ou dedicar funcionários importantes de cada um desses setores para alinhar objetivos. John Casella, CIO da CooperVision, descreve como ele designou um arquiteto de TI sênior para a equipe do CDO: "Esse gerente entendeu as prioridades do CDO e direcionou os recursos do TI para os projetos, fazendo com que a equipe não precisasse trabalhar diretamente com os equipamentos de TI".

Arsenal do Hacker

Obtenha a configuração correta. As organizações podem escolher um dos muitos modelos disponíveis como suporte para seus esforços digitais, e essa configuração pode mudar à medida que a jornada digital continua. Seja qual for o modelo que você decidir usar, não se esqueça de planejar o alinhamento de acordo com ele.

Por exemplo, se você implementar um grupo digital central com o intuito de impulsionar a agenda digital, certifique-se de que o departamento de TI esteja informado e envolvido de maneira proativa. É uma boa ideia usar ferramentas que criem transparência e mostrem claramente as responsabilidades e a transparência, como a matriz RACI (responsável, transparente, consultado, informado) para delinear bem o escopo de trabalho do TI e do digital.

Crie pontos de contato regulares. Líderes digitais bem-sucedidos têm consciência de que o alinhamento de sucesso vai além de coisas faladas "da boca para fora" e requer pontos de contato reais e tangíveis. Para garantir que o alinhamento se torne uma prática diária, estabeleça processos e funções que facilitem o compartilhamento contínuo de informações e aumentem a confiança entre as equipes digitais e de TI.

Semelhantemente às funções de ligação entre digital e TI, os gerentes de relacionamento entre o digital e TI podem ajudar a garantir ajustes e arranjos contínuos. O compartilhamento de informações também pode aumentar com proximidade física ou eventos regulares. Para evitar a rivalidade interna, criar um senso de propriedade compartilhada também é importante, por exemplo: destacamento e troca de funcionários entre equipes digitais e departamentos tradicionais de TI.

Cresçam juntos. O alinhamento não é um evento estático ou uma tarefa única, mas um processo contínuo que evolui conforme a jornada digital progride. Junto com o aumento das receitas e da responsabilidade digital, lutas por poder e conflitos políticos podem surgir entre o departamento digital e o de TI. Embora seja praticamente impossível evitar brigas, os líderes digitais podem evitar colapsos ao compartilharem sucessos e falhas com todas as pessoas envolvidas no projeto. Os líderes de TI e do digital devem relatar regularmente – e juntos – todo o progresso da transformação digital e discutir abertamente os pontos de atrito organizacionais, de capacidade ou de recursos.

Questões para Autorreflexão

Você percebe se seus líderes de TI e do digital estão cooperando bem uns com os outros?

Seus líderes de TI estão abraçando e apoiando ativamente a estratégia digital e a transformação necessária para implementá-la?

O escopo de atividades e prestação de contas que dizem respeito às equipes de TI e digital está claro para você e para o resto da organização?

Você está recebendo relatórios conjuntos de progresso do TI e do digital ou recebe relatos diferentes de cada lado?

> Está confiante de que sua transformação digital está sendo implementada no ritmo certo ou sente que ela precisa de mudanças estruturais ou de liderança?

CAPÍTULOS RELACIONADOS

Alinhe a Equipe Responsável para Impulsionar o Sucesso da Transformação Digital (Capítulo 3)

Escolha o Modelo Correto de Governança Digital (Capítulo 8)

Construa e Gerencie uma Infraestrutura de Tecnologia (Capítulo 11)

Gerencie Parcerias e Ecossistemas (Capítulo 13)

Invista em *Startups* (Capítulo 14)

Faça o CDO ser Bem-Sucedido (Capítulo 23)

CAPÍTULO
10

ACELERE A TRANSFORMAÇÃO DIGITAL USANDO MÉTODOS ÁGEIS

Um número crescente de organizações tem empregado ferramentas e métodos ágeis para acelerar a transformação digital.[1] A transformação digital requer velocidade e adaptabilidade, e ferramentas e métodos ágeis apoiam esses esforços com foco em ciclos curtos de melhoria e de experimentação. No entanto, apesar da adoção generalizada, as abordagens ágeis para iniciativas digitais tiveram vários graus de sucesso. Este capítulo explora as fontes dessa variação e fornece conselhos sobre como configurar e aplicar métodos ágeis aos projetos de transformação digital.

POR QUE É IMPORTANTE?

Métodos ágeis não são novos. Embora o método ágil tenha se associado ao desenvolvimento de *software* após 2001, suas raízes estão na fabricação e nos movimentos de qualidade do Japão.[2] O que é novo é a adoção, pelas organizações, de métodos ágeis para impulsionar sua transformação digital.

Pesquisas recentes revelam que mais de duas em cada três transformações digitais bem-sucedidas alavancaram métodos de gerenciamento ágil.[3] Métodos e estruturas ágeis, como Scrum ou Extreme Pogramming,[4] representam uma abordagem de desenvolvimento iterativo que abrange implantação rápida, capacidade de resposta à mudança e ênfase nas necessidades do cliente. Os profissionais ágeis também compartilham a mentalidade de que o trabalho deve, a princípio, ser desenvolvido em equipes pequenas, autônomas e multifuncionais.

Embora os benefícios sejam claros, as organizações enfrentam muitos desafios ao implementar o método ágil, incluindo resistência à mudança, dificuldade na implementação e estruturas organizacionais inadequadas.[5] Os métodos ágeis foram originalmente projetados para projetos pequenos e de equipe única. Ainda que muitas organizações tenham implementado com sucesso o método ágil em áreas isoladas, como, por exemplo, uma única equipe ou unidade de negócios, a maioria luta para escalar pilotos para outras partes da organização.[6]

Além disso, embora o método ágil ofereça uma estrutura útil para o gerenciamento de mudanças, não é suficiente, por si só, para impulsionar a transformação digital em toda a empresa. A pesquisa mostra que mesmo quando as organizações implementam ferramentas e processos ágeis "à risca", os benefícios geralmente não fluem, a menos que haja mudança de mentalidade para tornar a agilidade organizacional, não apenas a agilidade do projeto, a parte central da mudança.[7]

> Os líderes são responsáveis por impulsionar essa mudança e o trabalho contínuo que ela requer. Não é algo que se possa delegar a um projeto ou a um departamento – todo líder tem de fazer isso.
>
> – FELIX HIERONYMI, VP DE TRANSFORMAÇÃO ÁGIL, BOSCH[8]

MELHORES PRÁTICAS E *INSIGHTS* ESSENCIAIS

A transformação digital exige mais do que técnicas clássicas de gerenciamento de mudanças. A mudança precisa ser sistêmica para refletir a natureza em rede das organizações. Também deve combinar altos níveis de escala, interdependência e dinamismo.[9]

Embora muitas abordagens de implementação estejam disponíveis, os métodos ágeis são particularmente úteis para impulsionar a colaboração entre unidades e funções de negócios, desenvolver mudanças contínuas e promover o empoderamento e a autonomia na tomada de decisões. Todos esses elementos são importantes para garantir a implementação bem-sucedida e dimensionada da transformação digital. Então, o que é preciso para tornar o método ágil eficaz?

Impulsione a Colaboração entre os "Silos" e "Panelinhas"

No trabalho de transformação digital, transitar entre os "silos"[NE1] ou "panelinhas"[1] tradicionais é inevitável. Com foco na organização de equipes multifuncionais que visam à resolução de problemas, os métodos ágeis são adequados para promover colaboração.

As organizações geralmente criam equipes pequenas o suficiente para colaborar de perto, mas grandes o suficiente para incluir as habilidades multifuncionais necessárias para a execução do projeto. As equipes recebem ordens claras e autonomia para decidir como trabalhar. Quando feito corretamente, compensa. Colaborações multidisciplinares produziram maiores receitas e lucros porque resolveram problemas de maior valor de forma mais eficaz.[10]

A Take TDC, uma empresa dinamarquesa líder em telecomunicações, empregou métodos ágeis para acelerar sua transformação digital. A TDC investiu fundos significativos no digital por vários anos, mas descobriu que suas iniciativas demoraram mais do que o previsto e que as

---

[1] N.E.: O autor usa o termo "silo" para indicar grupos isolados ou "panelinhas" que se formam nas empresas e costumam ser hostis a quem não faz parte do grupo.

necessidades do consumidor haviam mudado quando as iniciativas digitais chegaram ao mercado.[11]

Em resposta a esse fato, a TDC lançou equipes multifuncionais (formadas por proprietários de produtos, especialistas comerciais, especialistas da linha de frente, *designers* de experiência do cliente e desenvolvedores) para projetar, testar e melhorar as jornadas digitais dos clientes. Inicialmente lançada como um pequeno piloto, a iniciativa se transformou em quatro "tribos digitais" organizadas em torno dos consumidores finais, usuários B2B, serviços baseados em TV e infraestrutura de sistemas. Essas tribos foram agrupadas e cada uma delas recebeu responsabilidades de ponta a ponta para criar jornadas envolventes para clientes em vendas e serviços *on-line*.

No caso da TDC, a colocação e a prestação de contas de ponta a ponta em cada equipe multifuncional permitiram que a empresa colaborasse entre "panelinhas" tradicionais. E a TDC obteve benefícios significativos com essa abordagem ágil. O volume de chamadas, um dos maiores impulsionadores de custo, diminuiu mais de 40% quando os clientes conseguiram resolver seus problemas *on-line*.

Impulsione Mudanças Sustentáveis

Como a disrupção e a transformação digital operam em ciclos perpétuos e contínuos,[12] as organizações precisam desenvolver novas práticas que apoiem mudanças iterativas e ciclos de desenvolvimento rápidos. Os métodos ágeis são frequentemente usados para ajudar a alinhar o desenvolvimento com as mudanças nas necessidades e nas tendências dos clientes. Com enfoque na iteração, os métodos ágeis podem tornar os ciclos de desenvolvimento[7] mais eficientes.

Considere o caso da Cisco, que teve dificuldade em prever recursos de longo prazo e planejamento de trabalho para seus projetos. A empresa decidiu adotar métodos ágeis no processo de desenvolvimento de produtos.

A previsibilidade de longo prazo pode ser difícil ao se usar o desenvolvimento ágil, mas uma unidade de negócios da Cisco adotou uma estrutura de duas equipes composta por uma equipe de "execução" e uma equipe de "planejamento". Isso permitiu que a unidade de negócios se adaptasse constantemente às mudanças, mantendo a capacidade de prever e de planejar vários trimestres à frente.[13] Usando métodos ágeis, a equipe de planejamento conversou com os primeiros clientes colaborativos sobre novos recursos de produto e traduziu esses *insights* em tarefas de engenharia para a equipe de execução. Enquanto a equipe de desenvolvimento trabalhava nesses projetos, a equipe de planejamento analisou tarefas específicas para os próximos dois trimestres e continuou a buscar novas necessidades dos clientes. Esse processo paralelo garantiu uma simbiose contínua entre o novo desenvolvimento e o planejamento de negócios, que agora podia ser facilmente dimensionado.

Promova Autonomia Compartilhada

A economia digital é altamente dinâmica. Acompanhar um ambiente de negócios em rápida mudança exige conscientização e velocidade. As organizações precisam desenvolver uma cultura de trabalho com base no retorno rápido, tomada de decisão rápida e adaptação rápida. Isso não é fácil.

Com o desenvolvimento ágil, as equipes são auto-organizadas, autônomas e capacitadas para tomar decisões. No entanto, grandes organizações são sistemas complexos e há muitas decisões que uma única equipe não pode tomar sem afetar a organização geral.

Para superar esse desafio, a empresa sueca de redes e de telecomunicações Ericsson desenvolveu um modelo de tomada de decisão baseado na comunidade e em métodos ágeis que se tornou o órgão central de tomada de decisão para projetos de grande escala.

A comunidade é composta por 400 membros da equipe e proprietários de produtos que fazem parte de "comunidades de prática" menores em que tópicos específicos são discutidos entre grupos que representam diferentes partes do negócio.[14]

A comunidade geralmente se reúne uma ou duas vezes por semana e as reuniões são lideradas por um facilitador. As propostas de soluções são preparadas com antecedência. As decisões são tomadas usando a "decisão de consentimento", uma técnica em que as pessoas procuram uma faixa de tolerância na qual todos possam trabalhar. A Ericsson relatou vários benefícios ao usar essa abordagem, incluindo maior motivação dos funcionários e melhor uso do conhecimento dos membros da equipe.[15] Igualmente importante, a abordagem ajudou a empresa a tomar melhores decisões e a se comprometer com uma direção comum, pois empreendeu novos desenvolvimentos digitais.

Promova Valores Ágeis em vez de Mecanismos

Embora algumas das práticas ágeis mencionadas neste capítulo possam adiantar o tempo de lançamento no mercado e aumentar a produtividade, a maioria dos especialistas ágeis concorda que se concentrar em valores e princípios é igualmente eficaz.[16] Quando as pessoas entendem os valores ágeis, ficam mais dispostas a abraçar a mudança. Mas isso não acontece naturalmente.

Quando a Volvo Cars introduziu a Estrutura Ágil Escalonada em 2017, ela também investiu mais de 150.000 horas de trabalho no treinamento dos funcionários diretamente envolvidos, juntamente com 2.000 líderes.[17] Como Anna Sandberg, chefe de Melhoria e Mudança Contínua na Criação de Produtos da Volvo, apontou: "Queríamos que as pessoas entendessem tanto os mecanismos quanto as mudanças de mentalidade envolvidas. Nossos líderes discutiram e praticaram os novos tipos de comportamentos para que pudessem entender melhor os resultados".

É importante notar que a implementação de programas ágeis independentes é útil, mas insuficiente para acelerar a transformação digital. As organizações que se aproveitam dos métodos ágeis para promover transformações digitais se concentram não apenas nos mecanismos, mas na elevação das mentalidades para incentivar equipes autônomas, trabalhando por meio de processos iterativos e rápidos e promovendo a comunicação aberta por toda a organização.

> Para nós, o mais importante era criar um ambiente que capacitasse as equipes para tomar suas próprias decisões guiadas por missões e valores. Desafiar o *status quo* quando necessário torna o pessoal autodisruptivo, mais empreendedor e mais influenciado pela inovação.
>
> – KEVIN COSTELLO, CEO DA HAYMARKET MEDIA GROUP[18]

Arsenal do Hacker

Escolha sua definição, metodologia e abordagem ágeis. O desafio de usar o método ágil é ampliado pelas muitas ferramentas, rótulos e metodologias que existem hoje.[19] O primeiro passo prático é concordar com o que você está falando e, mais importante, selecionar uma abordagem com uma metodologia e linguagem simples.

Existem várias estruturas para dimensionar o método ágil a ser escolhido, incluindo Scaled Agile Frameword (estrutura ágil escalonada, SAFe), large-Scale Scrum (Scrum em larga escala, LeSS), Disciplined Agile Delivery (entrega ágil disciplinada, DAD) e Scrum@Scale. Essas estruturas diferem no tamanho da equipe, no treinamento e na certificação, nos métodos e nas práticas adotadas, nas práticas e técnicas necessárias e no tipo organizacional.[20] Certifique-se de selecionar o método que funciona melhor para sua organização com base nessas diferenças.

Recrute evangelistas ágeis na alta administração. A pesquisa sugere que o suporte de gerenciamento é fundamental para a implementação do método ágil em larga escala.[21] A Vistaprint, uma empresa de impressão *on-line*, certificou-se de que sua principal equipe executiva fosse treinada usando um curso projetado especificamente para a empresa. Um *coach* sênior de método ágil também participou de reuniões executivas por um ano. Como resultado, vários altos executivos se tornaram evangelistas que encorajaram outros membros da equipe executiva a adotarem uma mentalidade ágil. Um programa semelhante foi implementado em todas as organizações para líderes-chave, que também se tornaram evangelistas do método ágil.[22]

Use *coaches* para acelerar o aprendizado na prática. É difícil explicar como as mentalidades ágeis devem ser aplicadas. A maioria das organizações adota uma abordagem de aprendizado por meio de *coaching*. Os *coaches* podem observar e corrigir problemas à medida que forem surgindo. Em particular, eles podem ajudar a tirar a atenção das ferramentas e direcioná-la para a compreensão de princípios e valores. Os *coaches* internos e externos podem fornecer valor. *Coaches* internos costumam ser mais acessíveis e conhecer as especificidades da organização, enquanto os *coaches* externos podem fornecer uma visão objetiva e de fora da organização.

Questões para Autorreflexão

Quais respostas você recebe das pessoas em sua organização quando ouvem a palavra "ágil"?

Você já experimentou um programa ágil? Entende quais mudanças na organização e na mentalidade dos funcionários são necessárias?

> Sua organização incentiva e apoia um ambiente colaborativo?
>
> As políticas do RH podem ser alteradas para apoiar e avaliar o esforço da equipe em vez do esforço de cada indivíduo?

CAPÍTULOS RELACIONADOS

Crie um Objetivo Claro e Eficaz para Promover a Transformação Digital (Capítulo 1)

Como Desenvolver Melhor as Habilidades Digitais na Organização? (Capítulo 24)

Trabalhe entre Grupos Fechados ("Silos" e "Panelinhas") (Capítulo 25)

Trabalhe as Iniciativas Digitais em Escala (Capítulo 27)

CAPÍTULO 11

CONSTRUA E GERENCIE UMA INFRAESTRUTURA DE TECNOLOGIA

Como as ferramentas e tecnologias digitais estão na moda, às vezes é fácil ignorar a infraestrutura subjacente que as suporta. No caso da transformação digital, essa infraestrutura compreende dois elementos principais: infraestrutura de TI, que é estável e flexível, e ativos de dados de alta qualidade, que são seguros.

Tecnologias como bancos de dados, servidores, infraestrutura de rede e aplicativos de *software* corporativo não são especialmente glamorosas, mas o sucesso de qualquer projeto digital depende delas. A inteligência artificial, por exemplo, não é uma tecnologia independente. Na verdade, a menos que esteja conectada a um conjunto seguro de sistemas organizacionais e a fontes de dados precisas e compatíveis, é inútil. Uma infraestrutura tecnológica que funciona bem sustenta toda a cadeia de valor da transformação digital – desde a captura de dados até o armazenamento, a análise e a disseminação de resultados – em tempo real (ou próximo a isso).

POR QUE É IMPORTANTE?

Abraham Lincoln disse uma vez: "Dê-me seis horas para derrubar uma árvore e passarei as quatro primeiras horas afiando o machado".

A mesma lógica se aplica à infraestrutura de tecnologia. Sem infraestrutura adequada, os recursos e a atenção da gerência serão consumidos pela execução e pela manutenção dos processos principais, em vez de serem direcionados para descobrir como as ferramentas digitais podem gerar novas fontes de valor.

A infraestrutura tecnológica consiste em um conjunto de sistemas, processos e dados integrados e compartilhados que, juntos, garantem eficiência operacional e transparência.[1] Quando os executivos são questionados sobre os principais obstáculos que impedem uma execução digital adequada, as limitações dos sistemas de TI existentes são frequentemente citadas como o obstáculo número um.[2]

De acordo com o BCG (Boston Consulting Group), duas em cada três transformações bem-sucedidas foram vinculadas à tecnologia moderna, adequadas aos objetivos comerciais e às plataformas de dados que sustentavam o desenvolvimento e o dimensionamento de casos de uso digital.[3] Infelizmente, mais da metade das empresas do estudo lutou com a falta de flexibilidade em sua infraestrutura de tecnologia.

A GE investiu bilhões em novas tecnologias, pessoas e processos para construir uma nova divisão ambiciosa, a GE Digital, para capitalizar o crescimento da digitalização no mundo industrial. No entanto, o produto famoso da nova divisão – a Plataforma de Internet Industrial Predix – nunca correspondeu ao faturamento. Seu principal problema? Simplesmente não funcionou muito bem do ponto de vista da tecnologia.[4] Acertar a infraestrutura de tecnologia é fundamental para a execução da transformação digital.

MELHORES PRÁTICAS E *INSIGHTS* ESSENCIAIS

Paradoxalmente, os avanços recentes tornaram mais fácil e mais difícil construir uma plataforma digital sólida.[5] Por um lado, nuvem, métodos ágeis de desenvolvimento, bibliotecas de código externas e ferramentas fáceis de usar permitiram que os desenvolvedores criassem novas soluções digitais rapidamente. Por outro lado, essas abordagens podem produzir uma mistura descoordenada de ferramentas e aplicativos que enfraquecem coletivamente, em vez de fortalecer a transformação digital. Portanto, o primeiro passo é selecionar uma arquitetura de tecnologia que corresponda às ambições digitais da organização. Mas isso não será suficiente. Entre os muitos desafios que uma infraestrutura de tecnologia deve superar, quatro têm relevância crítica. Dois estão ligados à infraestrutura de TI (estabilidade e flexibilidade), enquanto os outros dois estão relacionados aos dados (qualidade e segurança).

Arquitetando Sua Infraestrutura Digital

O problema de projetar uma arquitetura de tecnologia que atenda às ambições da organização é que ela deve ser construída para ser **eficiente e ágil**. Por esse motivo, as empresas que alcançaram com sucesso a transformação digital estratificaram suas respectivas infraestruturas de tecnologia.

O primeiro componente é um *backbone* operacional e transacional eficiente. Esse é um campo tradicional direcionado à industrialização, à otimização e à eficiência, além de abranger áreas como sistemas de retaguarda e sistemas de registros.

A segunda camada é uma plataforma ágil de engajamento do cliente que vai de áreas de transações-chave (como pagamentos) até a entrega de experiências personalizadas e conexões com parceiros do ecossistema. Esse é um campo direcionado à experiência do usuário e à entrega de serviços de qualidade.

O terceiro componente é uma plataforma de dados e de análise que usará dados internos e capturará dados de conectividade para executar análises avançadas e/ou criar e testar algoritmos. Esse é um campo direcionado aos *insights* e à inovação.

Por causa dos objetivos diferentes, cada camada exige gerenciamento, capacidades, parceiros de tecnologia e métricas especializadas. Parece complexo? E é. Mas escolher uma arquitetura com antecedência, que corresponda às ambições de negócios da empresa vai guiar futuros investimentos em tecnologia e garantirá a coerência da operação de tecnologia/TI.

Estabilidade da Infraestrutura de TI

Do ponto de vista de TI, a estabilidade está intimamente ligada à confiabilidade, à consistência e à usabilidade. Confiabilidade significa que a infraestrutura está consistentemente em funcionamento e, ao mesmo tempo, é imune a vários conflitos e eventos adversos. Consistência refere-se à capacidade da infraestrutura de fornecer qualidade de serviço padrão em ambientes operacionais, como diferentes sistemas operacionais ou ecossistemas de aplicativos. Usabilidade significa que a infraestrutura é fácil de usar. Em suma, a infraestrutura de TI estável funciona na maioria das vezes em uma ampla variedade de casos de uso.

Por exemplo, a maioria dos aplicativos *blockchain* tem requisitos de infraestrutura relativamente leves: alta velocidade de processamento e muito armazenamento. Por outro lado, muitas soluções de IA têm altos requisitos de computação e de recursos de rede, além de exigirem compatibilidade com fontes de dados.

De acordo com um estudo de CIOs, o inimigo da estabilidade da infraestrutura de TI é a complexidade.[6] Normalmente, quanto mais complexa a infraestrutura, menos estável ela é. Um desenvolvimento positivo tem sido o aumento de soluções em nuvem, que costumam ser mais estáveis do que os sistemas locais, uma vez que são gerenciados centralmente e adequados para cada finalidade. Por esse motivo, muitas organizações estão investindo muito em infraestruturas de nuvem para apoiar seus programas de transformação digital. No entanto, vincular soluções em nuvem a sistemas legados continua sendo um desafio significativo.

> As responsabilidades do CIO estão mudando rapidamente. Se eu pensar em como o CIO tem de olhar para o futuro e no modo que nos envolvemos com o negócio, diria que o CIO precisa ser um catalisador. Precisamos incentivar inovações com nossas arquiteturas de negócios, nossas estratégias, nossas operações e nossas tecnologias. Um CIO tem de ser um estrategista. Temos de nos associar estreitamente com o negócio para alinhar essas estratégias e maximizar o valor dos investimentos em tecnologia. Se você recuar e olhar para todos os setores, há um renascimento da infraestrutura central em andamento.
>
> – TREVOR SCHULZE, CIO DA MICRON TECHNOLOGY[7]

Flexibilidade da Infraestrutura de TI

De longe, a flexibilidade da infraestrutura de TI pode parecer não ter relação com a estabilidade, mas os dois andam de mãos dadas. A infraestrutura estável, mas não flexível, é perigosa, pois não consegue se ajustar às mudanças nas condições. Infelizmente, como muitos sistemas legados (e algumas soluções em nuvem) não são muito flexíveis, as organizações lutam para se manterem atualizadas quando os ambientes mudam.

Uma boa infraestrutura permite o estabelecimento de *loops* de *feedback* em que sucessos e falhas podem ser rapidamente sinalizados, analisados e resolvidos de acordo com a necessidade. Por exemplo, quando a Ticketmaster queria enfrentar o crescente problema dos "cambistas" – pessoas que compram ingressos antes de clientes genuínos para revender esses ingressos por um valor mais alto –, ela recorreu a algoritmos de aprendizado de máquina.[8] A empresa criou um sistema que examinava os dados de venda de ingressos em tempo real, junto com uma visão holística da atividade dos compradores, para bloquear revendedores e recompensar clientes legítimos com um processo mais fácil. Mas como a empresa logo descobriu, os revendedores adaptaram suas estratégias e ferramentas em resposta ao novo sistema. A infraestrutura da Ticketmaster era flexível o suficiente para modificar seu sistema de precificação e incluir *loops* de feedback, permitindo que seus algoritmos acompanhassem as novas técnicas dos revendedores.

Às vezes, faz sentido diferenciar as camadas –por exemplo, a infraestrutura central de TI de retaguarda dos sistemas exteriores, como *sites* e aplicativos que funcionam tanto com os clientes quanto com os parceiros do ecossistema. Quando se trata de integração com ferramentas e tecnologias digitais, essa infraestrutura exterior é muito mais do que apenas uma apresentação bonita.[9] Ela realiza transações importantes e se conecta de novo com a plataforma principal para concluir o trabalho. A infraestrutura exterior precisa ser mais flexível do que os sistemas de retaguarda e deve ser projetada de acordo com as necessidades.

Qualidade dos Dados

Dados ruins são mais do que um incômodo. Em 2013, o Serviço Postal dos EUA identificou 6,8 bilhões de correspondências (4,3% do total) que não foram entregues por conta de dados ruins, custando ao serviço mais de US $1,5 bilhão.[10] Em 2020, a quantidade de endereços de *e-mail* que mudaram a cada ano foi de cerca de 20 a 30%,[11] e existem inúmeros problemas de dados que podem afetar a eficácia de uma solução digital, incluindo incompatibilidade de dados em diferentes sistemas, dados duplicados, falta de moeda de dados, imprecisão de dados e ambiguidade de dados. De fato, um estudo publicado na *Harvard Business Review* estimou que apenas 3% dos dados das empresas atendem aos padrões básicos de qualidade.[12]

Muitas vezes, vale a pena fazer uma auditoria de qualidade nos dados.[13] Esse tipo de auditoria primeiro estabelece uma linha de base de padrões, de regras e de expectativas de qualidade de dados, em seguida, executa verificações em toda a organização para determinar se os dados atendem aos padrões necessários. Após a auditoria deve ser feito um processo de limpeza de dados.

Segurança de Dados

Ataques cibernéticos são tão comuns hoje que a importância da segurança de dados não pode ser subestimada. No entanto, várias práticas podem reduzir a probabilidade de comprometimento dos dados.

Primeiro, a maioria dos ataques explora vulnerabilidades conhecidas e pode ser tratada com correções relativamente fáceis. Quando uma vulnerabilidade em um *software* é identificada, é questão de tempo. Começa uma corrida entre o fornecedor do *software* (para desenvolver um *patch*) e os hackers (que esperam explorar a vulnerabilidade). Essa corrida não para quando um *patch* é lançado, pois muitos clientes de *software* não conseguem corrigir rapidamente seus sistemas. Por exemplo, Maersk foi duramente atingido pelo vírus NotPetya em 2017, embora a Microsoft já tivesse lançado um *patch* que teria protegido os sistemas da Maersk do vírus se a Maerks o tivesse instalado.

Em segundo lugar, a manutenção de rotina e o monitoramento em tempo real podem identificar ataques e vulnerabilidades, além de reduzir as chances de ataques futuros. Práticas-padrão devem ser seguidas, incluindo a implementação de políticas de senhas fortes, restrições de privilégios administrativos e auditorias regulares de segurança. Testes de intrusão aleatórios, incluindo ataques simulados de *phishing*, também são altamente recomendados. Como mais de 90% dos ataques e violações de dados bem-sucedidos resultam de *phishing*, a força de trabalho deve ser instruída a respeito de políticas de segurança boas e ruins, e as melhores práticas devem ser aplicadas a todos os usuários.

Por fim, os incentivos devem estar alinhados com comportamentos favoráveis à segurança. No caso da Maersk, a atualização do *patch* foi aprovada pela alta administração, mas os bônus dos administradores de TI estavam ligados ao tempo de atividade e a outras medidas de desempenho. Assim, eles não tiveram incentivo para implementar a atualização, pois isso teria desacelerado o desempenho do sistema.

Arsenal do Hacker

Una o departamento de TI com os roteiros digitais de negócios. A infraestrutura de tecnologia geralmente está sob a alçada do departamento de TI, por isso é importante que trabalhem juntos. Muitas transformações digitais de primeira viagem tentaram fazê-lo sozinhos (sem o TI) e falharam.[14] Atualmente, os líderes de TI impulsionam a transformação digital em algumas empresas, enquanto líderes digitais e de TI trabalham juntos em outras. À medida que os líderes empresariais se tornam mais experientes em tecnologia e os líderes de TI e suas equipes se tornam mais experientes em negócios, fazer com que o digital e o TI cooperem com a infraestrutura é um objetivo mais realizável do que nunca.

Não evite as correções difíceis. Muitas organizações estão usando sistemas, aplicativos e bancos de dados desatualizados, inferiores e inseguros. Por quê? Porque só pensar em mudá-los causa grande sofrimento – por exemplo, se um sistema é essencial para as operações da empresa, deixá-lo *offline* pode ter consequências imprevisíveis e caras. Infelizmente, sistemas legados não são como vinho fino. Eles não melhoram com a idade. Na maioria dos casos, é melhor atualizar a infraestrutura o mais rápido possível.

Pense na arquitetura da sua plataforma digital logo no início. Capacite seus arquitetos corporativos. Você precisa ter em mente uma arquitetura-alvo apropriada ao investir e transformar sua infraestrutura de tecnologia. Essa sinergia é fundamental para executar a estratégia de negócios.

Deixe alguém responsável pelo gerenciamento de dados. Os dados, sejam *insights* de clientes ou informações de operações e de conectividade, provavelmente estarão no centro de sua transformação digital. Atualmente, 57% das empresas da *Fortune 1000* nomearam um diretor de dados.[15] Mesmo sem um diretor de dados, você precisará de alguém responsável pelo gerenciamento de dados para governança, operações, inovação, análise e segurança de seus ativos de dados.

Eduque os líderes seniores. Não tente enfrentar sozinho a complexidade que é construir uma infraestrutura de tecnologia adequada. Compartilhe com líderes seniores seus planos, as escolhas que estão sendo feitas e o progresso de seu acúmulo de tecnologia.

Questões para Autorreflexão

A infraestrutura de tecnologia é capaz de apoiar seus objetivos de transformação digital? Quais são as lacunas e como elas podem ser preenchidas? O que precisa ser modernizado? O que precisa ser substituído? O que precisa ser construído do zero ou adquirido?

Sua infraestrutura de tecnologia é estável (confiável, utilizável, consistente) e flexível (adaptável, escalável) o suficiente para atender às necessidades de seu roteiro de transformação digital?

A qualidade dos dados é alta o suficiente para dar suporte a suas atividades digitais?

Você tem protocolos de segurança de dados suficientes para prevenir incidentes cibernéticos e mitigar o impacto de possíveis ataques?

CAPÍTULOS RELACIONADOS

Escolha o Modelo Correto de Governança Digital (Capítulo 8)

Como Fazer o Digital e o TI Trabalharem Juntos (Capítulo 9)

Gerencie a Transformação Digital de Maneira Responsável e Sustentável (Capítulo 16)

Fique por Dentro das Novas Tecnologias (Capítulo 29)

Parte Três
Hackeando o Ambiente Externo
Trabalhando com o Mundo Exterior

É preciso muita coragem para mostrar seus sonhos a outra pessoa.
— Erma Bombeck

Criar as condições internas certas é pré-requisito para o sucesso da transformação digital. Mas apenas isso não é suficiente. Não importa o quanto seus funcionários sejam conectados ou o tamanho do departamento de P&D, porque muitas respostas para a execução da transformação digital virão de fora da organização. A transformação digital tornará sua organização mais porosa e aberta, e isso não é uma coisa ruim. Mas exige compreensão muito mais profunda e rica do ambiente externo, além da capacidade de absorver novos *insights*.

Na era digital, as organizações mais bem-sucedidas não são castelos no topo das montanhas. São escritórios dentro de torres cercadas por ruas e parques movimentados e conectadas à infraestrutura da cidade por centros de tráfego e *shopping centers*.

Organizações de sucesso desenvolveram hiperconsciência dos eventos externos. Por quê? O mundo digital está se movendo incrivelmente rápido, muitas vezes de maneiras imprevisíveis. A capacidade da organização detectar sinais fracos precocemente (sejam eles competitivos, tecnológicos, ambientais ou liderados pelo consumidor) é a melhor apólice de seguro contra surpresas desagradáveis. Assim, a hiperconsciência se tornou uma habilidade organizacional fundamental para a agilidade dos negócios digitais.

Anteriormente, vimos que preparar a organização interna para a transformação digital não é algo para uma pessoa só. O mesmo se aplica ao mundo exterior. Construir um forte ecossistema de parceiros deve estar no centro de sua estratégia digital. Ele lhe concederá acesso a competências que você não dominou e a tecnologias e soluções que seu time interno não tem. Quando bem executado, deixará também seus esforços de transformação mais seguros e acelerados. Mas as parcerias precisam ser gerenciadas de forma proativa, e você terá de dedicar recursos e renunciar a algum controle gerencial para que funcione.

Trabalhar com o mundo exterior também pode revelar ideias valiosas e novas fontes de crescimento. A inovação aberta, ou inovação com parceiros externos, acelerou-se nos últimos anos, à medida que as organizações buscam incansavelmente novas oportunidades de criação de valor. Os desafios são muitos, desde selecionar os parceiros certos, gerenciar a propriedade intelectual até trazer a inovação externa para a parte interna.

Trabalhar com *startups* pode ser uma maneira eficaz de explorar tecnologias emergentes e modelos de negócios. Por muito tempo, a atenção se concentrou em *startups* pequenas e ágeis que causam disrupção em empresas grandes e estabelecidas. Mas, em nossa experiência, o resultado dessa oposição "Davi e Golias" é mais uma história de cooperação do que guerra competitiva. No entanto, aproveitar efetivamente as sinergias de inovação entre empresas e novos empreendimentos exige que as estruturas, incentivos e compartilhamento de conhecimento corretos sejam devidamente orquestrados.

Por fim, a transformação digital não está relacionada só com inovação e concorrência. Há ramificações importantes para práticas éticas e de sustentabilidade que não podem ser descartadas. Privacidade, segurança, diversidade e considerações ambientais vieram à tona na agenda da transformação digital. Infelizmente, em muitos casos, essas práticas éticas e de sustentabilidade foram gerenciadas de forma altamente fragmentada nas organizações. Essa abordagem não é mais possível. Organizações responsáveis e com visão de futuro tornaram essas questões parte integrante de sua execução digital. E, nos próximos anos, será ainda mais urgente que todas as organizações sigam o exemplo.

Abrir sua organização para o mundo exterior não é mais "opcional". É algo que tornará sua empresa mais inteligente, mais alerta a dinâmicas competitivas, comportamentos do consumidor, evolução da tecnologia, oportunidades de inovação e responsabilidade ambiental.

CAPÍTULO 12

DESENVOLVA HIPERCONSCIÊNCIA NA ORGANIZAÇÃO

Perturbar ou ser perturbado? Esse mantra revela o dilema fundamental que as empresas enfrentam à medida que a disrupção digital se torna uma grande força em todos os setores. Em ambientes em rápida mudança, a capacidade da organização em detectar e monitorar sinais fracos de mudanças futuras no setor e no consumidor ajuda a fornecer informações cruciais sobre fatores externos e internos – fatores que afetam as oportunidades e riscos de uma organização, sua posição competitiva e, por fim, sua própria sobrevivência. Descrevemos essa habilidade como hiperconsciência.

As empresas hiperconscientes são menos propensas a serem pegas de surpresa. Elas também são mais difíceis de sofrerem perturbações porque percebem suas próprias vulnerabilidades e ajustam modelos e processos de negócio de acordo com essa percepção. As organizações podem desenvolver dois tipos de hiperconsciência críticas para o sucesso: consciência comportamental e consciência situacional.

POR QUE É IMPORTANTE?

Muitos executivos lutam para imaginar seu futuro digital em um cenário em constante mudança.[1] Mas a maioria deles entende que não ter um sistema de alerta precoce os deixa vulneráveis a surpresas competitivas que podem ameaçar sua sobrevivência no longo prazo. Com titulares emblemáticos como Dell Computer, Safeway e DuPont sendo substituídos por Facebook, Under Armour e Gartner, Inc. no S&P 500 em apenas 5 anos,[2] muitos executivos acreditam que mais de um terço dos 10 principais operadores do setor serão sacudidos pela disrupção digital.[3] Dito isso, os executivos ainda precisam aprender a distinção entre disrupção genuína e moda ou impulso (*hype*) para evitar o pensamento coletivo insalubre e as tomadas de decisões ruins.[4]

MELHORES PRÁTICAS E *INSIGHTS* ESSENCIAIS

Reconhecer sinais fracos ou iniciais na mudança fornece às organizações uma vantagem na preparação para o que está por vir.[5] A hiperconsciência é a capacidade de sentir o que está acontecendo durante as operações da organização – entre trabalhadores e clientes e de modo geral – e tomar decisões pertinentes com base nesses *insights*. Em particular, dois tipos de hiperconsciência são críticos para o sucesso: consciência comportamental e consciência situacional.[6]

Crie Consciência Comportamental

Consciência comportamental é a capacidade de entender profundamente o que os funcionários **e** os clientes valorizam, a maneira como pensam e agem. Para explorar essa capacidade, as empresas precisam de uma maneira metódica, mas organizacionalmente segura, para fazer com que os fluxos de informação cheguem até os responsáveis pelas decisões.

Por Meio dos Funcionários

Coletar informações por meio dos funcionários é importante porque eles estão mais próximos dos clientes e dos parceiros. Eles sabem o que os clientes amam e do que os clientes reclamam. Eles também sabem quando uma estratégia não está funcionando e responderão com entusiasmo a iniciativas que realmente importam. Um erro comum que os líderes cometem é se isolar das pessoas que podem lhes dizer o que realmente está acontecendo, além de subestimar a dificuldade de criar uma cultura de franqueza em que os funcionários podem fornecer críticas construtivas. As organizações precisam criar vários mecanismos para levar fluxos de informação dos funcionários até os tomadores de decisão.

A varejista de moda espanhola Zara, por exemplo, treina ativamente seus gerentes de loja e vendedores para obter comentários dos clientes sobre o que eles gostam, o que não gostam e o que comprariam se estivesse disponível. Espera-se também que os funcionários comuniquem suas próprias ideias sobre o que vai vender ou não. Esses *insights* são capturados nas lojas da Zara em todo o mundo e revisados por *designers* de produto na sede corporativa.[7]

Outras organizações empregam mentoria reversa, que combina funcionários mais jovens com executivos seniores para construir uma nova visão das tendências emergentes. Esses programas de orientação não são apenas conversas casuais, são cuidadosamente estruturados para garantir confidencialidade e compromisso.[8]

Por fim, algumas empresas empregam mecanismos de comentários anônimos para não apenas incentivá-los, mas avaliar quais ideias ou críticas têm apoio maior. O Google Moderator, um serviço que usa *crowdsourcing* para classificar perguntas e ideias enviadas pelos usuários, foi originalmente desenvolvido para permitir que funcionários do Google enviassem anonimamente perguntas nas reuniões. Outros funcionários votaram nessas perguntas, e aquelas que receberam mais respostas chegavam ao topo da lista em tempo real. O serviço foi rapidamente adotado nas reuniões semanais do Google para ajudar o moderador a resolver problemas considerados urgentes pelos funcionários.

Por Meio dos Clientes

A coleta de informações sobre os clientes evoluiu de formatos observáveis "instantâneos" (como pesquisas com clientes e grupos focais) para o uso de dados de telefones celulares e sensores visando descobrir padrões ocultos. Os varejistas chineses, em particular, estão demonstrando como fazer isso do jeito certo. O declínio do varejo agora é familiar no mundo ocidental, visto que empresas emblemáticas como Walmart e Marks e Spencer estão sendo forçadas a fechar lojas, mas o varejo na China está ressurgindo, graças ao conceito de "novo varejo".

O Hema, supermercado de alimentos frescos com tecnologia da Alibaba, incorpora o novo varejo, que integra *online*, *offline*, logística e dados em uma única cadeia de valor. O Alibaba depende muito de análises para entender seus consumidores – como eles compram e o que preferem comprar – para impulsionar sua estratégia de varejo. Os consumidores podem achar informações sobre algum produto da loja ao escanear um código, fazer um pedido de entrega em domicílio (entrega de 30 minutos em um raio de três quilômetros), fazer um pagamento e até pedir alimentos frescos (incluindo frutos do mar vivos) para serem cozidos e comidos na loja – tudo por meio de um aplicativo específico da Hema. A Hema sabe tudo sobre os clientes: seus números de telefone, histórico de compras, atividades financeiras, pagamentos e endereços – e adapta suas ofertas em tempo real. Segundo relatos da empresa, as vendas das lojas Hema por área unitária são de três a cinco vezes maiores do que as de outros supermercados.[9]

Crie Consciência Situacional

Consciência situacional é a capacidade de definir mudanças no ambiente de negócios e operacional de uma organização para entender quais delas são mais importantes. Para muitas organizações, prestar atenção nas redes sociais se tornou importante para capturar *insights* sobre o ambiente de negócios. Em 2013, a General Motors criou um centro global de Especialização em Mídia Social com uma equipe de aproximadamente 600 pessoas, distribuída em cinco regiões. A equipe monitora centenas de redes sociais de propriedade da GM e de terceiros e fóruns de proprietários de veículos usando uma variedade de tecnologias digitais, incluindo colaboração e ferramentas analíticas.[10] A GM usa os dados coletados de mais de 6.000 interações com clientes por mês para melhorar o relacionamento com eles.

Outras organizações desenvolvem atividades periódicas aprofundadas para ajudar a compreender seu ambiente de negócios. A Intuit, uma empresa de *software* de negócios e financeiro, dedica tempo substancial de gerenciamento à análise de mudanças no mercado externo a cada três a quatro anos. Como Albert Ko, ex-diretor de transformação, explica: "Nós realmente nos questionamos e trazemos pensamentos externos para dentro da empresa. Consideramos o que poderia causar disrupção e quais são as forças disruptivas que poderiam se espalhar de modo dramático".

O exercício da Intuit é geralmente realizado pelos cargos C-level, bem como pelos 100 principais líderes e outros. Os executivos dedicam de 20 a 50% de seu tempo ao longo de vários meses para identificar tendências emergentes.[11] Em 2012, a equipe identificou o social, o portátil, a nuvem e os dados como tendências disruptivas e, em seguida, alinhou os negócios internos da empresa com essas tendências. Em 2017, A equipe repetiu o exercício com pensadores estratégicos externos, líderes operacionais da Intuit, mais de 500 observações de clientes e 225 entrevistas com empresas externas. Como resultado, os investimentos foram realocados para abordar oito grandes tendências. "Achamos que prevenir é melhor do que remediar", disse Ko. "Estamos constantemente procurando melhorar nossos serviços, tanto no jeito que operamos quanto a novas oportunidades de crescimento."

Embora as organizações estejam sob pressão para antecipar mudanças em seus ambientes de negócios, uma quantidade significativa de tempo da gerência está ocupada com supervisão do ambiente operacional (incluindo ativos físicos, como plataformas de petróleo, fábricas, frotas de veículos, edifícios e outras instalações).[12] Cada vez mais, a internet das coisas é um importante facilitador digital da consciência operacional. A capacidade de rastrear o *status* dos ativos de produção pode gerar produtividade operacional significativa.

Considere o caso da Dundee Precious Metals, uma empresa de mineração canadense que conectou toda sua mina de ouro europeia (perto de Chelopech, Bulgária), incluindo ativos como sistemas de transporte, luzes, ventiladores, o sistema de detonação e até mesmo os próprios mineiros. Mineiros, motoristas e supervisores agora podem se comunicar por voz de qualquer lugar, acima ou abaixo, incluindo áreas das minas em que as comunicações por voz foram historicamente prejudicadas pela falta de sinais de rádio ou celular. Toda a rede da mina, junto com ferramentas de colaboração, tecnologias analíticas e dispositivos móveis, permite que a empresa entenda suas operações em tempo real.[13]

> Queremos ver exatamente o que está acontecendo enquanto está acontecendo, em vez de esperar pela mudança de turno.
>
> – MARK GELSOMINI, DUNDEE PRECIOUS METALS[14]

Lembre-se de que o digital é uma faca de dois gumes. Por um lado, é a principal causa de ruptura da indústria e dos negócios atuais. Por outro lado, é uma ferramenta poderosa que pode ser aproveitada para identificar e explorar oportunidades. Como os recursos de hiperconsciência possibilitam às organizações responder rapidamente ao ambiente digital em mudança, são vitais para a construção da estratégia digital. Como tal, devem se tornar parte contínua dos processos de negócios de cada organização.

Arsenal do Hacker

Procure os principais indicadores. No livro *Seeing around corners* (Mariner Books, 2019), a autora Rita McGrath nos incentiva a procurar indicadores líderes – informações sobre eventos que ainda não aconteceram.[15] Os principais indicadores são muitas vezes qualitativos e tomam a forma de hipóteses. Por exemplo, uma empresa de transporte global pode antecipar uma desaceleração no varejo se observar que o tamanho de suas remessas está diminuindo. O objetivo é alimentar esses indicadores líderes em um sistema de alerta precoce para deixar a organização preparada.

Identifique sinais digitais em outras indústrias. Para detectar sinais de como as tecnologias digitais podem afetar seus negócios, olhe além de seu setor e dos negócios. Manter-se a par das tecnologias digitais emergentes em um setor pode enviar alertas para outro. Por exemplo, embora as tecnologias de realidade estendida sirvam principalmente como ferramentas para jogos, a adoção delas pode ser um sinal importante que outras indústrias (como as de medicina e educação) devem reconhecer.

Aproveite seu ecossistema. Muitas vezes, as organizações não têm experiência interna para interpretar sinais fracos por conta própria. Em vez de trabalhar sozinhos, muitas organizações acham benéfico trabalhar com parceiros que têm experiência e *insights* em áreas que elas não têm.[16] A parceria com *startups* é um bom caminho para testar novas tecnologias. Colaborar com outras grandes empresas em diferentes setores também é uma maneira eficiente de explorar ideias de longo prazo.

Determine o que não é relevante. Tornar-se hiperconsciente também envolve determinar o que importa e o que não importa. A interrupção raramente é definida e quase nunca medida. Da mesma forma, a influência do *hype* na disrupção é difícil de avaliar. Para entender e prever disrupções genuínas, preste muita atenção aos dados reais do setor, como receita agregada, lucro ou mudanças/ganhos de participação de mercado.

Questões para Autorreflexão

Você está aproveitando os diversos pontos de vista dos funcionários e dos clientes para tomar decisões relacionadas aos negócios? Costuma prestar atenção apenas em um cenário, em detrimento de outros?

O quanto você mantém contato com líderes de pensamento e empreendedores de fora da organização? Com que frequência expõe a organização e a si mesmo a áreas em que o futuro está acontecendo atualmente?

Sua capacidade (e a de sua liderança sênior) de entender o que está acontecendo no mercado diminuiu de maneira significativa?

Você tem compreensão profunda do que os clientes querem e precisam? Mantém sistemas para acompanhar as mudanças das expectativas dos clientes?

CAPÍTULOS RELACIONADOS

Desenvolva Senso de Urgência Quando seu Negócio Estiver Indo Bem (Capítulo 2)

Invista em *Startups* (Capítulo 14)

Implemente a Inovação Aberta de Modo Eficaz (Capítulo 15)

Trabalhe entre Grupos Fechados ("Silos" e "Panelinhas") (Capítulo 25)

Fique por Dentro das Novas Tecnologias (Capítulo 29)

CAPÍTULO 13

GERENCIE PARCERIAS E ECOSSISTEMAS

A organização deve fazer parcerias para alcançar a transformação digital? Os líderes empresariais ficam profundamente divididos ao ouvir essa pergunta. Alguns argumentam que, como a transformação digital está no centro de suas estratégias, poucos (se houver) componentes da implementação devem ser terceirizados. Outros destacam os benefícios de contar com organizações externas: maior velocidade, acesso a recursos-chave e a qualidade que um parceiro de transformação capaz pode trazer para a transformação da empresa. Então, qual é a resposta? Nossa pesquisa descobriu que as principais organizações digitais geralmente adotam uma abordagem híbrida. Eles se baseiam cuidadosamente em suas capacidades internas, mas contam também com parceiros estratégicos confiáveis.

POR QUE É IMPORTANTE?

A transformação digital apresenta muitos desafios em relação a aptidões ("não podemos fazer isso porque não sabemos como") e à capacidade ("não podemos fazer isso porque não temos recursos suficientes"). O aumento da pressão do mercado obriga as organizações a se tornarem cada vez mais especializadas para diferenciar seus produtos e serviços dos demais, aumentando a necessidade de colaboradores em áreas não essenciais.

As parcerias externas são, atualmente, um elemento-chave para impulsionar a jornada digital visando reduzir a exposição de uma organização ao risco.[1] Mas é aqui que fica complicado. Muitas parcerias são cronometradas e transacionais, como alguns projetos de terceirização de TI.[2] Os líderes digitais precisam de uma abordagem mais estratégica para encontrar companheiros que façam parceria com eles, permaneçam no caminho certo e realmente transformem a organização. Encontrar o parceiro ideal ou a rede de parceiros e construir e manter a confiança, além de alinhar continuamente as expectativas, são os pilares de uma estratégia de parceria digital bem-sucedida.

> Às vezes, você busca uma parceria porque eles estão fazendo algo que você simplesmente não poderia fazer sozinho. Você não teria acesso a esse tipo de habilidade em seu tipo de negócio. Não poderia ter acesso a um grupo específico de talentos ou a um grupo específico de clientes. Às vezes, também usamos parcerias apenas para manter o ritmo. Mesmo sendo o negócio digital, por exemplo, de uma grande organização, ainda não podemos operar no ritmo que alguns de nossos parceiros que são nativos digitais ou *startups* podem. Tentamos nosso melhor para usar o método ágil, mas a maneira como eles usam o método ágil é sempre melhor do que nossa maneira.
>
> – ANDREW REAR, CEO DA MUNICH RE DIGITAL PARTNERS[3]

MELHORES PRÁTICAS E *INSIGHTS* ESSENCIAIS

Para localizar parceiros de transformação digital, é útil olhar além das relações comerciais usuais. A maioria das organizações se beneficia com diferentes tipos de parceiros, incluindo parceiros de alto nível e verdadeiramente estratégicos, bem como de uma rede de parceiros táticos. No entanto, organizações com longo histórico de gerenciamento de relacionamento com fornecedores podem facilmente cair na armadilha de usar uma abordagem tradicional de fornecedor. Isso funciona bem em áreas como terceirização de TI ou automação industrial, que geralmente se concentram em tarefas claramente definidas e costumam ser de natureza transacional.[4] Aqui, a norma são contratos enormes de terceirização com disposições claras para acordos e penalidades de nível de serviço. No entanto, essa abordagem muitas vezes limita a liberdade criativa e os desenvolvimentos inovadores necessários para executar uma jornada digital bem-sucedida.[5] Recomendamos, portanto, que os líderes digitais olhem além de seus departamentos de compras para construir um ecossistema de fornecedores e de parceiros estratégicos confiáveis que possam explorar oportunidades de longo prazo, além de oferecer benefícios claramente mensuráveis de curto prazo.[6] A tabela 13.1 explica essas opções.

Quadro 13.1 Fornecedores digitais/de TI *versus* Parceiros de Transformação Estratégica.

Fornecedores Digitais/de TI	versus	Parceiro de Transformação Estratégica
Automação de escritório Iniciativas de marketing digital Digitização da cadeia de suprimentos	O que é?	Codesenvolvimento de uma visão, um roteiro e um plano de execução digital.
Aquisição regular/fornecedor contratante	Como?	Relacionamento com parceiros com base no alinhamento de metas e na confiança.
Ecossistema de fornecedores e de empreiteiros para vários projetos	Quem?	Um pequeno número de parceiros-chave.

Encontre os Parceiros Certos e Use-os como Catalisadores da Transformação

Muitas parcerias de negócios são inerentemente incertas e arriscadas,[7] tornando ainda mais crucial examinar cuidadosamente os potenciais candidatos para garantir que eles possam alcançar os objetivos e servir como catalisadores para a transformação.[8] Mas é comum que a lista de parceiros em potencial seja longa e a escolha é difícil. As organizações não devem tomar decisão sem pensar, pois essa etapa inicial pode determinar o sucesso ou o fracasso de seus planos digitais. Tomemos, por exemplo, a parceria entre uma unidade da gigante farmacêutica Novartis Sandoz e a Pear Therapeutics, que visava alavancar um aplicativo de smartphone de prescrição para terapias de abuso de substâncias. À primeira vista, parecia ser uma boa combinação. A parceria combinou o poder global e a experiência da Novartis com a vantagem tecnológica da Pear Therapeutics num mercado de saúde digital em rápido crescimento. No entanto, por razões que envolvem "mudança de liderança" e "foco na alocação de custos e de capital",[9] a parceria não deu certo, deixando ambas as partes sem muito para mostrar depois de todos os esforços. O que foi considerado uma parceria estratégica fundamental pela Pear Therapeutics foi, do ponto de vista da Novartis, provavelmente uma simples relação de fornecedor. É por isso que o alinhamento e a transparência são elementos-chave da parceria bem-sucedida.

Embora as parcerias táticas não sejam novidades na transformação digital e muitas grandes organizações tenham experiência considerável com elas, um parceiro estratégico é diferente. Para escolher os parceiros estratégicos ideais, as organizações devem considerar três pontos principais: complementaridade, experiência e ambição.

Complementaridade

O quanto eles complementam as aptidões e as capacidades já existentes? As parcerias digitais precisam ser impulsionadas por objetivos em que todos os parceiros complementem os pontos fortes tecnológicos e inovadores dos outros.[10] Ao trabalhar juntos, cada um dos parceiros reduz sua própria exposição ao risco substancial e à incerteza que vem com novas tecnologias, ao mesmo tempo que mantém sua capacidade de explorar e experimentar várias novas formas de se desenvolver.[11] As organizações podem escolher entre uma ampla gama de parceiros em potencial, dependendo da finalidade.

Se a organização está buscando inovação externa, a parceria com uma *startup* pode ser uma boa solução. Se na empresa não há especialistas em tecnologia qualificados e é necessária ajuda para alavancar uma nova tecnologia, um dos gigantes digitais (Google, Microsoft, entre outros) pode fornecer o valor certo. Se a empresa está procurando um parceiro que providencie tecnologia e experiência, a parceria com uma consultora digital pode ser a solução. Os líderes digitais também devem considerar várias parcerias – ou uma rede de parceiros – se preciso for. Mas cuidado: quanto mais partes envolvidas, mais esforço é necessário para gerenciar com sucesso a parceria.

Experiência

Eles têm experiência prévia em parcerias que visam à transformação de negócios (digital)? Trabalhar como parceiros afins e estratégicos em vez de manter uma relação de cliente-vendedor ou de fornecedor pode ser um desafio. Exige um equilíbrio cuidadoso de interesses múltiplos e potencialmente conflitantes. Para fazer a parceria funcionar, os executivos devem estar abertos a compartilhar *insights* e informações competitivas com seus parceiros, ao mesmo tempo que protegem os interesses da organização.

Isso é especialmente válido para transformações digitais, que afetam todas as partes da organização e seu modelo de negócios, e onde a atmosfera de desconfiança pode rapidamente transformar uma parceria estratégica em uma relação transacional pouco benéfica para ambas as partes. A experiência prévia bem-sucedida com redes de parceria geralmente é um bom indicador de que um futuro parceiro cumprirá as promessas e as expectativas. Um histórico já estabelecido permite que os líderes digitais avaliem os candidatos com base em seus desempenhos anteriores com parcerias.[12] Infelizmente, algumas consultorias aproveitam a oportunidade para aprender sobre a transformação digital no trabalho e às custas do cliente.

Ambição

Eles fornecerão a velocidade e qualidade desejadas, além de outros aspectos? Não há nada mais frustrante do que perder tempo, energia e outros recursos apenas para descobrir que os parceiros não estão na mesma página que você. Para muitas organizações, embarcar na transformação digital exige mudanças radicais em todos os aspectos de seu modelo de negócios e de sua identidade. Para ter valor nessa jornada, o parceiro digital deve entender a organização, sua estratégia e suas ambições de dentro para fora. Um parceiro de tecnologia que não ignora uma prioridade no meio da transformação pode causar impacto negativo imenso no sucesso digital. Com isso em mente, olhe além dos critérios financeiros e procure, em vez disso, uma empresa que combine com as ambições da organização – em velocidade e qualidade, por exemplo – para que o parceiro sirva de catalisador de transformação em vez de ser uma pedra no meio do caminho.[13]

Um bom exemplo de abordagem positiva para a parceria é a da marca de moda global Burberry. A ex-CEO Angela Ahrendts teve um pressentimento de que o varejo da área de moda estava mudando drasticamente, então ela se envolveu ativamente com diferentes parceiros para abrir sua marca para novos tipos de consumo. A Burberry foi pioneira nessa abordagem ao construir um ecossistema de fornecedores digitais e firmar uma parceria estratégica fundamental com a Salesforce. Ahrendts trabalhou em estreita colaboração com Marc Benioff, CEO da Salesforce, para estabelecer uma parceria estratégica que se tornaria o principal impulsionador da transformação da Burberry em uma "empresa social". Além dessa base sólida, a Burberry construiu uma rede de parceiros táticos trabalhando com Google, Apple e Snapchat nos Estados Unidos, e ainda com WeChat e Alibaba nos mercados asiáticos. Isso transformou a Burberry: de uma "marca cansada, ela virou uma potência digital".[14]

Construa Confiança e Alinhamento visando Objetivos e Expectativas em Comum

Em relação a parcerias digitais, especialmente em um nível estratégico, compartilhar informações e dados é um elemento-chave. Essa pode ser uma mudança de paradigma difícil, particularmente para organizações tradicionais que cresceram protegendo de perto sua propriedade intelectual (PI). Preocupações com risco e com segurança são dominantes. Para superar essa barreira, as organizações devem determinar quais dados estão dispostas a compartilhar e quais permanecerão confidenciais.[15] Mesmo assim, é necessário desenvolver confiança mútua. Segundo a pesquisa, desenvolver confiança interorganizacional exige dois elementos principais: evidência de ações fidedignas anteriores e compromisso contínuo com a parceria.[16]

Como em todas as famílias, no entanto, a verdadeira força do relacionamento é testada em tempos difíceis. Desacordos ou interesses conflitantes são partes inevitáveis das parcerias, e a chave não é evitá-las, mas enfrentá-las de modo direto e transparente para que o relacionamento cresça e continue. As parcerias digitais precisam ser ágeis.[17] Os parceiros devem avaliar continuamente se seu retorno sobre o investimento ainda supera os custos da parceria e comunicar-se proativamente para saber se as metas ou as expectativas estão mudando. O gerenciamento de parcerias pode ser uma tarefa difícil e tediosa, especialmente se vários parceiros estiverem envolvidos.[18] Assim, é importante que um executivo bem posicionado se dedique a patrocinar e a impulsionar a agenda da parceria para garantir uma abordagem bem-sucedida.

* * *

Atualmente, pouquíssimas corporações têm a capacidade de realizar uma transformação digital bem-sucedida por conta própria. Parceiros confiáveis ajudam a acelerar a jornada digital, fornecendo habilidades digitais especializadas que são difíceis de encontrar. Tirar proveito das parcerias é uma arte e uma ciência, portanto as organizações devem considerar os três critérios-chave discutidos neste capítulo ao buscar parceiros para a transformação digital: complementaridade, experiência e ambição.

Arsenal do Hacker

Procure complementadores de perto e de longe. Procure parceiros digitais que complementem suas próprias capacidades em vez de "marcas" com reputação internacional. Às vezes, a parceria com uma organização local menor pode criar uma união muito mais valiosa do que competir pela atenção dos *players* digitais globais. Uma boa maneira de começar é aproveitar as redes de negócios locais e conversar com empresas que enfrentaram (ou enfrentam) desafios semelhantes sobre suas experiências e recomendações.

Não compita com seus parceiros. Se uma parceria tem muita competição e desconfiança, não vai durar muito tempo. Ao entrar em parcerias, busque um equilíbrio de poder e de confiança mútua entre os parceiros, destacando os benefícios que cada parte levar para a organização. A transparência entre as principais partes interessadas é fundamental para corresponder às expectativas e desenvolver confiança. As parcerias costumam desenvolver dinâmicas próprias, gerando círculos viciosos ou virtuosos. Esteja alerta para os primeiros sinais de abuso ou de desconfiança e confronte-os abertamente para transformar uma espiral potencialmente descendente em um impulso positivo.

Adote uma abordagem sistemática para escolher seus parceiros
Antes de iniciar uma parceria, responda às seguintes perguntas:

- Por que você precisa desse parceiro – capacidade ou aptidão?

- Você sabe exatamente o que quer (projeto tático), ou deseja codesenvolver o resultado com o parceiro (projeto estratégico)?

- Você e seus parceiros combinam no que diz respeito à ambição?

- Até que ponto você está disposto a compartilhar seus dados e sua PI com esse parceiro?

Questões para Autorreflexão

Você ainda está alinhado com seus parceiros em termos de metas e de ambição?

E se você perder um parceiro? Como isso mudaria sua jornada de transformação digital?

Como você pode medir ou já mede o sucesso da parceria?

Você tem pessoas em funções específicas para se certificarem de que sua organização vai tirar o máximo proveito das parcerias?

CAPÍTULOS RELACIONADOS

Invista em *Startups* (Capítulo 14)

Implemente a Inovação Aberta de Modo Eficaz (Capítulo 15)

Competir ou Trabalhar com Plataformas Digitais (Capítulo 19)

CAPÍTULO 14

INVISTA EM *STARTUPS*

Muitas organizações são incentivadas a investir em *startups* para aprender sobre tendências emergentes, tornarem-se mais inovadoras e compartilharem os ganhos quando as *startups* são vendidas ou se tornam públicas. O resultado dessas parcerias, no entanto, é muitas vezes decepcionante. As empresas já estabelecidas não conseguem aprender muito com as *startups*, e as *startups* não conseguem melhorar suas chances de sucesso trabalhando com empresas já estabelecidas. Para aproveitar efetivamente as sinergias entre empresas já estabelecidas e novos empreendimentos, nossa pesquisa sugere que as organizações devem projetar estruturas e incentivos adequados para aprimorar seus mecanismos de investimento corporativo e facilitar o conhecimento e o acesso entre as partes.[1]

POR QUE É IMPORTANTE?

Cada vez mais, as empresas estão recorrendo a redes de parceiros externos visando acelerar seus esforços para inovar e competir. Um grupo-chave de parceiros de inovação digital são as *startups*,[2] consideradas empresas que inovam mais perto do cliente e trabalham de modo ágil. De fato, muitas organizações estabeleceram incubadoras de *startups*, aceleradoras e/ou unidades de capital de risco corporativo (CRC) para se beneficiarem taticamente e financeiramente do conhecimento e das aptidões das *startups*.[3]

No entanto, estudos anteriores identificaram longas listas de deficiências com essas colaborações, e pesquisas recentes revelam que as colaborações entre *startups* e empresas estabelecidas são tênues: 45% das empresas estabelecidas e 55% das *startups* estão "insatisfeitas" ou "um pouco insatisfeitas" com a parceria.[4]

Claramente, há grande oportunidade para empresas estabelecidas e *startups* se darem bem com a parceria, mas fazê-la funcionar não é fácil.

MELHORES PRÁTICAS E *INSIGHTS* ESSENCIAIS

Recomendamos três etapas concretas para obter mais valor ao investir em *startups*.

Estabeleça Estruturas Construídas sobre Práticas de Capital de Risco (CR)

Comece configurando uma estrutura separada para trabalhar com *startups*. A maioria das empresas já tem departamentos que avaliam novas oportunidades de investimento, como equipes de fusões e aquisições (F&A), unidades de inovação e planos de negócios competitivos. É tentador integrar *startups* nessas entidades. Mas trabalhar com *startups* é substancialmente diferente de outras parcerias corporativas ou de outras atividades de investimento.

Recomendamos o estabelecimento de uma unidade fundamentada nas melhores práticas da indústria de capital de risco. Isso inclui a contratação de profissionais de capital de risco (CR) que entendem como navegar com sucesso no ecossistema de CR. A contratação de pelo menos um capitalista de risco experiente foi correlacionada com o sucesso contínuo da unidade de capital de risco corporativo (CRC).[5] Esses profissionais trazem profundo conhecimento prático da estruturação de negócios de risco, bem como uma rede já estabelecida para gerar negócios promissores.

Veja o caso da fabricante sul-coreana de eletrônicos Samsung, que formou a Samsung NEXT como uma subsidiária de inovação de *software* e de serviços. Como fabricante de *hardware*, a Samsung estava interessada em melhorar rapidamente (e integrar) *softwares* e serviços. Para conseguir isso, a NEXT foi composta por capital de risco, fusões e aquisições, especialistas do setor e outros profissionais para criar e dimensionar imediatamente *softwares* e serviços inovadores. Aproveitando seu fundo de investimento de capital de risco de 150 milhões de dólares, a Samsung NEXT teve como objetivo apoiar *startups* em estágio inicial com investimentos do pré-seed até a Série B (níveis de investimento em *startups*).[6]

> *Startups* e empresas muitas vezes têm objetivos diferentes. É isso que ambas as partes precisam entender e internalizar.
>
> – DR. ULRICH SCHNITY, CTO DA AXEL SPRINGER[7]

Uma vez que uma empresa já estabelecida opta por investir em uma *startup*, recomendamos que ela **não** solicite direitos estratégicos como parte do acordo de financiamento. Esses direitos podem impedir que as *startups* alcancem valor de mercado justo quando forem vendidas. Além disso, opções de compra, o direito de responder a uma oferta de aquisição etc., pode assustar potenciais adquirentes, que correm o risco de perder a aquisição para a organização patrocinadora da CRC. Pedir direitos estratégicos também pode afastar as *startups* mais promissoras de acordos de CRC. Fundadores e investidores anteriores podem achar que o preço de saída será comprometido.

Incentive Colaborações com *Startups*

Em segundo lugar, as *startups* normalmente esperam obter benefícios não financeiros da parceria, como acesso ao conhecimento e aos recursos corporativos e à exposição a clientes em potencial. Na realidade, esses benefícios costumam ser exagerados, pois há pouco ou nenhum incentivo para os funcionários corporativos colaborarem com as *startups*.

A solução? A alta administração deve tornar a cooperação parte fundamental da cultura corporativa, incentivando ativamente os funcionários a colaborar com *startups* – e fazer isso sozinhos –, porque ajuda a demonstrar compromisso e relevância. Além disso, as empresas devem adotar sistemas de incentivos corporativos que combinem funcionários (com habilidades e conhecimentos relevantes) com as *startups*. Esses sistemas de incentivo podem incluir a participação em regimes de compensação pagos à equipe de investimento. O destacamento temporário de funcionários corporativos para *startups* e vice-versa aumenta a compreensão e a colaboração. Recomendamos estabelecer conexões internas ou equipes vinculadas compostas por funcionários que atuem como intermediários entre *startups* e entidades corporativas relevantes. A GV (anteriormente Google Ventures) e o Metro Group da Alemanha são bons exemplos de unidades CRC comprometidas em criar valor para suas empresas de portfólio.

A GV tem equipes dedicadas que garantem que suas empresas de portfólio façam interface com a tecnologia e o talento do Google. O Metro Group concede às empresas de portfólio acesso preferencial à sua rede de lojas internacionais e à sua base de clientes de empresas de hospitalidade independentes.[8]

Facilite o Compartilhamento de Conhecimentos e a Comunicação

Em terceiro lugar, a comunicação ruim é muitas vezes a principal causa de parcerias fracassadas entre *startups* e empresas já estabelecidas.

Assim, protocolos de comunicação claros e eficazes devem ser definidos para que as pessoas certas na corporação obtenham *insights* necessários sobre novas tendências, oportunidades e ameaças do setor. Por exemplo, ao envolver a unidade CRC em discussões de estratégia corporativa, atividades de inovação e comitês de digitização, as empresas podem promover a transferência de *insights* de *startups* para as partes interessadas corporativas relevantes.

É importante também criar processos claros em torno dos direitos de propriedade intelectual (PI). Se as *startups* ficarem preocupadas com a possibilidade de o parceiro corporativo roubar suas melhores ideias ou sua tecnologia, não colaborarão totalmente. Ao mesmo tempo, processos complexos envolvendo o departamento jurídico da empresa patrocinadora podem assustar as *startups*. A melhor abordagem é estabelecer regras simples em relação aos direitos de propriedade intelectual (PI) – regras claras para todas as partes desde o início.

As *startups* também podem fornecer atualizações regulares de informações, seminários de novas tecnologias e encontros para expor suas ideias e *insights* ao maior número possível de funcionários corporativos. Através do contato regular e contínuo entre funcionários corporativos e *startups*, pode ser estabelecida uma cultura de compartilhamento e aprendizado benéfica para ambos os lados. Sugerimos que as corporações definam processos e estruturas claros que permitam que as unidades CRC capturem e compartilhem *insights* coletados de seu trabalho com *startups*.

Tais processos podem ser promovidos por meio de ligações estreitas entre a parte da empresa estabelecida e da *startup* que lida diretamente com os clientes. O Metro Group desenvolveu um processo que cataloga os pontos problemáticos internos e dos clientes e, em seguida, vincula-os a *startups* em seu ecossistema CRC, que oferece soluções relevantes. A empresa também realiza reuniões regulares para explorar como essas *startups* podem trabalhar com a empresa e os clientes para resolver problemas.[9]

Outro exemplo de cooperação é a forma como a Airbus criou o ecossistema UP42 com a ajuda da BCG Digital Ventures em 2018. Projetada para ajudar a desenvolver o crescente mercado de soluções geoespaciais, a plataforma oferece acesso à observação da terra e aos dados terrestres, fornece algoritmos de processamento de dados e oferece aos desenvolvedores a infraestrutura de que precisam para executar seu código. O UP42 se beneficia muito da "vantagem injusta" que a Airbus concede – especificamente, acesso a imagens de satélite de alta qualidade e tremenda experiência de domínio da informação construída ao longo de décadas. Ele complementa esses ativos-chave com dados e ferramentas analíticas externas para fornecer um ambiente abrangente para soluções geoespaciais.[10]

* * *

Em teoria, a parceria com *startups* significa ganho mútuo para todos. As *startups* obtêm acesso ao capital, a recursos corporativos valiosos, *know--how* do setor, conselhos e, talvez o mais importante, contatos e *leads* de vendas. Para as empresas, os benefícios incluem a possibilidade de retornos financeiros acima da média relacionados a qualquer investimento de capital de risco, junto com benefícios estratégicos, como acesso a novas tecnologias ou *insights* que de outra forma não estariam disponíveis. No entanto, nenhum desses benefícios provavelmente se acumulará, a menos que a empresa estabelecida e a *startup* invistam ativamente tempo, energia e recursos na parceria.

Arsenal do Hacker

Esclareça qual tipo de CRC você está configurando. Se estiver configurando um capital de risco corporativo para trabalhar com *startups* digitais, decida se está criando um CRC orientado para a parte financeira, um CRC orientado para a parte estratégica ou uma combinação de ambos. A estrutura, os processos e metas serão bem diferentes dependendo de sua resposta. Tente evitar o que Scott Orn e Bill Growney descrevem em um artigo da *TechCrunch* como CRCs turísticos:[11] aqueles que refletem o desejo de fazer parte do CRC sem um conjunto claro de objetivos em mente. Os CRCs impulsionados principalmente por considerações financeiras agem muito como os CRs tradicionais – seu principal objetivo é devolver o capital à empresa principal. Os CRCs estratégicos se preocupam muito mais em encontrar novas fontes de valor comercial e obter acesso a recursos e tecnologias complementares. Em ambos os casos, é uma boa ideia contratar especialistas em CR que entendem as nuances dessa área de finanças bastante idiossincrática e, então, dar-lhes a autonomia necessária para executá-la da maneira mais apropriada.

Forneça incentivos para os funcionários trabalharem com *startups*. Incentive as pessoas-chave da organização a compartilhar o sucesso da *startup*. As pessoas são ocupadas, e, sem uma razão clara para trabalhar com *startups*, a maioria não o fará, ou agirá superficialmente. Um desses incentivos pode ser a inclusão de uma ação no preço de saída da *startup* – semelhantemente aos incentivos dados à equipe de CRC.

Não seja ganancioso. Insistir em ser capaz de corresponder a qualquer oferta de aquisição, insistir em ter o primeiro direito de recusa ou insistir em compartilhar informações confidenciais pode assustar as *startups* com o melhor potencial de crescimento. Por esse motivo, em comparação com os CRs tradicionais, os CRCs geralmente acabam trabalhando com empresas não tão boas.[12] Se você insistir em incluir esses termos em contratos com *startups*, certifique-se de que os possíveis resultados sejam atraentes o suficiente – ou seja, ofereça outros benefícios que valham a pena, como acesso a conhecimentos ou a tecnologias – para atrair as melhores empresas até você.

> **Questões para Autorreflexão**
>
> Ganhar valor com *startups* não acontecerá por si só, mesmo se você investir nelas. Você está fazendo o suficiente para garantir que o aprendizado esteja sendo aproveitado por todos?
>
> As pessoas em sua organização são incentivadas a trabalhar com *startups*? Elas ganham algo com isso?
>
> Quais são os benefícios e a vantagem competitiva de longo prazo de uma colaboração em potencial?

CAPÍTULOS RELACIONADOS

Gerencie Parcerias e Ecossistemas (Capítulo 13)

Implemente a Inovação Aberta de Modo Eficaz (Capítulo 15)

Fique por Dentro das Novas Tecnologias (Capítulo 29)

CAPÍTULO 15

IMPLEMENTE A INOVAÇÃO ABERTA DE MODO EFICAZ

A inovação aberta, ou inovar com parceiros externos, existe há muito tempo.[1] Apesar de sua popularidade generalizada, os resultados de programas de inovação aberta são mistos, pois as empresas muitas vezes têm dificuldade em fazê-los funcionar.[2] Os desafios são muitos, desde proteger a propriedade intelectual, selecionar os parceiros externos certos, até investir tempo e dinheiro necessários para trazer a inovação de volta à empresa. No entanto, pesquisas mostram que práticas de inovação aberta têm se acelerado nos últimos anos.[3] Por quê? As tecnologias digitais tornaram significativamente mais fácil para as organizações explorarem fontes externas de inovação e adquirirem as aptidões necessárias para competir em um mundo em rápida mudança. No entanto, equilibrar a inovação interna com a inovação aberta direcionada ao mundo externo exige mudanças organizacionais e de mentalidade. Pesquisas mostram que as organizações que estão cientes desses desafios e que formalizam proativamente suas práticas de inovação aberta têm maior probabilidade de colher seus frutos.[4]

POR QUE É IMPORTANTE?

Os projetos de inovação, atualmente, dependem esmagadoramente das tecnologias digitais, mas muitas organizações não têm aptidão para desenvolvê-las internamente.[5] Assim, para acelerar a inovação, as organizações têm aberto seus processos de inovação, adquirido ideias externas e internas, além de caminhos para o mercado. De fato, 78% das grandes empresas da América do Norte e da Europa adotaram práticas de inovação aberta.[6] Essas organizações estão aumentando seu apoio financeiro e alocando mais recursos em tempo integral para a inovação aberta. Mas não é simples.

A inovação aberta exige identificar claramente quais competências digitais serão estratégicas para o futuro da organização, além de exigir compreensão de onde essas competências podem ser acessadas externamente. Além disso, é necessário reconstruir uma arquitetura de inovação para gerenciar recursos internos e externos e garantir a transferência e o dimensionamento de empreendimentos de sucesso. A inovação aberta ajuda as empresas a adquirirem aptidões a curto prazo e a construção dessas aptidões sustenta internamente a vantagem competitiva a longo prazo, mas como os líderes digitais alcançam o equilíbrio ideal?

MELHORES PRÁTICAS E *INSIGHTS* ESSENCIAIS

De acordo com pesquisas, as organizações que propositadamente projetam a abertura em seus esforços de inovação estão melhor posicionadas para conquistar vantagens.[7] Muitas organizações acham relativamente fácil lançar atividades de inovação aberta, como laboratórios de inovação, *hackathons* (de *hack*, "programador excepcional", e *thon*, redução de "maratona": um evento-maratona de profissionais de informática) **ou** aceleradores corporativos,[8] muitas vezes usando intermediários. Mas é muito mais difícil aproveitar o conhecimento externo, incorporar recursos nos processos internos de uma organização e usar estruturas muito limitadas ou eventos isolados. Então, o que é preciso para realmente iniciar a inovação?

Organizações de sucesso projetam e implementam inovação aberta ao direcionar suas mentalidades para fontes externas. Eles constroem ou reconstroem arquiteturas de inovação a partir do zero para incorporar fontes internas e externas.

Desenvolva uma Mentalidade de Inovação Aberta

Desenvolver mentalidade de inovação aberta pode ser uma mudança difícil para organizações tradicionais. Representa um afastamento marcante da síndrome de "não foi inventado aqui" que atormenta as empresas há décadas. É mais evolução do que revolução e leva tempo.

A Siemens tem uma estrutura operacional altamente descentralizada construída em torno de quatro setores principais: energia, saúde, indústria e infraestrutura. Quando a empresa lançou programas de inovação aberta em 2008, muitas pessoas estavam céticas e/ou confusas. Como Tomas Lackner, chefe de Inovação Aberta e Scouting, disse: "a Siemens como empresa já tinha muitas conexões com o mundo externo com mais de 2.000 colaborações com cerca de 1.000 universidades! Obviamente, o número de colaborações não foi o que queríamos abordar. Em vez disso, queríamos conectar especialistas, dentro e fora da Siemens, que não se conheciam antes e talvez já tivessem desenvolvido ideias e tecnologias que combinassem com nossas necessidades".[9]

Para incentivar a colaboração aberta e a inovação na cultura da Siemens, Lackner lançou "*jams* de inovação" pela primeira vez em toda a empresa usando discussões on-line que permitiam que as pessoas compartilhassem e discutissem rapidamente tópicos específicos de inovação. Lackner também foi fundamental no desenvolvimento do TechnoWeb em 2009, uma ferramenta interna de mídia social que ajudou a conectar mais de 35.000 especialistas em aproximadamente 1.200 comunidades orientadas para a tecnologia na Siemens.[10] Tendo incentivado a colaboração interna em torno da inovação, a Siemens conseguiu sair de seus *firewalls*.

Lackner e sua equipe também desenvolveram uma série de concursos de criação de ideias com participantes externos e universidades para desenvolver projetos de pesquisa conjuntos. Em 2016, a Siemens lançou o "next47", um braço de investimento e acelerador de *startups* para se abrir ainda mais para ideias disruptivas. Por causa desses sucessivos empreendimentos externos, a comunidade de inovação da Siemens foi capaz de evoluir sua mentalidade de inovação aberta e abraçar os benefícios da colaboração externa na última década.

Um estudo de inovação aberta na Nasa fornece mais informações. O estudo revelou que, embora um modelo de inovação aberta tenha levado a avanços científicos em tempo recorde, os cientistas e engenheiros mais resistentes à mudança consideraram os métodos de código aberto desafios para suas identidades como solucionadores de problemas inovadores. Em contraste, os cientistas que adotaram métodos de código aberto mudaram suas identidades de "solucionadores de problemas" para "buscadores de soluções".[11]

Os gerentes devem incentivar e recompensar o comportamento de quem busca soluções, reconhecendo aqueles que as encontram de maneiras criativas.

Identifique e Acesse Aptidões Críticas

Quando as empresas têm a capacidade digital para inovar, não há necessidade de procurar no exterior delas. Na verdade, pode ser contraproducente expor as inovações da empresa ao mundo exterior e dificultar a proteção da propriedade intelectual (PI). Além disso, é justo supor que alguns parceiros externos trabalharão com os concorrentes da empresa. Mas com a crescente demanda por habilidades digitais avançadas, como

IoT (internet das coisas) ou aprendizado de máquina, a maioria das empresas não terá escolha a não ser buscar informações externas (veja a Figura 15.1.).

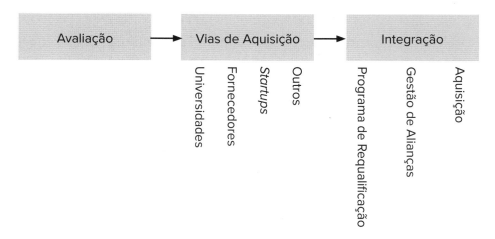

Figura 15.1 Identificação e acesso a aptidões digitais.

É fundamental obter compreensão detalhada de quais recursos digitais o ajudarão a transformar e diferenciar sua empresa das outras com sucesso. O acesso à experiência em ciência de dados pode ser fundamental para a durabilidade a longo prazo de um varejista, por exemplo, mas pode não ter esse sentido para uma empresa de gerenciamento imobiliário que precisa compreender apenas as tendências de vendas e de aluguel.

> A longo prazo, é preciso ser claro quanto às capacidades que serão estratégicas, permitir diferenciação e potencial de inovação – invista agora na construção dessas capacidades internamente. A terceirização dessas habilidades estratégicas limitará a diferenciação e, principalmente, fornecerá paridade aos concorrentes que estão aproveitando parceiros terceirizados semelhantes.
>
> — FARHAN SIDDIQI, CDO, AHOLD DELHAIZE[12]

O próximo passo importante é escolher as melhores rotas externas para esses recursos, sejam universidades, *startups*, fornecedores de tecnologia ou outros. Com esse mapeamento em mãos, as empresas podem desenvolver um portfólio coerente para seu programa de inovação aberta. Em seguida, vem a tarefa de como integrar esses recursos, o que pode ser alcançado por meio da requalificação de funcionários, gerenciamento de alianças ou aquisições definitivas.

A Monsanto, agora parte da Bayer, tinha a necessidade estratégica de desenvolver aptidões em ciência de dados. Além da parceria externa, a empresa lançou um programa de requalificação que acabou aumentando sua comunidade de ciência de dados para 500 membros, com muitos biólogos e químicos de processos se transformando em cientistas de dados.[13]

A Philips Consumer Lighting embarcou em uma jornada de inovação iniciada em 2010 e aprimorou continuamente sua integração de tecnologias externas por meio de um processo claro de gerenciamento de alianças. A gestão de aliança da Philips é composta por uma pequena equipe de profissionais que negociam contratos, obtêm acordos em relação aos principais indicadores de desempenho e desenvolvem ferramentas para avaliar as perspectivas dos parceiros sobre a evolução da parceria. O grupo também é responsável por gerenciar reuniões regulares e oficinas de projetos para apoiar a transferência efetiva de conhecimento.[14]

A aquisição definitiva de empresas para conseguir aptidões (também conhecido como "*acquihire*") também pode ser eficaz quando é necessário ser rápido. Em 2019, a rede de restaurantes McDonald's adquiriu várias *startups* para acelerar o acesso aos principais recursos de personalização dinâmica, automação e tecnologias baseadas em voz.[15]

Incorpore uma Nova Arquitetura de Inovação

Buscar inovação aberta de forma descoordenada raramente funciona. De fato, estudos mostraram que adotar uma abordagem sem supervisão gera resultados ruins.[16] A busca deve ser orquestrada por meio de uma arquitetura de inovação clara e coerente, começando pelo topo. Primeiro, é necessário ter uma lógica clara de como e onde os empreendimentos de inovação aberta contribuem para a estratégia de crescimento ou para a evolução do modelo de negócios. Em segundo lugar, é bom ter um executivo sênior supervisionando os investimentos em inovação e os esforços por toda a empresa para garantir a concentração e os fluxos de conhecimento, além de evitar a duplicação. Em terceiro lugar, é importante saber o tempo que vai levar e o retorno esperado para cada projeto de inovação aberta.

James Swanson, ex-CIO da Monsanto, rapidamente percebeu que precisava de uma arquitetura de inovação clara para impulsionar a transformação da Monsanto de produtor de sementes para provedor de soluções de 2014 a 2018. Na época, a Monsanto se comprometeu a investir em tecnologias digitais para reunir e estudar todos os dados subjacentes à tomada de decisões em fazendas. Mas devido à escassez de habilidades digitais internas, a Monsanto teve de recorrer a fontes externas para determinados recursos em infraestrutura de *big data* e de análise, IA e segurança cibernética. Para explorar mais fontes externas de inovação, a Monsanto construiu um centro de excelência em ciência de dados usando uma plataforma de dados centralizada impulsionada por APIs e microsserviços para executar centenas de modelos de IA com o intuito de melhorar a cadeia de suprimentos e as atividades comerciais.[17]

"Você tem de olhar para seus ativos e para os lugares em que mais precisa de um parceiro", disse Swanson. "Para nós, os dados e a nossa compreensão científica dos dados são ativos extraordinários. Percebemos que as aptidões internas são essenciais, assim como nossas redes e a modernização da infraestrutura."

Não existe uma abordagem única para construir uma arquitetura de inovação, mas metas claras ajudam a determinar o tipo de fornecimento externo necessário e a melhor forma de conectá-lo à organização. Por exemplo, alguma inovação aberta será de longo prazo e liderada pela ciência/tecnologia, como a parceria de pesquisa com uma universidade. Outra se concentrará na descoberta e na incubação, como aceleradores de inicialização e incubadoras. Já outra pode ser liderada por investimentos, como incubação de empreendimentos ou aquisições.

Gerenciar a arquitetura de inovação é complexo. É um ato de equilíbrio entre gerenciar fontes internas e externas e descobrir a melhor forma de transferir e dimensionar os sucessos em sua organização operacional. Muitas vezes, exige equipes de inovação dedicadas, algumas mudanças organizacionais para garantir a transferência adequada (como um *sandbox* – ambiente virtual independente – para *startups*) e apoio compreensivo e proativo para suas funções internas, como RH e jurídico.

Arsenal do Hacker

Desenvolva a equipe. Certifique-se de que indivíduos-chave, olheiros e *gatekeepers* (encarregados de receber e filtrar os contatos) estejam a postos para desenvolver aptidões de inovação aberta. Os olheiros identificam avanços em ciência e tecnologia, e os *gatekeepers* apoiam a transferência e a disseminação de conhecimentos e de tecnologias externas dentro da organização. Essas funções não ajudam apenas a desenvolver a rede externa de uma organização com diferentes parceiros, tornam, também, a inovação aberta visível a toda a organização.

Estabeleça métricas de resultados para medir o sucesso de iniciativas de inovação aberta. As duas principais métricas de resultados frequentemente usadas pelas organizações são: o valor investido em projetos de inovação aberta e o número de oportunidades tecnológicas introduzidas na organização.[18] Embora a relevância dessas métricas possa ser debatida, o ponto é que as organizações de sucesso abordam a inovação aberta de forma organizada por meio da aplicação de métricas.

Garanta o apoio da alta gerência. Certifique-se de que os executivos seniores estejam supervisionando as atividades de inovação aberta para garantir a coerência com a estratégia de crescimento da empresa ou as ambições do modelo de negócios. Vários estudos indicam que o apoio da alta gerência é importante para o sucesso da inovação aberta. A alta administração é especialmente crucial para garantir o compromisso e o apoio organizacional. Embora esses executivos possam não ter as habilidades do que realiza o trabalho, eles devem apreciar as habilidades e as necessidades das pessoas que estão pedindo para administrar a inovação aberta.

Questões para Autorreflexão

Quem é responsável pela inovação na sua empresa?

Você tem boa compreensão de quais recursos digitais precisa desenvolver ao longo do tempo?

Consegue desenvolver os recursos que faltam internamente com rapidez suficiente ou precisa ter acesso a eles por meio de fontes externas?

Se precisa acessar esses recursos externamente, você sabe qual é a melhor estratégia para adquiri-los? Por exemplo: parcerias, universidades, *startups* etc.?

Está com os processos internos de inovação e liderança certos para unir as fontes de inovação internas e externas?

Você sabe como os empreendimentos de inovação aberta contribuirão para os resultados dos negócios e em quanto tempo?

CAPÍTULOS RELACIONADOS

Desenvolva Hiperconsciência na Organização (Capítulo 12)

Gerencie Parcerias e Ecossistemas (Capítulo 13)

Invista em *Startups* (Capítulo 14)

Construa um Portfólio Equilibrado de Iniciativas Digitais (Capítulo 20)

Como Desenvolver Melhor as Habilidades Digitais na Organização? (Capítulo 24)

CAPÍTULO 16

GERENCIE A TRANSFORMAÇÃO DIGITAL DE MANEIRA RESPONSÁVEL E SUSTENTÁVEL

É provável que a ética e a sustentabilidade da transformação digital se tornem mais urgentes nos próximos anos. Até o momento, as empresas têm se concentrado, em grande parte, no impacto negativo de más práticas éticas e de sustentabilidade, como ataques cibernéticos, violações de privacidade e danos ambientais excessivos. No entanto, práticas bem gerenciadas podem trazer benefícios como maior fidelidade do cliente, receitas maiores e custos mais baixos. Atualmente, a ética digital e os esforços de sustentabilidade são altamente fragmentados entre as organizações. Para resolver isso, as organizações que pensam no futuro estão criando escritórios de responsabilidade digital corporativa (CDR, Corporate Digital Responsibility) para supervisionar e coordenar práticas digitais éticas e sustentáveis.

POR QUE É IMPORTANTE?

Nos últimos anos, duas das tendências de negócios globais mais significativas foram **sustentabilidade** e **digitização**. A sustentabilidade gira em torno da relação da humanidade com o mundo natural, enquanto a digitização se concentra no mundo virtual. Sem raízes comuns óbvias, essas tendências se desenvolveram de forma mais ou menos independente. No entanto, elas estão prestes a se fundir. A ética digital e a sustentabilidade se tornarão um fator importante na transformação digital. Em alguns lugares, já são. Os riscos para as organizações com práticas digitais ruins ou antiéticas estão aumentando e não podem mais ser ignorados. Imagine os danos causados por um *chatbot* (robô que conversa, em tradução livre) de IA misógino ou racista (por exemplo, o Tay da Microsoft[1]), o impacto de uma violação de segurança ou privacidade (por exemplo, Equifax[2]), ou os danos ambientais causados por equipamentos de informática descartados de modo irresponsável. Para os líderes de transformação digital, a pressão para quantificar e reduzir o impacto social e ambiental dos sistemas e das tecnologias digitais certamente aumentará. No momento, a maioria das empresas aborda a ética digital e a sustentabilidade de forma fragmentada – isso quando abordam. Embora os riscos sejam claros, há também oportunidade significativa de se diferenciar com base em práticas de sustentabilidade digital. Em suma, há muitas recompensas a serem consideradas, bem como riscos.

MELHORES PRÁTICAS E *INSIGHTS* ESSENCIAIS

A covid-19 forneceu um caso de teste interessante para essa questão de ética digital. Por exemplo, aplicativos de celular que rastreiam a localização e o movimento das pessoas foram implementados em todo o mundo. Esses aplicativos foram projetados para promover um benefício social, reduzindo a propagação de vírus. No entanto, surgiram dúvidas sobre o impacto dos aplicativos na privacidade das pessoas. A quantidade de dados agregados e anonimizados variou muito por país. Organizações como Apple, Google, Facebook e muitas empresas de telecomunicações tiveram de fazer escolhas difíceis sobre como equilibrar responsabilidades éticas com os clientes, o governo e os funcionários.

A covid-19 é apenas um exemplo de como a ética digital e as práticas de sustentabilidade estão assumindo um papel maior na transformação digital. A pandemia destacou a natureza fragmentada das práticas atuais, bem como os perigos da pouca coordenação. Para resolver esses problemas, algumas empresas estão reunindo as várias práticas de sustentabilidade relevantes para a transformação digital sob o termo "responsabilidade digital corporativa"(CDR, a sigla em inglês).[3] Embora a CDR seja um subconjunto da responsabilidade social corporativa, uma entidade bem estabelecida em muitas organizações, as funções de RSC geralmente carecem de conhecimento digital e das habilidades necessárias para gerenciar efetivamente a CDR.

CDR é definida como *um conjunto de práticas e de comportamentos que ajudam uma organização a usar dados e tecnologias digitais de maneira social, econômica, tecnológica e ambientalmente responsável*. Assim, quatro categorias de CDR são relevantes para a transformação digital: CDR social, CDR econômica, CDR tecnológica e CDR ambiental. Cada uma dessas quatro categorias contém componentes que podem criar oportunidades significativas de diferenciação competitiva (ver Figura 16.1). No entanto, se não forem abordadas de modo adequado, as oportunidades podem se tornar ameaças.

A **CDR Social** gira em torno do relacionamento da organização com as pessoas e com a sociedade. Incluída nesta área está a proteção da privacidade dos dados dos clientes, funcionários e outras partes interessadas. A CDR social também incorpora aspectos da diversidade e da inclusão digital, como diminuição da crescente divisão entre pessoas que têm e não têm acesso digital em diversos lugares, indústrias, classes sociais e de acordo com a idade.[4]

> Temos a responsabilidade de proteger seus dados e, se não pudermos, não merecemos tê-lo como cliente.
>
> MARK ZUCKERBERG, CEO DO FACEBOOK[5]

CDR Social
- Garantir a proteção e a privacidade dos dados de funcionários, clientes e outras partes interessadas.
- Promover a diversidade e a inclusão digital.
- Buscar práticas socialmente éticas.

CDR Econômica
- Substituir trabalhos feitos por pessoas de forma responsável.
- Garantir que a terceirização do trabalho para pessoas com empregos temporários seja feita de forma responsável.
- Respeitar os direitos de propriedade de dados, isto é, reduzir a pirataria.

CDR Tecnológica
- Garantir algoritmos de IA que sejam éticos na tomada de decisão.
- Não produzir ou usar tecnologias digitais que possam prejudicar funcionários, clientes ou outras partes interessadas.
- Implementar práticas responsáveis de cibersegurança.

CDR Ambiental
- Seguir práticas responsáveis de reciclagem para tecnologias digitais.
- Seguir práticas responsáveis de eliminação de tecnologias digitais, incluindo a extensão da vida útil da tecnologia.
- Seguir práticas responsáveis relacionadas ao consumo de energia.

Figura 16.1   As quatro categorias de responsabilidade digital corporativa.

A **CDR Econômica** tem a ver com gerir de forma responsável o impacto econômico das tecnologias digitais. Muito tem sido dito sobre a substituição de empregos humanos por robôs e outras tecnologias digitais, e essa é certamente uma parte relevante da CDR econômica. No entanto, a CDR também abrange a criação de novos empregos que são enriquecedores, significativos e interessantes. (Evidências sugerem que a chamada "economia para funcionários temporários" cria empregos que muitas vezes são desinteressantes, repetitivos e mal pagos.)[6] Há também perguntas sobre compensação monetária justa para os proprietários originais dos dados.

A **CDR Tecnológica** está ligada à criação responsável das próprias tecnologias. Por exemplo, algoritmos de tomada de decisão de IA tendenciosos ou imprecisos podem levar a práticas injustas ou discriminatórias, como foi observado entre muitos mecanismos de recomendação.[7] Outras tecnologias também podem ter efeitos nocivos na sociedade. O Facebook, entre outros, proibiu os vídeos *deep-fake* que associam de modo realista declarações falsas ou enganosas a pessoas reais.[8]

A **CDR Ambiental** diz respeito à ligação entre as tecnologias digitais e o ambiente físico. Há muitas questões a ponderar aqui, incluindo a reciclagem ou o descarte responsável de equipamentos de informática antigos. A extensão dos ciclos de obsolescência em um ano, por exemplo, pode ter enorme impacto no meio ambiente. Há também chamadas para reduzir a quantidade de energia usada para suportar centros de processamentos de dados ou mineração de bitcoin. Muitos processos, práticas e projetos organizacionais podem abordar os aspectos digitais da responsabilidade social, econômica, tecnológica e ambiental. Infelizmente, eles raramente são coordenados ou otimizados. Alguns, como a segurança cibernética, costumam ser responsabilidade dos departamentos de TI, enquanto outros, como a automação da força de trabalho, podem cair sob a alçada dos departamentos de operação. Outros elementos podem estar relacionados a RH, jurídico, engenharia, P&D ou linhas específicas de negócios. É hora de todos os elementos serem coordenados coletivamente para garantir a melhor mitigação de riscos e ganho de recompensas.

A responsabilidade por essa abordagem consolidada poderia recair sobre um escritório de CDR. O objetivo desse escritório não é criar governança adicional, estabelecer nova burocracia ou adicionar dificuldades no caminho para o progresso. Sua meta é dar visibilidade a iniciativas relevantes, além de promover práticas comerciais éticas e sustentáveis, coordenando e supervisionando o papel das tecnologias digitais. Por exemplo, a gigante de seguros da Itália, Unipol, criou um grupo para monitorar e implementar uma "política de proteção e de valorização de dados pessoais" aprovada por seu conselho, que combina vários aspectos da responsabilidade e da ética digitais.[9]

De fato, as organizações precisam dar uma olhada em como suas tecnologias e práticas digitais impactam funcionários, clientes e a sociedade em geral. Não fazer isso pode gerar resistência dos funcionários, como aconteceu recentemente em empresas como Google e Amazon,[10] ou queda de receita e lucro à medida que a sociedade civil incentiva cada vez mais práticas responsáveis. A falta de ação também pode levar a regulamentações mais rigorosas, como a legislação GDPR da União Europeia, que inclui penalidades severas por comportamentos ou inação que não colaboram com ela.

Mas a CDR não tem a ver só com mitigação de riscos. Há vantagens substanciais também. As organizações capazes de gerenciar dados, tecnologia e práticas digitais de forma sustentável podem se beneficiar de clientes mais fiéis, funcionários mais felizes, recrutamento de alta qualidade e melhores margens.

À medida que as tendências de sustentabilidade e digitização ganharem impulso, a ética digital se tornará cada vez mais relevante para a transformação digital, tanto para mitigar riscos quanto para encontrar novas fontes vantajosas para as empresas. A menos que as organizações adotem uma abordagem sinérgica e coordenada para alcançar a responsabilidade digital corporativa, ficarão em maus bocados com clientes, funcionários e reguladores.

Arsenal do Hacker

Descubra seu atual cenário de ética digital e de sustentabilidade. Faça uma revisão de ética digital e de práticas de sustentabilidade em toda a organização usando a figura 16.1 como guia. Uma visão de portfólio ajudará a estabelecer uma base para garantir que a ética digital e as práticas de sustentabilidade sejam consistentes, colaborem umas com as outras e não se sobreponham. As lacunas também devem se tornar mais aparentes.

Adicione governança. Estabeleça um grupo de CDR para coordenar o desenvolvimento e a entrega de processos de ética digital e de práticas de sustentabilidade. Esse grupo não precisa ser dono das práticas ou controlá-las, muito menos garantir a conformidade. Sua responsabilidade é fornecer aconselhamento, coordenação e visibilidade para as diferentes práticas em toda a organização. No mínimo, o grupo CDR deve incluir um representante de TI (para segurança cibernética), do jurídico (para privacidade e práticas relacionadas de proteção de dados pessoais), de sustentabilidade (para impactos ambientais) e do RH (para diversidade e inclusão digital). Em algumas organizações, um representante comercial também deve estar presente se a monetização de dados for considerada.

Inclua ética digital no planejamento de projetos digitais. Garanta que a ética e a sustentabilidade digitais sejam consideradas e incluídas no processo de planejamento de projetos digitais. Por exemplo, um termo de abertura de projeto digital pode incluir a consideração dos riscos e dos benefícios digitais.[11] Além disso, uma lista de verificação de ética digital pode ser incluída ou incorporada em todos os projetos digitais. Um exemplo de lista de verificação foi criado pelo coletivo de ciência de dados Driven Data.[12]

Questões para Autorreflexão

Você está adotando uma abordagem fragmentada para lidar com os aspectos de sustentabilidade da transformação digital?

Tem quantificado os benefícios de boas práticas de ética digital e de sustentabilidade, além dos custos das práticas ruins?

CAPÍTULOS RELACIONADOS

Faça Inventário das Iniciativas Digitais Já Existentes (Capítulo 5)

Implemente a Inovação Aberta de Modo Eficaz (Capítulo 15)

As Características de uma Liderança Digital Ágil (Capítulo 21)

Como se Aproveitar do Digital para obter Resiliência Organizacional (Capítulo 30)

Parte Quatro

Hackeando a Transição do Modelo de Negócios
Criando Valor de Novas Maneiras

Sem imaginação ou sonhos, perdemos a emoção das possibilidades. Pois sonhar, afinal, é uma forma de planejamento.
— Gloria Steinem

A maior parte do burburinho em torno da transformação digital vem de histórias de disrupção do modelo de negócios – por exemplo, como o Uber causou disrupção nos táxis ou como a Amazon causou disrupção no varejo. Na realidade, poucas empresas se tornam gigantes digitais com valores altíssimos. Mas qualquer organização pode se tornar disruptora. Explorar as oportunidades e os riscos das transições de modelos de negócio orientadas para o digital é fundamental para alcançar o crescimento e/ou navegar com sua organização em direção à próxima curva em S do mundo dos negócios.

Novos modelos de negócio bem-sucedidos criam valor para os clientes de maneiras novas. Mesmo na melhor das hipóteses, isso é difícil de alcançar, mas é ainda mais quando feito com uso criativo de ferramentas e tecnologias digitais. Uma mudança comum é de produtos para serviços e soluções – por exemplo, a transição da venda de um bem físico (um roteador) para a venda de uma assinatura (um serviço de rede). Mudar de produtos para serviços é uma estratégia comum para obtenção de uma receita recorrente e evitar as chamadas "armadilhas de commodities", que muitas vezes acompanham um negócio de produtos em amadurecimento. Mas essas transições são complicadas. Elas exigem não apenas alterações na oferta de produto/serviço, mas mudanças em muitas funções organizacionais, como nas áreas de engenharia, desenvolvimento de produtos, vendas e marketing. Além disso, gerenciar margens de lucro para serviços digitais não é fácil.

Ao mudar de produtos para serviços e soluções, um dos principais desafios é convencer os clientes a pagar por serviços digitais. Embora os clientes geralmente apreciem o valor dos serviços digitais conectados a objetos físicos, como um serviço de monitoramento para equipamentos industriais, nem sempre estão dispostos a pagar por eles. Mesmo que amem um serviço, eles podem ter problemas para quantificar seu verdadeiro valor. Além disso, muitas vezes os clientes se sentem incomodados com uma parte externa obtendo acesso a seus dados internos, como a eficiência operacional de seus equipamentos.

Mudar de produto para solução é a forma mais comum de transição de modelos de negócio, mas não a mais complexa,. A estratégia de plataforma tem essa distinção. Nos últimos 20 anos, as empresas plataforma viram um aumento notável em seu tamanho e poder. No início de 2021, as maiores empresas do mundo eram empresas plataforma. Eles construíram poderosos efeitos de rede que tornou extremamente difícil competir com elas seja. No entanto, em alguns casos, é possível construir plataformas concorrentes, principalmente em áreas com mais nichos. E se você não pode vencê-los, junte-se a eles. Um importante componente de estratégia digital é explorar maneiras de fazer a dinâmica da plataforma ficar a seu favor – seja construindo sua própria plataforma ou trabalhando com a de outra pessoa.

Todos os programas de transformação digital contêm uma mistura de projetos digitais com diferentes objetivos, estimativas e níveis de risco. Alguns vão se concentrar em mudanças radicais e em novos modelos de negócios, enquanto outros serão menos ambiciosos. Criar um portfólio equilibrado de iniciativas digitais – que considere os riscos e as recompensas que serão alcançados ao longo do tempo – é fundamental. Concentre-se demais no curto prazo e você pode perder grandes tendências disruptivas ou fontes de valor. Concentre-se demais na disrupção de longo prazo e você pode perder oportunidades de criar valor digitalizando seu negócio atual. A transformação digital não é algo único, mas um portfólio bem gerenciado de iniciativas digitais relevantes.

CAPÍTULO 17

SAIA DA CENTRALIDADE DE PRODUTO PARA SERVIÇOS E SOLUÇÕES

A transformação digital está embaçando a divisão tradicional entre produtos e serviços para empresas B2B e B2C. Vivemos num mundo em que uma abundância de dados, desde transações e uso de clientes até máquinas e objetos conectados, está abrindo inúmeras oportunidades para criar valor adicional para os clientes. A transformação digital tem forçado as organizações tradicionais centradas em produtos a passarem para a venda baseada em serviços na busca de ofertas recorrentes e com altas margens de lucro. Isso não é fácil. Mudar de produtos para serviços e soluções é uma jornada de transformação de negócios que deve ser planejada e gerenciada.

POR QUE É IMPORTANTE?

O encolhimento dos ciclos de vida dos produtos, a mercantilização dos produtos e os novos modelos de negócios digitais estão gerando margens mais baixas de lucro e levando mais empresas a buscar novas receitas de serviços recorrentes. Algumas pesquisas da indústria estimam que 65% dos fabricantes globais já estão usando um modelo de venda baseado em serviços em oposição a um modelo baseado em produtos.[1]

A transformação digital acelerou essa mudança e está misturando a divisão entre produto e serviço. Por quê? Porque reduziu a tangibilidade das ofertas ao digitizar alguns recursos de produtos e serviços. Além disso, a disponibilidade de grandes quantidades de dados de transações e de sensores tem gerado muitas oportunidades para complementar as ofertas de produtos com *insights* de uso e de otimização que podem melhorar substancialmente as operações dos clientes. Os aplicativos de IoT estão acelerando ainda mais essa tendência, tirando a ênfase dos bens físicos (capex) e colocando-a em modelos baseados em serviços (opex).

A economia digital também está desafiando a noção de propriedade de ativos como um modelo competitivo. Em muitos setores, como serviços de aviação ou de mobilidade, a gestão de ativos foi terceirizada para parceiros com modelos de negócios inovadores baseados em resultados e/ou em uso. Isso está virando o modelo centrado no produto de cabeça para baixo.

Adicionar uma potente camada de serviço fornece vantagem significativa e se tornou parte integrante das estratégias de transformação digital. Mas mudar de produtos para serviços e expandir o portfólio de serviços para incluir um modelo baseado em resultados está longe de algo fácil. É um verdadeiro esforço de transformação, e até mesmo os melhores e mais brilhantes podem ter dificuldades. Pode fazer sentido para os clientes da empresa e para as finanças, mas a empresa tem a aptidão organizacional para fazer dar certo?

MELHORES PRÁTICAS E *INSIGHTS* ESSENCIAIS

Estrategicamente, algumas empresas veem a mudança de produtos para serviços/soluções como uma maneira de aumentar a receita e as margens de lucro. Outros veem a mudança de forma mais defensiva, isto é, como um modo de manter os clientes fiéis e aumentar barreiras. Seja qual for a ambição, o sucesso dependerá de como a estratégia de serviço é implementada. O processo começa com uma boa estratégia, mas deve terminar com benefícios claros para o cliente e uma fatura comercial.

Fazer os recursos de serviços obterem sucesso e superar a mentalidade tradicional centrada no produto leva tempo. Não existe um jeito fácil de fazer isso, além de não poder ser feito de uma só vez. A transição de complementos de um serviço simples de um produto principal (como manutenção e reparos) para soluções baseadas em resultados (como modelos baseados em "horas de voo" de motores a jato) é difícil e arriscada. Portanto, empresas bem-sucedidas adotaram uma abordagem em fases ao mudar para serviços. Assim, elas conseguiram adaptar as aptidões organizacionais necessárias em cada um dos estágios (veja a Figura 17.1).

A prestação de serviços é fundamental para o sucesso e novos recursos precisam ser desenvolvidos por meio de muitos processos importantes: relacionamento com o cliente, cadeia de suprimentos de serviço, operações de serviço, gerenciamento de parceiros e engenharia – todos apoiados por uma forte capacitação digital. Muitas vezes, pelo menos no início, as empresas têm de desenvolver (ou cercear)

Aumento do Produto	Portfólio de Soluções	Novo Modelo de Negócio
Forneça serviços para aumentar a oferta de produtos (manutenção da base já estabelecida).	Desenvolva um portfólio de serviços de valor agregado orientado por dados com benefícios claros para o cliente.	Ofereça novos modelos de negócios baseados em serviços que mudam radicalmente o uso ou o desempenho operacional.
Exemplos: contratos de manutenção, relatórios, peças de reposição...	Exemplos: manutenção preditiva, baseada em uso...	Exemplos: baseado em resultados, assinatura...

Aumentar a Aptidão da Organização

Exemplos: precificação, comercialização...	Exemplos: *design* de soluções, venda de soluções, entrega de serviços...	Exemplos: proposta de valor, modelagem econômica...

Figura 17.1 Jornada de transformação: de produtos a serviços.

aptidões em linhas de negócios separadas com as respectivas responsabilidades para dimensionar adequadamente seu portfólio de serviços e soluções.

Mudar para serviços também exige mudança de mentalidade. Com o tempo, a cultura precisará evoluir da mentalidade de custo majorada para uma mentalidade de vendas baseada em valor. Como o ex-CEO da Cisco, John Chambers, disse: "Você ganha clientes vendendo o que eles precisam, não o que você quer que eles comprem. Se você realmente se concentrar no sucesso de seus clientes, poderá construir um relacionamento vitalício com eles."[2]

> O papel do CDO em uma empresa industrial é assumir a empresa tradicional, com um portfólio tradicional que vende principalmente ativos sólidos – como motores de aeronaves a jato ou turbinas eólicas – e tentar ajudar a transição dessa empresa para um conjunto de serviços digitais que podem ser operados com mais eficiência. Isso é crucial porque todos sabemos que o futuro dependerá dos dados que sairão desses ativos rígidos.
>
> — BILL RUH, EX-CEO DA GE DIGITAL[3]

Além disso, mudar para soluções baseadas em resultados mais complexos altera fundamentalmente a abordagem de entrada no mercado. A comercialização envolve grupos de compra mais complexos, como proprietários e operadores de ativos, o que resulta em ciclos de venda muito mais longos e negociações de contrato mais complexas. Mas quando é implementada com sucesso, a mudança para soluções baseadas em resultados mais complexos faz grande diferença na transformação digital.

O negócio de transporte da Michelin estava enfrentando comoditização graças à concorrência de adversários de baixo custo e às pressões ambientais. Apesar da qualidade superior de seus pneus, estava se tornando mais difícil extrair valor deles. Uma grande parte da transformação digital da Michelin, portanto, foi conectar serviços a seus produtos. Como os pneus têm sensores embutidos que fornecem à empresa dados valiosos sobre seu uso, as distâncias e necessidades de manutenção, a Michelin decidiu desenvolver um portfólio de serviços. Isso permitiu que ela passasse de um relacionamento transacional com os clientes para outro em que a empresa "cobra por quilômetro" com um modelo de serviço supervisionado e baseado no uso. A nova "Michelin Fleet Solutions" oferece às empresas de transporte soluções abrangentes de gerenciamento de pneus para suas frotas de veículos com um período de contrato de três a cinco anos.

A *service suite* foi projetada para trazer benefícios tangíveis aos clientes de transporte da Michelin: melhor controle de custos, maior eficiência do combustível, manutenção fácil das frotas e serviços muito mais ecológicos. A mudança do modelo de negócios da Michelin não foi fácil no início, mas no processo a empresa aprendeu lições valiosas e estabeleceu novos fluxos de receita baseados em serviços. Um dos resultados é ajudar a empresa a consolidar relacionamentos duradouros com clientes e fidelidade à marca.

Muitas empresas B2C adotaram estratégias semelhantes em suas transformações digitais, mas com diferenças marcantes. Os serviços e soluções nos mercados B2C geralmente assumem a forma de funcionalidades e informações adicionais por meio de soluções baseadas em aplicativos. Os serviços são projetados para enriquecer a experiência do cliente, criar engajamento, aumentar a fidelidade e coletar dados valiosos dos clientes sobre transações e comportamentos para *up-selling* e *cross-selling*. A monetização geralmente é feita a jusante com base no aumento do engajamento do cliente.

O aplicativo Nike+ Runner e o aplicativo móvel da Starbucks são exemplos de estratégias digitais baseadas em serviços de sucesso. Outras empresas B2C escolheram abordagens híbridas usando produtos e serviços complementares. A Apple, por exemplo, aumentou substancialmente seu alcance ao conectar seus principais produtos (iPhone, iPad) com o iTunes, sua plataforma complementar de serviços digitais.

* * *

É muito provável que sua transformação digital exigirá, com o tempo, que você mude parte da empresa de produtos para serviços e soluções. Essa mudança abre oportunidades para criar um valor enorme para a empresa e os clientes. Mas exige mudanças substanciais nas aptidões da empresa. É uma aventura complexa e com muitas armadilhas. Requer uma abordagem progressiva para estruturar, comercializar e vender serviços. Demanda também experimentação cuidadosa centrada no cliente para fazer dar certo. É uma verdadeira transformação dos negócios e deve ser planejada e gerenciada como tal.

Arsenal do Hacker

Comece fazendo um inventário dos serviços que você oferece atualmente, mesmo que seja de graça. Em seguida, mande uma equipe de dados determinar quais conjuntos de dados – por exemplo, de clientes e de produtos/máquinas conectados entre si – podem ser monetizados, o que poderia fornecer benefícios adicionais ao cliente e de que forma.

Analise as dores dos clientes/usuários em detalhes. Use técnicas como: trabalho a ser feito, jornadas dos clientes, atividades cotidianas etc. para identificar como você pode melhorar as experiências dos clientes ou o desempenho operacional para agregar valor a seus negócios. Coloque essas necessidades em um portfólio de novas ofertas baseadas em serviços e priorize-as de acordo com a facilidade de implementação *versus* retorno econômico.

Ande antes de correr. Desenvolva uma estratégia em fases/etapas. Primeiro, estenda as ofertas dos produtos que você já tem. Em seguida, adicione serviços mais complexos e, finalmente, mude para novos métodos de monetização ou modelos de negócio (por exemplo, baseados em resultados). Sempre faça a seguinte pergunta: "Por que os clientes pagariam por isso?". Desenvolva oficinas junto com os clientes já existentes ou envolva os usuários principais para experimentar, ver as reações e, depois, fazer tudo de novo. Elabore o desenvolvimento de aptidões necessário (organização e habilidades) em cada estágio de sua estratégia em fases – por exemplo, habilidades de venda de soluções – e deixe seus programas de contratação e de desenvolvimento de força de trabalho alinhados.

Evite a alta personalização de serviços. Isso aumentará os custos e não fará diferença no desempenho da margem de lucro. Certifique-se de industrializar/automatizar sua retaguarda e padronizar o processo de entrega de serviços.

Questões para Autorreflexão

As margens de lucro de seu produto principal têm sido comoditizadas por pressões competitivas?

Você tem compreensão detalhada das dores de seus clientes (em termos de uso e de processos) que a empresa pode aliviar por meio de novos serviços e soluções digitais?

Consegue aumentar substancialmente o engajamento e a lealdade dos clientes fornecendo novos dados e as informações que eles valorizam?

Você tem a aptidão digital necessária no que diz respeito à inovação de serviços, à comercialização e à entrega de serviços?

Compreende a mudança de mentalidade necessária para sua organização comercializar com sucesso novos serviços digitais ou precisa de uma nova construção organizacional para que isso aconteça? Você já considerou mudanças radicais em seu modelo de negócios atual que desafiem as normas e as práticas atuais da indústria?

CAPÍTULOS RELACIONADOS

Crie um Objetivo Claro e Eficaz para Promover a Transformação Digital (Capítulo 1)

Faça Inventário das Iniciativas Digitais Já Existentes (Capítulo 5)

Construa e Gerencie uma Infraestrutura de Tecnologia (Capítulo 11)

Convença os Clientes a Pagarem por Serviços Digitais (Capítulo 18)

Como Desenvolver Melhor as Habilidades Digitais na Organização? (Capítulo 24)

Trabalhe as Iniciativas Digitais em Escala (Capítulo 27)

CAPÍTULO 18

CONVENÇA OS CLIENTES A PAGAREM POR SERVIÇOS DIGITAIS

Um elemento comum nas jornadas de transformação digital é a mudança de produtos para serviços e soluções ou a adição de uma camada de serviço sobre um produto. Aqui, cobrimos uma parte particularmente desafiadora desse segundo componente – convencer os clientes a realmente pagarem por serviços digitais. Em muitas indústrias, a infeliz realidade é que esses serviços são fornecidos gratuitamente ou com um custo muito baixo.

Monetizar serviços digitais exige várias etapas, algumas internas e outras externas. Em primeiro lugar, você precisa gastar quantidade significativa de tempo considerando os benefícios do serviço para os clientes. Você pode criar tudo, mas não espere que eles venham!

Além disso, na maioria dos ambientes B2B, os clientes vêm de diferentes formas: "aprovadores" (chefes de empresa); "negociadores" (gerentes de compras); "pagadores"(proprietários de orçamento); "usuários" (operadores). Para cada tipo de cliente, o valor do serviço deve ser comunicado de forma específica e clara.

Em segundo lugar, as partes interessadas relevantes na cadeia de valor – como vendedores, agentes e revendedores – devem ser devidamente incentivadas a vender o serviço. E, em terceiro lugar, o serviço precisa ser precificado de maneira adequada para que seja vendido.

POR QUE É IMPORTANTE?

As pessoas estão acostumadas a pagar por produtos físicos, mas muitas vezes se recusam a pagar por produtos ou serviços intangíveis, especialmente quando fundamentados em informações e entregues digitalmente. Por exemplo, compramos um selo para enviar uma carta com prazer, mas poucos estão dispostos a pagar para enviar um *e-mail* ou mesmo para usar um *software* de *e-mail*. Como consequência, muitos serviços digitais são apoiados por outros fluxos de receita (como publicidade), agrupados em produtos (como armazenamento de fotos *on-line* para câmeras) ou simplesmente oferecidos gratuitamente (como acesso à internet em hotéis).

Por isso, muitos clientes acham que "os produtos digitais devem ser gratuitos". O que não é o caso. Produzir e manter serviços digitais costuma ser muito caro e no valor deles estão inclusos: custos de desenvolvimento contínuo, licenciamento de *software*, aquisição de dados, hospedagem e conectividade. Assim, convencer os clientes a pagar por serviços digitais pode fazer grande diferença na lucratividade geral.

MELHORES PRÁTICAS E *INSIGHTS* ESSENCIAIS

Aumentar o valor dos produtos com serviços digitais é muito comum à medida que as organizações mudam de vendas pontuais de produtos para fontes recorrentes de receita. Essa tendência é particularmente recorrente no mundo industrial, no qual produtos, equipamentos e máquinas conectados se tornaram fontes ricas de dados em tempo real. Esses dados geram *insights* e benefícios que podem ser monetizados de várias maneiras. Por exemplo, a manutenção preditiva e preventiva melhora a eficiência e reduz os custos de funcionamento, enquanto os dados de uso ajudam a reduzir defeitos e a melhorar a qualidade dos produtos, que são uma fonte significativa de custos no mundo industrial.

Apesar desses benefícios, muitos clientes são céticos em relação a adicionar conectividade a seus produtos ou equipamentos. Uma das preocupações é a propriedade e o uso responsável dos dados gerados. Mesmo que aceitem o valor que pode ser criado a partir de dados operacionais, muitas vezes não estão dispostos a pagar por isso. Uma frase comum no mundo B2B é: "Sim, conecte minhas máquinas umas com as outras, mas quero acesso exclusivo aos meus dados e não quero pagar por isso".

A Caterpillar é um exemplo interessante. A empresa vende grandes peças de máquinas para as indústrias de construção, de mineração e de transporte. Os benefícios da conectividade ficaram claros para a Caterpillar e seus clientes. Para os clientes, poderia levar à redução do tempo de inatividade, aumento da produtividade, eficiência de combustível e melhor gerenciamento de ativos (pois um número surpreendente de máquinas acaba se perdendo). Para a Caterpillar, poderia levar à melhor compreensão do uso do equipamento e do comportamento do cliente, além de fornecer *insights* para o desenvolvimento de produtos e aumento da receita com peças de reposição. Em suma, as máquinas de conexão eram uma proposta boa tanto para a Caterpillar quanto para os clientes.

No início de 2015, a Caterpillar tinha todas as peças básicas prontas – um mandato claro para impulsionar a digitização da empresa e uma equipe para desenvolver e implementar serviços digitais (chamada "Cat Connect"). A equipe montou um conjunto de serviços projetados para beneficiar a Caterpillar, seus revendedores e seus clientes.

Mas após cinco anos de esforço, menos de 10% dos equipamentos conectados da empresa incluíam serviços digitais pelos quais os clientes estavam pagando, forçando a Caterpillar a cuidar dos custos restantes. Em 2019, a equipe admitiu que falhou e a maioria das tentativas de vender serviços digitais foi descartada. A Cat Connect passou a se concentrar em impulsionar as vendas de peças de reposição da Caterpillar.

O que deu errado?

Comunique de Forma Clara o Valor do Serviço para Cada Tipo de Cliente

A Caterpillar cometeu um erro comum que, a princípio, não parece um erro. Ela supôs que os clientes estariam interessados em um serviço que agregasse valor significativo a seus negócios. Mas os benefícios nunca foram articulados com clareza suficiente em termos que importavam para o cliente. Como pouquíssimos clientes estavam pedindo proativamente por essa oferta digital, eles não viram a necessidade de pagar por ela. Além disso, muitos clientes estavam céticos em relação ao novo serviço. Eles queriam saber o que a Caterpillar estava fazendo com seus dados. Alguns temiam que seus dados fossem compartilhados com concorrentes, muitos dos quais também eram clientes da Caterpillar.

A Caterpillar também não conseguiu distinguir os diferentes tipos de clientes. Operadores de equipamentos, gerentes de *sites*, gerentes de compras e proprietários de empresas tinham diferentes perspectivas sobre o valor do serviço. Por exemplo, os gerentes de compras estavam focados em minimizar os custos e não estavam muito preocupados com o uso dos produtos após a venda. Na maioria das vezes, eles queriam tudo de graça. Enquanto isso, os operadores temiam que seu desempenho estivesse sendo monitorado pelos chefes. E embora os gerentes de *sites* muitas vezes tivessem mais a ganhar com os serviços digitais, eles raramente participavam diretamente do processo de compra.

O desafio de convencer os clientes B2B a pagar por serviços digitais exige que você considere todas as partes interessadas em potencial na rede de compras e, em seguida, desenvolva argumentos que atenda a cada uma delas em relação ao valor do serviço.

Convencer os clientes a pagar também é um problema no mundo B2C. Gigantes digitais como Google, Facebook e TikTok evitam esse desafio gerando receita com publicidade enquanto mantêm o serviço principal gratuito. Mas esse não é um modelo sustentável para a maioria das organizações. A capacidade de gerar receita da publicidade simplesmente não é suficiente para cobrir os custos de oferta do serviço. Uma abordagem comum empregada no mundo *on-line* é o modelo de negócios "*freemium*", em que o serviço básico é oferecido gratuitamente, enquanto recursos avançados estão disponíveis por um custo.

Os modelos *freemium* são tipicamente baseados em duas abordagens: limites de recursos e limites de uso. Por exemplo, a versão gratuita do Spotify permite que os usuários ouçam a maioria das músicas (álbuns, *playlists* ou estações de rádio selecionadas) no modo de reprodução aleatória, mas os anúncios são reproduzidos entre músicas e os usuários não têm liberdade para colocar músicas específicas (limite de recursos). Em muitos casos, os limites de recurso e de uso são combinados. O Evernote não permite o uso *offline* e não oferece suporte ao cliente (limite de recursos). Ele também restringe o tamanho do arquivo e *uploads* (limite de uso). A chave para criar um modelo *freemium* de sucesso é dar aos consumidores um "gostinho" da experiência. Precisa ser o suficiente para que eles apreciem seu valor, mas não o suficiente para que eles não sintam vontade de atualizar o serviço.

O modelo *freemium* do Dropbox tem sido relativamente bem-sucedido. Ele oferece dois gigabytes de armazenamento gratuitamente com pouquíssimos limites de recurso. Os usuários que atingem o limite de armazenamento geralmente se tornam clientes pagantes porque o incômodo de tirar todos os arquivos dali é maior do que simplesmente pagar a taxa de assinatura.

Certifique-se de que Sua Organização Esteja Preparada para Vender Serviços

Parece óbvio, mas vender serviços é muito diferente de vender produtos. Como vimos anteriormente, a maioria das organizações centradas em produtos é otimizada de acordo com certos processos e ciclos de vendas. Por exemplo, os produtos são frequentemente vendidos como pacotes discretos – são vendidos, comprados e, depois, repassados. Os serviços, por outro lado, são frequentemente vendidos, pagos e consumidos por longos períodos de tempo.

Em 2015, quando a Cisco decidiu mudar sua receita de 10% de serviços para 40%, a organização passou por grandes mudanças. Os produtos não tiveram apenas de ser reprojetados para incluir serviços (totalmente novos e desenvolvidos), mas a cultura de "maximizar as vendas sem se preocupar com a qualidade do produto" precisou ser alterada, os incentivos para os vendedores precisaram ser atualizados e as organizações de marketing e vendas tiveram de ser revistas.

> Estamos tentando passar da venda de equipamentos para a venda de serviços. Estamos fundindo as tecnologias de amanhã com os edifícios de hoje para colocar o "inteligente" em edifícios inteligentes. Estamos mudando nosso negócio profundamente para que possamos transformá-lo num negócio tipo plataforma. Isso significa combinar produtos e serviços ao longo da vida útil de um edifício.
>
> — TOMIO PIHKALA, VICE-PRESIDENTE EXECUTIVO DA KONE CORPORATION[1]

No caso da Caterpillar, a equipe CAT Connect foi amplamente separada das equipes de engenharia que projetaram o equipamento, das equipes de operações que fabricaram e enviaram os equipamentos e das equipes de vendas e serviços que interagiram com os clientes. Isso não é necessariamente ruim. Muitas vezes, as unidades digitais são sufocadas pela organização tradicional. Mas, nesse caso, o foco digital da CAT Connect nunca foi totalmente aceito pelo resto da organização. Consequentemente, a equipe digital teve dificuldade em integrar a oferta de serviços em produtos, e seus serviços digitais não foram bem compreendidos nem adotados por outras partes da empresa.

Garanta que Todas as Partes Interessadas Relevantes Sejam Incentivadas a Vender o Serviço

Os serviços digitais geralmente não geram receita e lucro. Isso não ocorre apenas porque os clientes não estão dispostos a pagar por eles, mas porque os vendedores não estão dispostos a vendê-los. Esse foi o caso da Caterpillar. Compreensível, uma vez que a equipe regular de vendas não foi muito incentivada a vender o CAT Connect. Vender uma máquina de construção no valor de trezentos mil dólares, adicionar um contrato de serviço de vinte dólares por mês dificilmente parecia valer o tempo do representante de vendas. Como resultado, a equipe de vendas muitas vezes considerava a equipe digital um complemento, quando, na verdade, a equipe de vendas corria o risco de perder um cliente.

Além dos vendedores internos, outros jogadores geralmente precisam ser incentivados. Como muitos jogadores B2B, a Caterpillar raramente interage diretamente com os clientes finais. A empresa realiza a maior parte de suas vendas por meio de uma rede de revendedores e de distribuidores por todo o mundo. Alguns deles consideraram o CAT Connect uma ameaça porque criou uma conexão direta entre a Caterpillar e os clientes finais. Eles temiam que a Caterpillar vendesse peças de reposição diretamente aos clientes, e não por meio deles. Os revendedores precisavam saber dos benefícios do CAT Connect e ser incentivados a oferecer o serviço.

Seja Inteligente em Relação à Precificação

Como um serviço é intangível e os custos adicionais de entrega são normalmente pequenos, há uma chance de ser vendido abaixo do preço ideal. Isso é um erro. Um serviço não deve ser precificado com base no custo de produção e entrega, mas no valor que ele entrega ao cliente. Esse valor pode ser baseado na melhoria da eficácia, na melhor produtividade, na economia de tempo ou em outros benefícios. Como dito acima, se os benefícios e o valor são claramente articulados e percebidos pelas partes interessadas, há uma chance muito melhor de precificar os serviços de forma adequada.

Alguns métodos comuns podem incentivar os clientes a pagarem pelos serviços anexados aos produtos. Por exemplo, o custo pode ser incluído em um contrato de manutenção ou em um serviço de assinatura já existente para evitar um processo separado de vendas e de faturamento. O preço baseado em resultados, que vincula o custo de um serviço a alguns benefícios pré-acordados, pode aumentar as chances dos clientes de pagarem por ele, pois a redução nos benefícios é normalmente mais fácil de justificar do que o aumento nos custos.

* * *

Os serviços digitais são notoriamente difíceis de vender, especialmente se forem complementos para produtos físicos. No entanto, muitas vezes eles podem criar um valor significativo para os clientes. Os benefícios dos serviços precisam ser claramente comunicados, com base em seu valor, a cada parte interessada relevante. Para ter sucesso, os processos e incentivos organizacionais geralmente precisam ser ajustados para garantir que os serviços estejam sendo comercializados e vendidos adequadamente.

Arsenal do Hacker

Descubra quais serviços podem ser cobrados. Entenda quais serviços digitais você está oferecendo e quanto cobra por eles, incluindo os serviços oferecidos gratuitamente. É comum as organizações desconhecerem o portfólio de serviços digitais oferecidos e ficam surpresas ao descobrir que são muito mais do que esperavam. No artigo "Bill It, Kill It, or Keep it Free?",[2] Wolfgang Ulaga e Stefan Michel argumentam que o primeiro passo na transição de "gratuito para pago" é organizar serviços da seguinte forma: aqueles que o cliente está disposto a pagar e aqueles que o cliente espera que sejam gratuitos. Comece se concentrando nos que você acha que eles estarão dispostos a pagar.

Venda bem seu peixe. Certifique-se de que os benefícios dos serviços digitais pelos quais você deseja cobrar fiquem bem claros. Isso deve ser fornecido em uma linguagem que seja compreensível para os clientes. Por exemplo, "reduz o tempo de inatividade da máquina em 30%" ou "diminui o tempo para chegar ao mercado em mais ou menos duas semanas". Adapte suas propostas de valor para diferentes tipos de clientes.

Por exemplo, os gerentes de compras valorizam a economia imediata dos custos, os operadores valorizam a eficácia e os gerentes valorizam as melhorias na produtividade ao longo do tempo. Parece óbvio, mas a menos que vejam claramente o valor, os clientes não pagarão. Evite ser complexo demais ou criar muitas variantes do serviço – normalmente três níveis já são suficientes. A simplicidade é a chave para a compreensão.

Faça seus vendedores participarem. Certifique-se de que seus vendedores entendam como os serviços digitais funcionam e que sejam treinados e incentivados a vendê-los. Muitas organizações atuais estão passando da venda de produtos para a venda de serviços e soluções. No entanto, vendedores bons em vender um não são, necessariamente, bons em vender o outro.

A Cisco criou um grande programa de treinamento para preparar seus vendedores para vender o portfólio de serviços e soluções da empresa, mas, antes disso, ela não ajustou a estrutura de incentivos de vendas. Os resultados iniciais foram decepcionantes. Após uma revisão interna, ela mudou a estrutura de incentivos para garantir que os vendedores fossem recompensados tanto por venderem serviços quanto produtos.

Seja muito claro quanto ao uso dos dados de clientes. Muitas organizações, particularmente em ambientes B2B, estão preocupadas com seus dados caindo nas mãos erradas. Eles podem gostar de um serviço digital e estarem dispostos a pagar por ele, mas não querem que seus dados internos sejam de propriedade (ou mesmo manuseados) por terceiros.

Você pode evitar esse problema ao fornecer garantia de que os dados serão manuseados apropriadamente. Por exemplo, os dados podem ser disponibilizados para o cliente a qualquer momento, anonimizados e até armazenados e protegidos em um local adequado. Um exemplo: após algumas instâncias de invasão em ligações pelo Zoom, no início de 2020, o Zoom adicionou camadas de segurança a seu serviço de comunicação.[3] Além disso, forneceu garantias de residência de dados para cumprir diferentes regulamentos, como o RGPD da Europa.

Questões para Autorreflexão

Você consegue explicar o valor do seu serviço para um cliente típico em trinta segundos?

Tem certeza de que seus vendedores estão preparados e foram incentivados a vender o serviço?

Você precificou o serviço de forma realista e competitiva?

Já deixou claro para os clientes como os dados deles serão usados?

CAPÍTULOS RELACIONADOS

Construa e Gerencie uma Infraestrutura Tecnológica (Capítulo 11)

Gerencie Parcerias e Ecossistemas (Capítulo 13)

Saia da Centralidade de Produto para Serviços e Soluções (Capítulo 17)

CAPÍTULO 19

COMPETIR OU TRABALHAR COM PLATAFORMAS DIGITAIS

Durante a última década, uma das disrupções mais importantes no mercado digital foi o surgimento de posições no mercado dominadas por jogadores de plataformas multilaterais. Alguns, como o Airbnb em hospitalidade ou Uber em transporte, se concentraram em setores específicos. Outros, como o Google ou a Amazon, causaram disrupção (ou têm o potencial de causar disrupção) em vários setores. Cada vez menos indústrias são intocadas pelos jogadores de plataformas. Portanto, para qualquer empresa que mapeie sua estratégia e sua transformação digital, a economia de plataforma agora é impossível de ignorar.

Isso significa que todas as organizações devem se tornar plataformas digitais? Provavelmente não. Estratégias de plataforma bem-sucedidas respondem a condições econômicas e de mercado específicas, além de serem difíceis (e caras) de acertar. No entanto, se a construção de uma plataforma digital está além do alcance de uma organização, ainda existem movimentos estratégicos que podem ajudar a empresa a participar, colaborar ou alavancar plataformas e ecossistemas digitais já existentes.

POR QUE É IMPORTANTE?

Hoje, 7 das 10 organizações mais valiosas do mundo (por capitalização de mercado) são empresas de plataforma. No início de 2020, Apple, Microsoft, Alphabet, Amazon, Facebook, Alibaba e Tencent representavam mais de 6,3 trilhões de dólares em valor de mercado.[1]

A atração das estratégias de plataforma é a capacidade de escalar extremamente rápido usando efeitos de rede. Em essência, o valor da plataforma está vinculado ao número de usuários, pois os participantes da plataforma se beneficiam da presença de outros. Para as organizações tradicionais, isso é importante: os proprietários de plataformas podem aproveitar sua grande base de usuários para expandir a oferta, como o Uber fez com o Uber Eats. Ou eles podem entrar em mercados totalmente novos com um modelo econômico diferente, como o Google Maps fez com a navegação. Com as plataformas, a vantagem competitiva muda do lado da oferta (ativos e barreiras à entrada) para o lado da demanda (escala e interações entre os participantes).

Ao elaborar estratégias de transformação digital, pensar no negócio pela lente da estratégia de plataforma é mais crítico do que o próprio resultado. Por quê? Primeiro, uma estratégia de plataforma é o movimento mais ambicioso e disruptivo que uma organização já estabelecida pode seguir. Plataformas criam mercados. Mas, para funcionarem, eles também exigem que a organização coordene os comportamentos de várias partes com agendas (às vezes) diferentes. Em segundo lugar, por mais que o pensamento de plataforma possa identificar novas fontes potenciais de valor para uma organização, ele também pode descobrir vulnerabilidades estratégicas. No entanto, as vulnerabilidades podem ser superadas construindo plataformas ou participando de plataformas de terceiros.

MELHORES PRÁTICAS E *INSIGHTS* ESSENCIAIS

O tipo mais comum de plataforma é bilateral, isto é, ela cria interações entre dois participantes. De um lado está o produtor que cria ou é dono do valor – por exemplo, os proprietários no Airbnb. Do outro lado está o consumidor de valor – os locatários que procuram propriedades no Airbnb para passar férias.

Um primeiro passo crítico em uma estratégia de plataforma é entender completamente as expectativas e os comportamentos de ambos os lados e a natureza da interação que atrairá compradores e vendedores. A segunda etapa consiste em descobrir como dimensionar essas interações, muitas vezes descritas como o problema do "ovo e da galinha". Um lado da plataforma será mais importante para o dimensionamento. No caso do Airbnb, é inútil tentar atrair pessoas que procuram casas de férias até que haja um inventário suficiente de propriedades para alugar. Portanto, um lado da plataforma precisa ser proativamente ativada ou subsidiada por meio de, por exemplo, conteúdos diferenciados ou incentivos financeiros. Esse é o caminho para escalar de maneira rápida, mas precisa ser bem gerenciado porque, no caso de incentivos financeiros, pode se tornar muito caro.

O cofundador do PayPal, Peter Thiel, descreveu como o crescimento explosivo inicial do serviço foi emocionante e assustador: "Novos clientes receberam 10 dólares para se inscrever e os antigos receberam 10 dólares para recomendar a plataforma. O crescimento foi exponencial e o PayPal acabou pagando 20 dólares por cada novo cliente. Parecia que as coisas estavam funcionando e não funcionavam ao mesmo tempo, pois 7 a 10% de crescimento diário e 100 milhões de usuários eram coisas boas. Nenhuma receita e uma estrutura de custos exponencialmente crescente não eram. As coisas pareciam um pouco instáveis".[2] Os incentivos funcionam, mas precisam ser eliminados em algum momento.

> Uma plataforma passa a existir quando o valor econômico de todos que a usam excede o valor da empresa que a cria. Isso sim é uma plataforma.
>
> — BILL GATES[3]

O terceiro passo é projetar um modelo econômico capaz de gerar receitas e lucros ao longo do tempo. Quando ambos os lados da plataforma são independentes um do outro, ou quando a plataforma alcança escala suficiente, o modelo se torna atraente porque a empresa pode cobrar dos dois lados pelos serviços. Por exemplo, o Airbnb cobra dos locatários uma taxa de serviço de aproximadamente 14%, dependendo da listagem, mas também cobra uma taxa de 3% para cada reserva concluída. Além disso, coleta comissões de ofertas auxiliares (complementos do ecossistema), como serviços de limpeza, passeios organizados, carros com motorista, *chefs* etc.[4]

Por fim, para que continue funcionando bem ao longo do tempo, uma plataforma precisa de regras de engajamento para todos os participantes. Os proprietários da plataforma devem decidir sobre o nível de abertura para elementos de sua plataforma (APIs, código-fonte, direitos de propriedade intelectual, etc.), e isso exige *trade-offs*. Quanto mais fechada a plataforma, mais pode ser totalmente integrada e mais a organização pode controlar os preços. Quanto mais aberta a plataforma, mais rápido a empresa pode inovar externamente, por exemplo, aproveitando desenvolvedores de terceiros para criar aplicativos complementares para enriquecer a plataforma. No entanto, isso pode levar à fragmentação e também à renúncia do controle que os parceiros do ecossistema têm sobre a plataforma.

Portanto, a governança e a curadoria da plataforma são importantes. Elas protegerão a qualidade e a integridade das interações da plataforma e regularão o ecossistema. Para alcançar o equilíbrio certo, as organizações devem cultivar bom uso da plataforma sem que haja abuso. Para esse fim, os líderes digitais devem determinar quem participará, como criar e como dividir valor, além de como resolver conflitos de maneira justa. Os componentes essenciais de uma plataforma bem governada são: qualidade, transparência e justiça. A Apple exerce "papel de segurança" em sua plataforma para excluir aplicativos de baixa qualidade, pornografia e discurso de ódio, além de minimizar o risco de vírus.

Os efeitos e a escala da rede se desenrolam de maneira diferente nos mercados e/ou setores da indústria. Para os líderes digitais, o truque é identificar o valor que está sendo criado e capturado em toda a rede.

Escolha sua Plataforma

Que tipo de estratégia de plataforma uma empresa deve escolher? (Ver Figura 19.1.) Em inglês, essa técnica é chamada de "4Bs": Building (Desenvolvimento), Buying (Aquisição), Belonging (Pertencimento) e Bystanding (Observação). Depende de como a empresa planeja se adaptar à concorrência da plataforma (participando proativamente ou defensivamente) e se o foco dela será interno ou externo.[5]

Desenvolvimento

Embora as plataformas compartilhem características econômicas comuns, elas vêm em diferentes formas e tamanhos. A mídia frequentemente elogia o sucesso de grandes plataformas como Uber ou Airbnb, mas essas são difíceis de construir. Muitos tentaram, mas poucos conseguiram em tal escala. Por outro lado, muitas plataformas digitais menores (ou mais direcionadas) conquistaram fortes posições competitivas nos mercados B2C e B2B. Para estabelecer uma escala suficiente e um modelo econômico estável, as plataformas precisam de forte liderança, visão e poder de permanência.

Figura 19.1 Matriz das estratégias de plataforma.

Fundada em 2005, a Etsy é um mercado que agrega vendedores de produtos artesanais e vintage, desde pinturas a joias e móveis sob medida. A maioria dos vendedores são artistas independentes que contribuem para a posição da Etsy como o lugar ideal para comprar artesanato. O sucesso da plataforma também está ligado a altas taxas de compras repetidas e a uma comunidade na qual vendedores e compradores são incentivados a compartilhar entre si suas preferências e hábitos de compra. Hoje, a Etsy é a maior plataforma global de produtos artesanais. Agora ela opera em mais de 150 países e, após um OPI, obteve capitalização de mercado em 2020 de mais de 17 bilhões de dólares.[6]

Apesar de sua menor visibilidade, o mundo industrial também oferece oportunidades estratégicas para plataformas. Em 2018, o distribuidor alemão de aço e metal Klöckner & Co., que tem 112 anos no mercado, lançou a XOM, uma plataforma *on-line* própria, para distribuir seus produtos. Além disso, a empresa convidou seus concorrentes para participar. Esse movimento posicionou a plataforma da Klöckner como um mercado digital independente para quem compra ou vende aço, metal e outros produtos industriais. Para garantir um acesso justo e transparente aos concorrentes, a XOM é administrada independentemente do negócio principal e até compete com o próprio negócio da Klöckner.[7]

Aquisição

Quando a interrupção está batendo nos portões corporativos, as aquisições podem ser um caminho viável, embora normalmente caro, para o sucesso. Além das pressões competitivas, a lógica para aquisições de plataformas inclui recursos adicionais, bases de clientes já existentes e infraestruturas tecnológicas estabelecidas.

Em sua batalha com a Amazon, o Walmart escalou posição de mercado por meio da aquisição de 3,3 bilhões de dólares da Jet.com em 2016. Em 2018, o Walmart usou uma abordagem semelhante para conseguir uma parte de um dos mercados de varejo mais atraentes do mundo, comprando uma participação majoritária na Flipkart (a maior varejista *on-line* da Índia) por 16 bilhões de dólares.[8]

Esses movimentos globais de plataforma eram caros, mas nem todos precisam ser grandes assim. Fundada em 1744, a Sotheby's é uma das maiores corretoras de arte, imóveis e colecionáveis do mundo. Em 2018, A Sotheby's comprou a Viyet, de 5 anos, uma plataforma *on-line* de varejo com móveis antigos e objetos decorativos, para ampliar seus negócios além dos leilões e alcançar clientes mais jovens e experientes digitalmente.[9]

A estratégia de plataforma às vezes pode revelar novas fontes de crescimento em mercados adjacentes ou complementares. Quando a potência de luxo Richemont, proprietária de marcas como Cartier, Montblanc e IWC empreendeu uma busca pelo crescimento no mercado estagnado de relógios de última geração, ela identificou uma área adjacente que estava crescendo e lucrando: relógios usados. Uma variedade de mercados *on-line* surgiu para facilitar a compra e venda de relógios usados. A sofisticação desses mercados surpreendeu muitos na indústria, pois presumiram que as pessoas não gastariam milhares de dólares em um relógio que não podiam ver ou tocar. No entanto, bilhões de dólares de relógios usados estavam sendo negociados *on-line* todos os anos. O Richemont teve de decidir se deveria construir sua própria plataforma *on-line*, trabalhar com uma plataforma existente ou comprar uma. Ele escolheu a terceira opção com a compra da Watchfinder, um mercado para relógios usados com sede no Reino Unido, em 2018.[10] Embora a maior e mais conservadora integração do Watchfinder com o grupo Richemont não fosse perfeita, ambos os lados aprenderam muito. Em 2020, o Watchfinder se tornou um dos mercados de relógios que cresciam mais rápido e até abriu lojas *offline*.[11]

Pertencimento

Para muitas empresas menores ou nichadas, construir uma plataforma grande e com efeitos de rede não é uma opção realista. Participar de uma plataforma estabelecida pode ser o único caminho viável. Essa pode ser uma estratégia que vale a pena quando os produtos ou serviços da empresa são complementos importantes para a oferta da plataforma, ou quando o poder da marca é forte o suficiente para melhorar o apelo de uma plataforma existente. Obviamente, ingressar em uma plataforma existente significa que as organizações devem aderir a um conjunto de regras e a uma governança estabelecida. Também pode criar dependências e aumentar o poder de barganha da plataforma. Além disso, as organizações devem conseguir manter o controle de seus dados. Mas, em certos casos, essa pode ser uma rota de entrada muito mais rápida e barata para uma estratégia de plataforma.

Marcas globais de luxo como Kenzo, Burberry e Versace juntaram-se ao Luxury Pavilion, um subconjunto do Alibaba Tmall.com, como um canal de entrada no lucrativo mercado de luxo chinês, que implicou em menores riscos e custos do que tentar construir seus próprios ecossistemas de plataforma.[12] O Luxury Pavilion permite que essas marcas tenham acesso a jovens compradores ricos: 80% dos clientes na plataforma têm menos de 35 anos.[13]

Nem sempre é possível abordar ambos os lados de um mercado bilateral. Nesses casos, a empresa deve se concentrar em conseguir valor em apenas um lado. @Leisure, um grupo europeu de aluguel para períodos de férias, estava concorrendo com plataformas globais de viagens bem fortes, como Booking.com, Airbnb e Expedia. Em vez de lutar por viajantes e proprietários de casas de férias, ele concentrou a maioria de seus recursos e atenção no fornecimento de propriedades de qualidade. Era uma estratégia arriscada. A empresa cedeu o controle do lado da demanda da plataforma (viajantes), mas, ao se concentrar em serviços de alta qualidade para os proprietários, ela poderia construir um portfólio de propriedades de férias atraentes. Às vezes, é melhor se concentrar quase exclusivamente em um lado de uma plataforma em vez de dividir o foco (e os recursos) entre os dois lados.

Observação

Algumas organizações não terão uma oportunidade clara nem a capacidade de investimento para participar desses jogos de plataforma. Estratégia de plataforma não é para todos. Escolher ser um espectador é uma estratégia em si. No entanto, as organizações ainda devem considerar e analisar como a economia de plataforma pode influenciar seu desempenho e se os *players* existentes ou novos da plataforma podem interromper seus negócios principais. Algumas organizações tomam a rota regulamentar para se defender contra plataformas, mas muitas vezes isso apenas atrasa o inevitável em vez de impedi-lo. Construir caminhos digitais alternativos para fazer transações diretas com os clientes é uma boa maneira de manter o controle e evitar o valor econômico cobrado pelos proprietários da plataforma.

Como outra estratégia defensiva, algumas organizações formaram coalizões com outros jogadores. Fundado em 2017, o Adamos é uma plataforma de *software* IoT e fabricante neutro para o setor de engenharia mecânica da Alemanha. É um consórcio de 12 empresas que cooperam estreitamente entre si para desenvolver aplicativos e aplicações digitais em uma só plataforma.[14]

* * *

O lançamento de um ecossistema de plataforma multilateral bem-sucedido exige condições econômicas específicas, investimentos pesados e uma forte dose de sorte para alcançar uma escala lucrativa. Nem toda empresa deve tentar se tornar líder de plataforma em seu setor. Mas as empresas que não podem criar suas próprias plataformas multilaterais ainda podem usar a economia de plataforma para transformar parcialmente seus modelos de negócios ou encontrar um papel economicamente viável nas plataformas operadas por outras pessoas. Quer uma empresa participe ou não de plataformas, o pensamento de plataforma é um processo estratégico útil que permite que as organizações descubram novas fontes de valor e que aprimorem sua estratégia de transformação digital.[15]

Arsenal do Hacker

Faça da economia de plataforma uma parte integrante de sua estratégia digital. Examine as oportunidades para reduzir significativamente os atritos às transações e para equilibrar os interesses dos participantes de todos os lados.

Pense em cenários e possibilidades. Avalie onde as plataformas estratégicas podem ser viáveis do ponto de vista do modelo de negócios atual.

Decida como dar início à sua plataforma. Defina qual é a melhor maneira de começar, como fazer a quantidade de participantes aumentar e como resolver o problema da "galinha e do ovo" de forma economicamente viável.

Defina os princípios de curadoria da plataforma. Estabeleça um conjunto de regras para operar o ecossistema de forma eficaz e justa.

Defina onde e como ganhar. Analise as opções estratégicas para implementar sua plataforma de uma perspectiva de viabilidade e de custo: participe de uma plataforma existente ou compre um *player* de plataforma existente em seu mercado principal ou em um adjacente. Se nenhuma plataforma for viável, defina uma estratégia de defesa alternativa para reconfigurar e transformar suas operações – por exemplo, parcerias etc.

Questões para Autorreflexão

Você e sua equipe sênior realmente entendem da economia da concorrência de plataformas em seu setor – agora e no futuro?

Está confiante de que explorou todas as potenciais oportunidades e ameaças da concorrência de plataformas ao formular sua estratégia de transformação digital?

Você tem um caminho claro e recursos dedicados para implementar uma estratégia de plataforma?

À medida que os eventos externos mudam, você tem um processo para revisar regularmente a natureza da concorrência de plataformas em seu setor?

CAPÍTULOS RELACIONADOS

Crie um Objetivo Claro e Eficaz para Promover a Transformação Digital (Capítulo 1)

Como Deixar seu Conselho Disposto (Capítulo 7)

Desenvolva Hiperconsciência na Organização (Capítulo 12)

Gerencie Parcerias e Ecossistemas (Capítulo 13)

Construa um Portfólio Equilibrado de Iniciativas Digitais (Capítulo 20)

CAPÍTULO 20

CONSTRUA UM PORTFÓLIO EQUILIBRADO DE INICIATIVAS DIGITAIS

Os líderes seniores muitas vezes lutam para criar uma transformação digital que equilibre o risco estratégico com a velocidade de execução. As melhorias de curto prazo devem ser priorizadas em relação a mudanças estratégicas maiores? Como podemos demonstrar o ROI de nossos investimentos digitais? Com que rapidez nossa indústria será perturbada? Que nível de risco estamos dispostos a tolerar em novos modelos de negócios inovadores? Essas são perguntas difíceis de responder simultaneamente.

Parte do problema é que os roteiros digitais são projetados como se cada iniciativa digital tivesse o mesmo impacto, tempo para ser desenvolvido ou nível de risco. Mas é claro que no mundo real não é assim. Os líderes digitais gerenciam conscientemente suas transformações digitais como um portfólio estratégico ao longo do tempo, equilibrando a necessidade de melhorias de curto prazo com a evolução estratégica e do modelo de negócios de longo prazo. E eles devem fazê-lo contando com um perfil de risco com o qual os líderes e as principais partes interessadas se sintam confortáveis. O gerenciamento de portfólio é o elo entre estratégia digital e execução.

POR QUE É IMPORTANTE?

Obter uma imagem clara de como a digitização afetará sua indústria, sua organização e sua posição competitiva é um exercício complexo. Tem a ver com gerenciar tanto o ataque quanto a defesa, além de entender as oportunidades que a tecnologia digital traz, mas também as potenciais vulnerabilidades que a empresa enfrenta. O ataque visa entender de que modo a transformação digital pode ajudar a organização a criar mais valor. Podemos melhorar nossa experiência do cliente por meio da digitização? Podemos obter mudança gradual no desempenho conectando nossas operações e nossos produtos? Podemos causar disrupção na indústria que dominamos ou em uma indústria adjacente usando nossas competências digitais?

Por outro lado, a defesa tem a ver com entender onde a organização é vulnerável e identificar as principais fontes de risco. Como a digitização afetará nossa cadeia de valor ou nosso modelo de negócios atual? De que maneira produtos, serviços, preços ou distribuição podem evoluir? Existem iniciativas digitais que devem ser canceladas ou tecnologias que devem ser aposentadas? Há áreas em que novos participantes ou concorrentes adjacentes provavelmente perturbarão os fluxos de receita atuais? Temos as competências certas para responder? E em aproximadamente quanto tempo essa mudança acontecerá?

Essas são perguntas que uma estratégia digital deve ser capaz de responder. Mas é apenas o começo. Uma vez que o cenário digital tenha sido devidamente mapeado, os líderes devem moldar seu programa de transformação digital de acordo. O equilíbrio é a chave. Concentrar-se demais na reconfiguração de operações ou em ganhos de curto prazo pode expor a organização a riscos crescentes de disrupção digital. Concentrar-se demais na reinvenção pode levar à exploração constante com pouco impacto nos negócios, bem como à negligência das linhas de negócios que já são lucrativas. Então, qual é a resposta?

MELHORES PRÁTICAS E *INSIGHTS* ESSENCIAIS

Os portfólios de transformação digital bem-sucedidos se concentram de modo claro no **o quê** e no **como**.[1] O "o quê" tem a ver com equilibrar o escopo de suas iniciativas digitais estratégicas. É desbloquear fontes de valor nas operações atuais e descobrir novas oportunidades de criação de valor, evoluindo a oferta e o modelo de negócios. O "como" é executar a transformação digital no ritmo certo e entender a velocidade com a qual cada componente da estratégia digital deve ser implementado. É também avaliar a capacidade de execução usando os recursos que a organização já tem *versus* a necessidade de acessar recursos externos.

O "O Quê" da Transformação Digital

Como a estratégia é traduzida em um programa de transformação, é importante enquadrar as iniciativas digitais de acordo com seu impacto nas operações atuais. Duas dimensões são críticas. A primeira é a amplitude da reconfiguração necessária na cadeia de valor atual ou no sistema de entrega. Hoje em dia, praticamente todos os processos principais e todas as funções podem ser reconfigurados de forma mais eficiente usando tecnologias digitais. A maioria dos processos principais de um departamento de RH ou de finanças, por exemplo, pode ser automatizada e os dados podem ser usados para aumentar a personalização de uma oferta de cliente. A segunda dimensão é o nível de reinvenção necessário. Os líderes digitais precisam avaliar o nível de reinvenção exigido em sua oferta principal e modelo de negócios. Isso exigirá visão e habilidades criativas e, na maioria das vezes, também exigirá a abertura da organização a parceiros inovadores que possam ajudar a organização por uma reinvenção.

Reinventar o modelo de negócios pode ser uma jogada estratégica muito arriscada, como mudar para um modelo de negócios baseado em plataforma. A General Electric, com sua mudança para a "internet industrial", é um exemplo de um passo radical.[2] Ao mesmo tempo, tal movimento não precisa necessariamente ser um sucesso total ou um fracasso total. Muitas melhorias em uma oferta de serviço ou em um modelo de negócios podem ser executadas sem criar riscos maciços para as operações atuais e, ainda assim, gerarem retornos comerciais significativos.[3] A figura 20.1 mostra como mapear iniciativas digitais nessas duas dimensões.

Reengenharia digital. Algumas iniciativas terão um escopo restrito na cadeia de valor, como uma única função ou processo. Embora a reengenharia tenha má fama, as oportunidades que a tecnologia digital cria para reconfigurar e modernizar as operações não devem ser ne-

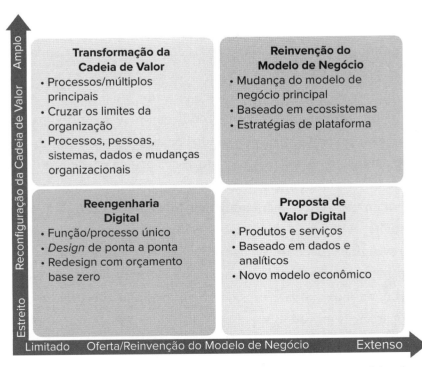

Figura 20.1 Mapeando as iniciativas digitais: o **o quê** do seu portfólio de transformação digital.

gligenciadas. Orçamentos base zero e a reconfiguração dos processos em vigor fornecerão prazos razoavelmente curtos para o ROI, portanto, são componentes essenciais do portfólio para demonstrar sucessos iniciais.

Transformação da cadeia de valor. Essas iniciativas geralmente cruzam os limites tradicionais da empresa, por exemplo: funções ou lugares. Elas são, portanto, mais difíceis de executar porque exigem um nível mais alto de coordenação e de suporte ao gerenciamento de mudanças. Os varejistas que tentam criar experiências perfeitas para os clientes em seus canais são um bom exemplo de transformação da cadeia de valor. São iniciativas complexas e invariavelmente impactarão processos, sistemas, dados, pessoas e estruturas organizacionais.

Proposta de valor digital. Reinventar ofertas ou modelos de negócios não precisa causar disrupção. Pode ter a ver com combinar produtos e serviços de maneiras novas e inovadoras ou fazer melhor uso dos dados disponíveis. Por exemplo, a seguradora de propriedades e acidentes Tokio Marine aumentou sua oferta tradicional ao fornecer uma oferta única de seguro em parceria com a operadora móvel Docomo. Ela oferece seguro para períodos estritamente definidos (por exemplo, um dia, uma tarde etc.) de eventos vitalícios, como pegar emprestado o carro de um amigo ou esquiar em um fim de semana.[4] Tais propostas de valor inovadoras podem ser desenvolvidas em um prazo razoável e não exigem mudanças fundamentais na cadeia de valor atual. As empresas geralmente diminuem o risco com experimentação e prova de conceito.

Reinvenção do modelo de negócio. Reinventar modelos de negócios é, de longe, a mais desafiadora das transições digitais. Os impulsionadores são grandes ameaças estratégicas ou uma oportunidade significativa para criar valor e interromper as práticas do setor. Tais transformações invariavelmente envolvem um ecossistema externo de parceiros, um exercício substancial de reaquecimento e aquisição de habilidades e, na maioria das vezes, alguma manobra na estrutura organizacional atual. A plataforma Predix da GE é um exemplo radical.[5]

Nem todas as iniciativas digitais são criadas de modo igual. Para executar com sucesso uma estratégia digital, é essencial ter bom controle sobre os diferentes tipos de iniciativas e garantir que o portfólio seja suficientemente equilibrado para que o risco e o retorno sejam gerenciados adequadamente.

Existe uma única prática para equilibrar um portfólio? Infelizmente, não. A forma do portfólio dependerá muito da situação competitiva. No estágio de iniciação, uma alta dose de reengenharia digital pode ser apropriada (50-60%) para demonstrar vitórias rápidas e justificar investimentos adicionais. Outros 30% a 40% podem ser dedicados à reconfiguração e à digitização de processos principais, enquanto 10% a 20% podem ser direcionados a novas propostas de valor ou à exploração de modelos de negócios. As organizações já com execuções terão iniciativas substanciais de transformação da cadeia de valor (70-80%) à medida que reinventam suas experiências de clientes existentes e conectam suas operações. Explorar e experimentar novas propostas/modelos de negócio de valor exigirá o restante do investimento digital.

> Na Jawwy, estamos construindo um modelo de operadora móvel digital com o DNA organizacional e a agilidade de um *player* de internet. Nossa estratégia não tem a ver com o preço. Tem a ver com projetar e lançar uma melhor experiência do cliente que seja totalmente digital de ponta a ponta.
>
> — SUBHRA DAS, CEO DA JAWWY (UMA SUBSIDIÁRIA DA STC)[6]

Para organizações que já estão sendo fortemente perturbadas e reagem de modo defensivo, digitizar o negócio existente pode ser semelhante a reorganizar as espreguiçadeiras no *Titanic*. Eles podem dedicar de 20 a 30% do investimento para mudar sistemas das plataformas principais ou integrar dados. Mas em ambientes com alto índice de disrupção, o perfil de risco para o negócio será maior – assim como a forma geral do portfólio digital, com o maior volume (70-80%) concentrado em passar para a próxima curva S.

O "Como" da Transformação Digital

Determinar quais iniciativas digitais são necessárias para enfrentar o novo futuro digital é importante. Mas encontrar o ritmo e os meios certos para executar a transformação é ainda mais essencial. Por quê? Porque equilibrar velocidade, risco, desenvolvimento de competências e capacidade financeira é um ingrediente complexo, mas essencial para a execução. Os líderes serão confrontados com competências que não têm, tecnologias que não dominam e/ou não têm em suas empresas, formas desconhecidas de trabalhar, novos modelos de negócios ainda não testado e até barreiras culturais que terão de ser superadas. Uma tarefa difícil.

Os executivos precisam se concentrar na execução em duas dimensões críticas: tempo para implementação e criar, comprar, associar-se a decisões para acessar as aptidões necessárias. A velocidade de execução será impulsionada por fatores externos: a taxa de agitação tecnológica e/ou a intensidade da concorrência. Mas também será fortemente influenciada por fatores internos: a atual competência digital da empresa *versus* a competência de que ela precisa, familiaridade com as principais tecnologias e quaisquer mudanças que devem ser feitas no modelo organizacional existente. Acessar os principais recursos é fundamental para a execução. A figura 20.2 mostra como mapear rotas de execução nessas duas dimensões.

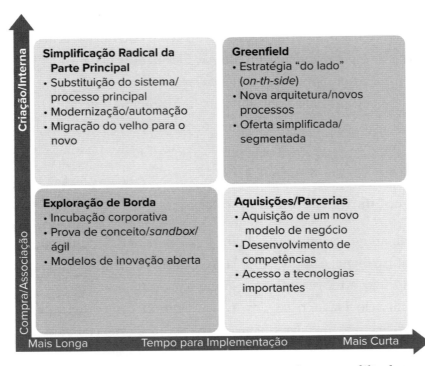

Figura 20.2 Mapeando a rota de execução: o **como** do seu portfólio de transformação digital.

Exploração de borda. Quando as tecnologias não são comprovadas e os benefícios não são claros, a rota de exploração é a mais apropriada. A construção de *sandboxes* de incubação ou de inovação permite à empresa testar aplicações potencialmente transformadoras em ambiente controlado. Isso significa que será necessário abrir a organização a partes externas, como *startups*, incubadoras, fornecedores de tecnologia ou universidades. A exploração de borda é uma boa maneira de mitigar o risco, aproveitando as potenciais fontes de valor. Mas não é um caminho rápido para o sucesso. Identificar aplicativos promissores leva tempo em grandes organizações e ampliar um piloto bem-sucedido é um empreendimento organizacional complexo.

Simplificação radical da parte principal. Às vezes, o que precisa mudar é óbvio, mas exige grande revisão dos principais processos e dos sistemas subjacentes. Essas grandes simplificações de negócios ocorrem, por exemplo, quando a base de custos se torna inaceitavelmente alta ou quando uma plataforma de tecnologia é ultrapassada por alternativas mais rápidas e fáceis de manter. Quando o Lloyds Banking Group, por exemplo, lançou uma automação de quatro anos e a reformulação dos principais processos bancários, conseguiu reduzir o número de processos de negócios exclusivos de 700 para apenas 23.[7]

Nesse sentido, o gerenciamento de portfólio digital pode ter a ver tanto com o que cortar quanto ao que adicionar, e há momentos em que é necessário remover um sistema ou cancelar um projeto digital. Isso pode causar ressentimento e levar à resistência passiva ou ativa. Portanto, as sensibilidades políticas em torno da racionalização das iniciativas digitais precisam ser cuidadosamente gerenciadas e, em algum momento, podem exigir uma intervenção de liderança sênior.

Para ter sucesso, essas simplificações exigem atenção máxima da liderança, forte gerenciamento interno do programa e compromisso financeiro para permanecer no caminho certo. Migrar para plataformas centrais simplificadas, como um novo sistema de gerenciamento de dados ou um processo automatizado não é um esforço de curto prazo.

Aquisições/parcerias. Quando as pressões competitivas são tão grandes que o desenvolvimento orgânico aparentemente levaria muito tempo e colocaria a empresa em risco, aquisições ou parcerias externas se tornam opções viáveis. Há muitas razões para procurar parcerias externas: lacuna muito grande de competência; habilidades necessárias raras e caras; a plataforma de tecnologia pode ser um diferencial competitivo; talvez seja mais simples e mais barato comprar um novo modelo de negócios do que construir um. O banco espanhol BBVA, por exemplo, adquiriu a Simple (um banco dos EUA sem agências físicas) em 2014 para desenvolver seu modelo de negócios completamente digital.[8]

É claro que parcerias têm custos de gerenciamento de interface. As aquisições digitais também são tão arriscadas – e podem ser muito caras – quanto qualquer outra aquisição. Mas, muitas vezes, elas podem fornecer uma rota mais curta para a execução do que o desenvolvimento orgânico.

Greenfield. Quando simplificar o negócio principal se mostra muito difícil ou demorado, as aquisições são muito caras ou uma nova cultura digital é essencial para se obter sucesso de modo rápido, a organização pode usar o *greenfield*. Isso significa desenvolver uma operação nova e simplificada "ao lado" do negócio principal – às vezes até com uma marca diferente.

A opção *greenfield* é atraente porque a organização pode começar com uma tela em branco, criando uma unidade digital desde o primeiro dia, com uma oferta, algumas operações e novos talentos digitais bem simplificados. É como construir uma *startup* dentro de uma grande empresa.

Por exemplo, a empresa de pneus Michelin criou uma nova entidade chamada "Michelin Solutions" para gerenciar novos modelos de negócios digitais em torno do gerenciamento proativo de frotas para seus clientes B2B.[9] No entanto, as operações *greenfield* exigem forte liderança de cima para baixo para garantir que o negócio decole com sucesso. Os anticorpos corporativos da empresa controladora geralmente entram em ação para derrubar o novo modelo, especialmente se a canibalização das linhas de negócios atuais for inevitável.

É claro que nenhuma dessas rotas de execução é mutuamente exclusiva. Os líderes podem evitar riscos ao buscar várias opções de portfólio.

O importante é pensar nas rotas de execução à medida que a estratégia digital é desenvolvida e iterar constantemente conforme surgem oportunidades ou o clima competitivo muda.

Considere o caso da Heineken, uma cervejaria global independente com presença em mais de 180 países.

Para digitizar suas rotas para o mercado, a Heineken embarcou em iniciativas de simplificação radical principais. Ela desenvolveu um roteiro de transformação centralizado e lançou pilotos em mercados selecionados para capacitar equipes locais e identificar as principais necessidades dos clientes. Os pilotos iniciais foram escalados para mercados adicionais somente depois que uma solução local de "produto mínimo viável" foi validada. Paralelamente, a Heineken construiu recursos centralizados para lançar soluções digitais globalmente. Essa abordagem ajudou a lançar suas plataformas de comércio eletrônico B2B com hotéis e restaurantes.

Mas a Heineken adotou uma abordagem muito diferente para a Beerwulf, sua plataforma de comércio eletrônico que vendia diretamente para clientes de cervejarias artesanais. Hans Böhm, diretor administrativo da Beerwulf, percebeu que "projetar um novo modelo de negócios direto ao consumidor exigiria uma abordagem fundamentalmente diferente e muito mais focada em receber comentários do consumidor para refinar a proposta, além de provar que estávamos dispostos a testar, aprender – e falhar – à medida que vemos o que funciona. Não poderíamos executá-lo do jeito corporativo de sempre".[10]

Portanto, a Heineken elegeu a *greenfield* Beerwulf uma "startup" separada, isto é, fora da estrutura de negócios usual. Essa abordagem libertou a Beerwulf de restrições de relatórios e alocação de recursos que teriam deixado o empreendimento mais lento se tivesse sido tratado como apenas mais um "projeto digital" do negócio usual. Como resultado, o empreendimento incipiente também foi capaz de configurar uma arquitetura de TI separada, mas compatível. Isso foi fundamental para alcançar a flexibilidade e a velocidade necessárias.

Pense no Portfólio

Muitos roteiros de transformação digital são estáticos, falham em equilibrar riscos estratégicos e competitivos com a velocidade necessária para uma implementação bem-sucedida. Para garantir uma ligação adequada entre estratégia e execução, um portfólio digital precisa ser revisado regularmente (trimestralmente) com a equipe sênior e os líderes da unidade de negócios. Essas revisões devem se concentrar não apenas em recursos digitais ausentes ou em recursos que precisam ser desenvolvidos, mas em tecnologias que precisam ser racionalizadas ou desativadas se forem duplicadas, redundantes ou desatualizadas.

Para ter sucesso na transformação digital, é crucial transformar ambições e estratégias em um portfólio equilibrado de iniciativas, com resultados de curto e longo prazo. Os líderes digitais também devem usar todos os recursos de rotas de execução para lidar com as pressões e a magnitude da transição digital – em um perfil de risco com o qual os líderes e as principais partes interessadas se sintam confortáveis.

Arsenal do Hacker

Use o portfólio para abordar seu roteiro de iniciativas. Avalie o risco técnico/de mercado, o tempo necessário, as aptidões exigidas e a complexidade da transformação. Certifique-se de que a digitização das operações e a busca de novas fontes de crescimento correspondam às suas ambições estratégicas.

Mapeie as melhores rotas de execução para fazer seu portfólio dar certo. Você provavelmente terá uma mistura de rotas de execução que correspondem ao tempo e à complexidade da execução.

Comece a alinhar a equipe pelo topo. Certifique-se de que a equipe de topo, e provavelmente o seu Conselho, estejam confortáveis e alinhados tanto com o "o quê" de sua transformação quanto com o "como" de seu plano para executar a estratégia digital. Destaque os investimentos financeiros e a taxa de retorno esperada.

Use o portfólio para incentivar a comunicação. Ele fornecerá boa visão geral de sua estratégia digital para as partes interessadas relevantes, incluindo tempo e complexidade organizacional.

Faça revisões regulares de seu portfólio. Revise o **quê** e o **como** com a equipe principal e avalie a situação competitiva e o momento da implementação. Você deve revisar o portfólio trimestralmente, no mínimo.

Questões para Autorreflexão

Você pensa dinamicamente em seu portfólio equilibrado de transformação digital? O mapeamento de portfólio faz parte de sua estratégia digital geral? Se não, conserte isso.

Você tem um processo para fazer análises trimestrais de seu portfólio de iniciativas contra ambições, concorrências e perfis de risco?

Avalia regularmente seu portfólio de rotas de execução para garantir o cumprimento do prazo exigido pelo ambiente competitivo?

Já alinhou todas as partes interessadas – de líderes digitais a estratégia corporativa, RH, finanças – com a execução do portfólio digital e explicou a elas o que isso significa para o negócio?

CAPÍTULOS RELACIONADOS

Alinhe a Equipe Responsável para Impulsionar o Sucesso da Transformação Digital (Capítulo 3)

Faça Inventário das Iniciativas Digitais Já Existentes (Capítulo 5)

Gerencie Parcerias e Ecossistemas (Capítulo 13)

Meça o Desempenho das Iniciativas Digitais (Capítulo 28)

Parte Cinco
Hackeando a Liderança da Transformação Digital
Liderando Pessoas e Organizações

*Não siga para onde o caminho te levar. Em vez disso,
vá para onde não há caminho e deixe uma trilha.*
— Muriel Strode

Nos capítulos anteriores, vimos a grande variedade de atividades necessárias para executar com sucesso a transformação digital de sua organização. É uma tarefa assustadora, e nenhuma dessas atividades acontecerá por meio de um mandato simples. A transformação digital deve ser conduzida. Nesta parte, nos concentramos nos indivíduos e exploramos o lado das pessoas do digital.

É normal que a transformação digital crie tensões organizacionais e gerenciais: experimentação *versus* perfeição, autonomia *versus* controle, dados *versus* intuição, velocidade *versus* precisão e muitas outras. Elas têm de ser gerenciadas de acordo com o contexto. Às vezes, traços de liderança tradicionais (como controle operacional rígido) são críticos para a execução. Mas em outras circunstâncias, os traços tradicionais de liderança podem ser contraproducentes — por exemplo, confiar em sua intuição quando os dados de um experimento digital sugerem que outra escolha é melhor. Não há líderes digitais naturais. A verdadeira liderança digital consiste em equilibrar as tensões e se adaptar às situações de modo apropriado.

A credibilidade da liderança é difícil de obter e fácil de perder. Com a transformação digital, a montanha da credibilidade é ainda mais difícil de escalar. Muitas organizações criaram novas funções para líderes digitais que são multidisciplinares, têm multicompetências e são globais. Muitas vezes, essas novas funções digitais vêm com vagas descrições de trabalho, relatórios diretos limitados e enormes escopos de responsabilidade. As funções de um diretor digital, por exemplo, tornaram-se muito populares nos últimos anos. Mas a menos que os objetivos e os níveis de autoridade sejam claros, o mandato de um CDO será de curta duração.

Então, como os líderes digitais podem permanecer no caminho certo? Manter a credibilidade da liderança exige equilíbrio cuidadoso entre competências digitais profundas e as habilidades interpessoais necessárias para navegar pela organização, tanto culturalmente quanto politicamente. Às vezes uma pessoa não pode ser os dois, então criar equipes é fundamental.

A liderança digital também tem a ver com aumentar as habilidades de toda a organização. Em algum momento durante a transformação, a lacuna de habilidade virá à tona. Os funcionários raramente são uma população homogênea. Alguns terão as habilidades e interesse para se integrarem ao programa digital muito rapidamente; outros precisarão de convencimento e treinamento; outros ainda ficarão assustados e céticos em relação à curva de aprendizado que está por vir. Liderança é a capacidade de planejar e atender a todas essas populações para levar sua transformação digital adiante. No longo prazo, tem a ver com desenvolver uma cultura de aprendizagem ao longo da vida.

Por fim, dois obstáculos mais comuns para o sucesso digital são a cultura e a estrutura da organização. Reorganização raramente é a saída. Iniciativas digitais passarão por silos tradicionais, sejam por linhas de negócio, funções ou locais. Colaboração e formas ágeis de trabalhar são as chaves para a execução. Uma liderança forte é necessária para promover a colaboração entre silos por meio do incentivo e da implantação flexível de recursos para as prioridades digitais.

Nenhum desses atos de liderança são únicos ou fáceis. Mas liderar ativamente pessoas e organizações por meio das tensões criadas pela transformação digital aumenta significativamente as chances de sucesso.

CAPÍTULO 21

AS CARACTERÍSTICAS DE UMA LIDERANÇA DIGITAL ÁGIL

Apesar do que está escrito por aí, líderes digitais não são todos gurus da gestão da "nova era" que rejeitam o caráter ortodoxo tradicional do conceito de liderança. As evidências sugerem que os líderes de transformação digital mais eficazes são capazes de equilibrar as tensões entre abordagens tradicionais e abordagens emergentes de liderança. Nos referimos a essas tensões como o especialista *versus* o aprendiz, o estável *versus* o adaptável, o estrategista *versus* o visionário, o falante *versus* o ouvinte, o detentor do poder *versus* o compartilhador do poder, o intuitivo *versus* o analista, e o perfeccionista *versus* o acelerador.[1]

Descobrimos que os líderes digitais que conseguem equilibrar essas tensões devem se destacar em três habilidades distintas. Primeiro, precisam construir um nível de autoconsciência para entender como se comportam entre essas diferentes tensões. Por exemplo, eles podem perceber que não são ouvintes muito bons. Em segundo lugar, precisam desenvolver um conjunto de práticas e de comportamentos que os ajudem a compensar essas fraquezas. Por exemplo, eles podem se forçar a parar de falar e começar a ouvir. Em terceiro lugar, precisam desenvolver consciência contextual para saber quando usar um lado da tensão e quando usar o outro. Por exemplo, saber quando ouvir e quando falar.

POR QUE É IMPORTANTE?

Nos últimos anos, muitos artigos de gerenciamento e especialistas alegaram que a tradicional liderança do tipo comando e controle está "fora de moda" e uma nova maneira de liderar está "na moda".[2] Em outras palavras, em vez de dizer às pessoas o que fazer, os líderes devem fazer perguntas; em vez de seguir exatamente os planos, devem ajustar as metas à medida que novas informações surgem; e em vez de confiar apenas no própio instinto, um líder deve confiar nos dados para tomar decisões etc. Esse conselho é particularmente direcionado aos líderes digitais.[3]

Vamos chamar o modelo de liderança antiquado de "tradicional" e o novo de "emergente". Aqui está o desafio: no ambiente atual, caracterizado pela disrupção digital, a maioria dos executivos precisa ser boa em ambos os estilos de liderança. Ou seja, qualquer líder que confie apenas em sua autoridade terá problemas. As expectativas de negócios, de tecnologia e de força de trabalho estão mudando muito rapidamente para que essa abordagem seja sustentável. Ao mesmo tempo, qualquer líder que evite totalmente a busca pela perfeição, que nunca fale e apenas ouça, e que compartilhe, mas nunca tenha poder, também terá problemas.

A chave para liderar a transformação digital bem-sucedida é equilibrar efetivamente as tensões.

MELHORES PRÁTICAS E *INSIGHTS* ESSENCIAIS

Em primeiro lugar, não existe uma abordagem única e melhor para liderar a transformação digital. Os líderes digitais precisam entender as tensões que são criadas entre as abordagens tradicionais e as abordagens emergentes de liderança. Então, eles precisam desenvolver mecanismos de enfrentamento para lidar com elas.

Tensão 1: O Especialista *versus* o Aprendiz

Tradicionalmente, os líderes construíram suas carreiras desenvolvendo uma profunda experiência em alguma área do negócio. A suposição era que esse conhecimento traria uma visão superior aos desafios organizacionais. Na abordagem emergente, os líderes aceitam que sua experiência especializada é limitada (e, em alguns casos, até obsoleta) e estão dispostos a aprender com os outros. Isso é comum no conhecimento digital, já que é impossível que as pessoas encarregadas de liderar as transformações digitais saibam todas as tendências e tecnologias digitais relevantes. Em vez disso, eles precisam acessar uma rede de especialistas capazes de fornecer os *insights* necessários.

> No longo prazo, o aprendiz sempre vence o sabe-tudo.
>
> — SATYA NADELLA, CEO DA MICROSOFT[4]

Tim Westergren, cofundador da plataforma de *streaming* de rádio Pandora, foi capaz de misturar os dois. Ele era especialista na indústria da música tradicional antes de fundar a Pandora. No entanto, como Westergren estava em um novo território quando a empresa adotou um modelo de negócios *freemium*, teve de confiar fortemente em *insights* e conhecimentos de funcionários e de parceiros. Ele começou a entender que uma das chaves de seu sucesso foi a combinação de seu profundo conhecimento da indústria com o conhecimento de outras pessoas e o que aprendeu com elas relacionado a novas tendências e tecnologias.[5]

Tensão 2: O Estável *versus* o Adaptável

A abordagem tradicional de liderança valoriza a convicção e a consistência na tomada de decisões. Bons líderes "se mantêm firmes". Em contraste, a abordagem emergente reconhece que, em ambientes de mudança rápida, as decisões geralmente devem ser revertidas ou adaptadas e que mudar de rumo em resposta a novas informações é uma força, não uma fraqueza.

No início de sua carreira, Jim Whitehurst, CEO da empresa de *software* de código aberto Red Hat, decidiu lançar um produto que não era totalmente código aberto, o que era contra a política da empresa. Obviamente, o produto não deu certo. Quando ele admitiu abertamente seu erro, funcionários e colegas rapidamente o perdoaram e continuaram a considerá-lo confiável.[6]

Tensão 3: O Estrategista *versus* o Visionário

A abordagem tradicional exige clareza operacional e planos bem definidos. Já a abordagem emergente defende que os líderes devem ter visão clara do lugar para onde querem ir, sem necessariamente precisar de um roteiro concreto de como chegar lá. Se essa tensão não for gerenciada com sabedoria, os líderes correm o risco de não fornecerem "North Stars" suficientes para os membros da equipe. Por outro lado, se não estiverem sendo realistas, podem propor objetivos muito grandiosos, irrealistas ou intangíveis.

Vas Narasimhan, CEO da Novartis AG, acredita que a análise preditiva e a inteligência artificial revolucionarão o setor de saúde. Portanto, ele investiu significativamente em IA e desafiou diferentes partes da organização a encontrar sua própria maneira de implementar a tecnologia.[7] A maioria das equipes acolheu a iniciativa, mas Narasimhan percebeu que, muitas vezes, eles tinham dificuldades para vincular a IA ao trabalho. Assim, ele também prestou muita atenção aos processos do dia a dia que permitiriam que esses "movimentos maiores e mais ousados" alcançassem resultados satisfatórios para a gigante farmacêutica.

Tensão 4: O Falante *versus* o Ouvinte

A abordagem tradicional da liderança exige que os líderes digam aos outros o que fazer e como fazê-lo. A abordagem emergente valoriza ouvir atentamente os outros antes de tomar decisões. Se essa tensão não for gerenciada com sabedoria, os líderes correm o risco de perder informações importantes da equipe. Por outro lado, se os líderes não fornecerem seu próprio ponto de vista, eles perdem a chance de aplicar seu próprio conhecimento de transformação digital na organização.

Angela Ahrendts, ex-CEO da Burberry, não era uma especialista digital. Mas ela sabia de algo importante: a marca precisava se tornar relevante para uma geração de compradores millennials para prosperar.[8] E eles estavam todos *on-line*. Mas quando se tratava de decisões operacionais específicas, ela obtee ideias e opiniões de ampla gama de pessoas e parceiros. Isso levou à transformação digital bem-sucedida da marca e à quase duplicação dos lucros operacionais da Burberry durante sua posse.

Tensão 5: O Detentor do Poder *versus* o Compartilhador de Poder

A abordagem tradicional sugere que os líderes devem liderar do topo, decidir e agir de maneira independente. Já abordagem emergente valoriza o empoderamento de outras pessoas para alcançar metas. Se essa tensão não for bem administrada, os líderes correm o risco de alienar e marginalizar talentos promissores. Alternativamente, eles podem minar sua própria autoridade se compartilharem demais o poder.

Marco Bizzarri, CEO da Gucci, exerce seu poder executivo gerenciando a parte financeira do negócio e dá ao diretor criativo da Gucci, Alessandro Michele, espaço para se concentrar apenas no que ele faz de melhor: trabalhar com *design*. Bizzarri soube quando dar poder aos outros, criando um comitê paralelo de funcionários da geração millenial para aconselhar a equipe executiva da gigante da moda.[9]

Tensão 6: O Intuitivo *versus* o Analista

De acordo com a abordagem tradicional, os líderes nutrem seu "instinto de especialista" para tomar decisões intuitivas. Usando a abordagem emergente, no entanto, os líderes baseiam suas decisões em dados na maior parte do tempo. Se essa tensão não for gerenciada adequadamente, correm o risco de tomar decisões com base em heurísticas desatualizadas e tendenciosas. Por outro lado, se eles não se importarem com sua intuição, correm o risco de ignorar *insights* valiosos obtidos em sua vasta experiência.

Barbara Coppola, diretora digital da IKEA, defende a tomada de decisões orientadas por dados e a padronização de dados globalmente, ao mesmo tempo que dá às regiões a liberdade de inovar para que se adequem a seus respectivos mercados.[10] Como dados e certas métricas são padronizados em todas as regiões, podem ser comparados facilmente com todas as outras regiões, além de com o resto do mundo. A tática de padronização de referências fornece um quadro geral, e, com base nele, palpites intuitivos sobre quais inovações regionais podem ser expandidas ou alavancadas experimentalmente em uma escala global.

Tensão 7: O Perfeccionista *versus* o Acelerador

A abordagem tradicional afirma que os líderes devem reservar um tempo para entregar um produto perfeito. A abordagem emergente exige que os líderes reconheçam que fazer algo rápido – e falhar logo – é muitas vezes mais importante do que fazer algo perfeitamente. Devido ao medo da imperfeição, os líderes correm o risco de atrasar o lançamento de iniciativas ou de diretrizes importantes. Por outro lado, avançar iniciativas sem ampla consideração e testes pode levar a resultados vergonhosos.

Charlotte Lindsey-Curtet, ex-diretora de transformação digital e dados do Comitê Internacional da Luz Vermelha, procura manter um método calculado e impecável para proteger a identidade de refugiados. No entanto, ela também explora maneiras de conectar famílias de refugiados por meio de novas tecnologias, como biometria, pois a velocidade é um fator crítico na reunificação familiar.[11]

Mecanismos de Enfrentamento para se Tornar um Líder Digital mais Eficaz

Em muitas situações ligadas à transformação digital, a abordagem emergente da liderança é melhor do que a abordagem tradicional – os dados são valorizados em vez da intuição, ouvir é mais importante do que escutar, o compartilhamento de poder é preferível à retenção de poder e assim por diante. No entanto, esse nem sempre é o caso.

Às vezes, a abordagem emergente pode ser improdutiva, lenta ou inadequada. Por exemplo, confiar nos dados foi difícil durante a pandemia de covid-19, pois (1) havia pouca base histórica, tornando difícil a criação de *insights* confiáveis; (2) grande parte dos dados disponíveis era confusa ou contraditória; e (3) a situação mudava com frequência. Assim, a intuição ganhou cada vez mais importância durante a crise. Da mesma forma, quando o impacto da pandemia atingiu muitas empresas, a visão se tornou menos importante do que considerações táticas ligadas à sobrevivência de curto prazo.

Assim, os líderes digitais precisam se movimentar entre as abordagens tradicionais e emergentes de acordo com o contexto. As três habilidades a seguir são necessárias para fazer essas mudanças.

Autoconsciência. Compreender suas tendências naturais é um primeiro passo importante. Onde é sua zona de conforto? Como você normalmente se comporta? Todos os líderes têm tendências naturais para algum estilo de liderança, e isso pode mudar dependendo da tensão. É raro que os líderes sejam sempre totalmente tradicionais ou emergentes. Há várias maneiras pelas quais os líderes podem descobrir seus estilos de liderança. Eles podem usar testes de diagnóstico, entrevistar colegas e trabalhar com *coaches*. No mundo digital, podem obter *insights* sobre si mesmos usando aplicativos de comentários em tempo real ou em fóruns *on-line*, nos quais os membros da comunidade postam comentários e fornecem avaliações.

Aprenda, adapte-se, pratique. Assim que os líderes descobrem suas tendências naturais, eles podem tentar desenvolver um portfólio de microcomportamentos para lidar com as tensões que não gerenciam bem. Por exemplo, podem desenvolver habilidades de ouvintes ou aprender a trabalhar mais rápido, mesmo que isso custe a perfeição. Esse processo pode ser aprimorado pelo *coaching* formal. Cada líder deve encontrar maneiras de desenvolver habilidades que estejam em desacordo com seus estilos naturais por todas as sete tensões.

Consciência contextual. Tornar-se um líder digital mais eficaz não significa apenas expandir a atual abordagem de liderança para incorporar novos comportamentos, mas saber quando se concentrar mais em um lado ou outro de uma tensão. Isso requer consciência contextual e inteligência emocional – proveniente diretamente do líder ou do ambiente social do líder. O uso de programas como orientação reversa, os líderes podem confiar na diversidade incorporada em suas forças de trabalho para dar conselhos sobre quando é apropriado favorecer uma abordagem em vez da outra.

* * *

Agilidade não tem a ver com ser um ou outro tipo de líder – empoderador, humilde ou tradicional. Líderes digitais bem-sucedidos devem se movimentar perfeitamente entre diferentes estilos de liderança conforme as situações. Ser capaz de mudar exige equilibrar as tensões entre as abordagens tradicionais e emergentes. Autoconsciência, uma abordagem de liderança adaptativa e flexível e consciência contextual são necessárias para ter sucesso como líder digital.

Arsenal do Hacker

Descubra seu tipo de liderança. É difícil ter autoconsciência sobre as próprias tendências de liderança, especialmente quando se trata de disrupção digital. Faça uma avaliação de liderança saber que tipo de líder você é. Recomendamos a avaliação do Hogan Agile Leader,[12] mas existem muitas outras opções disponíveis. Todas podem fornecer *insights* importantes sobre comportamentos de liderança. Depois que estiver ciente de suas tendências naturais de liderança, é mais fácil adaptá-las a situações em mudança.

Obtenha ajuda – você não precisa fazer isso sozinho. Trabalhe com um *coach* de liderança qualificado para melhorar a autoconsciência e desenvolver um conjunto de mecanismos de enfrentamento para gerenciar as tensões entre práticas de liderança tradicionais e emergentes. Defina metas específicas. Por exemplo, se sua tendência é ser falante em vez de ouvinte, defina uma meta para o tempo estimado que passará ouvindo. Ou se sua inclinação natural é seguir seu instinto, esforce-se a se familiarizar com ferramentas analíticas para acessar facilmente os dados sozinho em vez de perguntar a alguém toda vez que precisar de esclarecimentos. Trabalhe com o *coach* para avaliar seu progresso em relação às metas. Como alternativa ao *coach* (ou além de um), você pode trabalhar com um colega de confiança que tenha um estilo de liderança muito diferente do seu – por exemplo, alguém que seja um ouvinte muito bom, que trabalhe rapidamente ou preste muita atenção aos dados. Aprenda com as práticas desse colega.

Teste e aprenda. Lutar contra seu estilo de liderança natural é difícil. Em vez de tentar fazer tudo de uma vez, defina um pequeno conjunto de projetos para aplicar e testar novas práticas de liderança. Use esses projetos para testar suas habilidades em trabalhar cercado de tensões. Aprimore suas abordagens com base nos resultados. Se possível, procure ajuda de um colega ou um *coach*.

Questões para Autorreflexão

Quais são suas tendências naturais entre as sete tensões? Para que lado você se inclina mais, especialmente quando está sob estresse?

Como você pode melhorar suas habilidades de liderança em todos os lados de cada tensão?

Você está se dando tempo suficiente para considerar o contexto antes de tomar uma ação de liderança?

Você está se certificando de que seus colegas e subordinados de liderança também estão cientes de suas tendências de liderança?

CAPÍTULOS RELACIONADOS

Alinhe a Equipe Responsável para Impulsionar o Sucesso da Transformação Digital (Capítulo 3)

Como Líderes Digitais podem Estabelecer e Manter a Credibilidade (Capítulo 22)

Faça o CDO Ser Bem-Sucedido (Capítulo 23)

CAPÍTULO 22

COMO LÍDERES DIGITAIS PODEM ESTABELECER E MANTER A CREDIBILIDADE

Com o aumento da conscientização sobre transformação digital, as organizações nomearam vários líderes para novas funções digitais. Para qualquer líder, a credibilidade é difícil de desenvolver e fácil de perder – e os líderes digitais têm uma montanha ainda mais alta para escalar. Os papéis digitais exigem multifunções e multicompetências por natureza. Os candidatos internos entendem a cultura subjacente e como as coisas são feitas, mas, para contratações externas, isso é um obstáculo extra. É claro que as competências digitais são importantes para o trabalho, mas as habilidades interpessoais necessárias para navegar na organização e desenvolver credibilidade também são. Portanto, esclarecer o escopo e as responsabilidades do papel com antecedência é fundamental. Uma série de ações concretas podem ser tomadas pelos líderes digitais para facilitar o caminho para a execução da transformação digital.

POR QUE É IMPORTANTE?

Na última década, vimos um aumento constante nos diretores de transformação digital, diretores digitais, diretores de dados e outras funções digitais. Em 2019, por exemplo, 21% das empresas globais tinham uma posição de CDO.[1] Para alguns executivos, as novas funções digitais forneceram uma plataforma incrível para aprender novas habilidades e causar impacto na direção estratégica de suas empresas. Para outros, os papéis têm sido uma maldição, forçando-os a lutar batalhas entre "panelinhas" ou "silos", convencer os proprietários de linhas de negócios do valor das iniciativas digitais e justificar constantemente sua própria existência. E, em muitos casos, a "vida útil" das funções digitais foi curta. Nossa pesquisa mostra que, em média, o mandato de um diretor digital é de 2 anos e meio.[2]

Por quê?

A implementação de iniciativas digitais requer coordenação e colaboração completa, e isso não é bem desenvolvido em grandes organizações. Além disso, a transformação digital é muitas vezes considerada a última moda de gerenciamento, como algo ligado a tecnologias complexas que apenas os departamentos de TI entendem ou como uma distração para não ter de administrar o negócio "real". Assim, em muitas organizações, os esforços digitais amplificam a resistência tradicional à mudança.

Para agravar a dificuldade, nossa pesquisa mostra que 70% dos líderes de transformação digital são contratados de fora das empresas.[3] A tentação de achar pessoas de fora é forte. Colocar gente nova que veio de uma empresa que já nasceu digital ou que já passou por uma transformação digital em uma grande corporação pode dar início com mais facilidade a um programa de transformação. Mas do jeito que os "anticorpos" corporativos são, o risco de "rejeição" é real.

> Para a transformação digital bem-sucedida, solucionar a resistência é tão importante quanto a velocidade, pois à medida que você avança, obstáculos surgem invariavelmente.
>
> — RAHUL WELDE, VPE DE TRANSFORMAÇÃO DIGITAL, UNILEVER[4]

A credibilidade depende de as pessoas acreditarem que um líder tem os conhecimentos e habilidades para fazer o trabalho (competência percebida), e de elas terem fé nos valores e na credibilidade de um líder (confiabilidade).[5] O mesmo se aplica à longevidade. Portanto, ter vigor também é importante.

MELHORES PRÁTICAS E *INSIGHTS* ESSENCIAIS

Todo líder digital gostaria de descobrir a fórmula mágica para o sucesso. Infelizmente, isso não existe. Grande parte do sucesso é fazer as perguntas certas com antecedência. Também tem a ver com tomar ações concretas e estabelecer mecanismos corporativos que tenham um histórico de qualidade comprovado.

Fazendo as Perguntas Certas com Antecedência

Duas perguntas, em particular, devem ser feitas com antecedência.

O Quanto a Função é Ambígua?

Para alguns líderes, o papel pode ser muito claro e a tarefa bem definida – por exemplo, melhorar a integração de dados ou impulsionar o marketing *on-line*. Quanto mais o papel aproveita as habilidades técnicas do líder, mais claro é o escopo. Mas na maioria das vezes os líderes digitais recebem papéis com objetivos de alta ambiguidade, como formular uma estratégia digital ou executar uma transformação digital em toda a empresa. Isso exigirá equilíbrio sólido entre competência e credibilidade.

Nesses casos, os líderes digitais devem insistir em reservar tempo para uma fase de descoberta e *design*. Isso lhes permitirá controlar o inventário das iniciativas existentes e entender as ambições digitais, as prioridades e o tempo de implementação da empresa. Por fim, precisarão mobilizar as várias partes interessadas do negócio e alinhá-las com um roteiro digital.

Como líder digital, não permita que a ambiguidade infeccione. Defina o escopo da função e certifique-se de compreender bem "o que é bom". Como Mrutyunjay Mahapatra, ex-CDO do State Bank of India, explicou: "A primeira [coisa a conseguir] é a adesão da liderança sênior. Projetos de transformação digital não são projetos de TI e exigem acordos. É preciso investir na liderança logo no início do programa".[6]

Quais são as Alavancas Organizacionais do Líder?

Quando os objetivos não estão claros, os meios para alcançá-los geralmente são indefinidos. Além de uma linha clara de relatórios para a tomada de decisões, os líderes digitais devem aprender quais serão os recursos direcionados à transformação, como ela será financiada e quais direitos de decisão eles terão. Além disso, construir uma aliança para obter apoio executivo é uma boa prática. Isso ajudará a construir a credibilidade interna necessária para evitar a marginalização do negócio.

Ações Concretas que Aumentam a Credibilidade e o Sucesso

Certos comportamentos podem afetar a forma como as pessoas avaliam a competência e a confiabilidade dos líderes e, por sua vez, sua credibilidade. Comportamentos que mostram competência incluem: enfatizar resultados futuros, agir e se comunicar de forma eficaz. Comportamentos que projetam confiabilidade incluem: agir de forma consistente, comunicar-se abertamente com os outros e oferecer apoio aos funcionários e às partes interessadas.[7] Líderes de transformação digital bem-sucedidos empregam uma série de abordagens para aumentar suas chances de sucesso.

Faça Barulho

Os líderes devem contar com o apoio das equipes de comunicação para transmitir e negociar a estratégia e os objetivos da transformação digital. Se necessário, eles devem desenvolver uma marca para o programa de transformação. Outras formas de fazer barulho incluem: organizar reuniões abertas regulares ou conferências virtuais para envolver todas as partes da organização. Em todos os casos, os líderes devem se comunicar de modo amplo, transparente e, muitas vezes, falar sobre progresso e conquistas.

Envie Sinais Fortes

Um líder deve agir de maneira que se afaste das formas tradicionais de trabalho da organização. Isso vai intrigar as pessoas, demonstrando que o líder tem autoridade e impulso para fazer as coisas de forma diferente. Ibrahim Gokcen, ex-CDO da Maersk, empresa de navegação global, descobriu que as pessoas da Maersk não confiavam sem motivo:

> Você tem de agir de modo emblemático. Não fazer coisas gigantes, mas pequenos movimentos com grande impacto. Eu construí uma pequena sala. Algumas pessoas chamavam de sala de inovação; outros chamavam de sala de visitantes. Eu a chamava de centro de *design*. As pessoas diziam: "O que é isso? Um quarto?". Decidi colocar alguns móveis incomuns para mostrar que o espaço físico afeta a forma como trabalhamos. Foi para mostrar o espírito do *design thinking* e da experiência do usuário. Gastei dinheiro para construir aquela sala com vídeo e telas sensíveis ao toque. Mostrou às pessoas que algo novo está acontecendo. Algo está mudando.[8]

Ao criar uma mudança real e física, Gokcen foi capaz de enviar um forte sinal de que ele tinha o apoio da alta gerência para mudar as coisas.

Encontre Vitórias Rápidas

Mesmo quando as ambições digitais são altas e o roteiro é complexo, vitórias rápidas importam. Idealmente, líderes digitais terão uma iniciativa que eles podem concluir relativamente rápido ou uma iniciativa de ponta a ponta já existente que eles podem acelerar. Se isso não for possível, uma sucessão de vitórias rápidas e menores também pode gerar enorme impacto na credibilidade do programa digital.

Gerd Schenkel, ex-diretor da Telstra Digital, apresentou uma série de vitórias rápidas destinadas a atender os clientes da Telstra por meio de canais sociais e a apresentar o CrowdSupport – um fórum no qual clientes ajudam outros clientes. Ter um portfólio de vitórias rápidas e visíveis, junto com atividades que exigem investimentos significativos ajudou Schenkel a gerenciar as expectativas tanto internamente quanto externamente: "Você só pode pegar um pequeno número de coisas grandes, e, se algo der errado, a agenda desanda financeiramente. Portanto, você não avançou se não tiver obtido vitórias rápidas".[9]

Desenvolva uma Coalizão de Adeptos

A política interna e a resistência à mudança são obstáculos normais em qualquer transformação. Muitas vezes, "a maneira como fazemos as coisas aqui" não é abertamente declarada, mas embutida em regras não escritas e estruturas invisíveis. Para alcançar sucesso tangível, os líderes digitais precisam do apoio de líderes influentes da linha de negócios. Essa coalizão não precisa ser formal, mas deve ser alimentada. Para aqueles nomeados para um papel digital de dentro da empresa, criar coalizão de apoio é uma tarefa mais fácil. Eles conhecem os principais incentivadores do programa. No entanto, tudo isso ainda exigirá esforços para garantir que o programa digital desperte interesse de negócios e pessoal nos líderes das unidades. Diego De Coen, ex-CDO da gigante do tabaco JTI, disse: "Você não pode falar para um gerente geral, que é uma pessoa muito poderosa, que ele precisa fazer as coisas de certa maneira. Enquanto forem bem-sucedidos, eles farão as coisas à sua maneira e com seu próprio investimento".[10]

Se o líder nomeado é de uma organização externa, a curva de aprendizado é mais acentuada. Dito isso, vimos exemplos de líderes recém-nomeados atuar em parceria com especialistas influentes da empresa para engajar líderes de negócios e remover obstáculos organizacionais.

* * *

As competências digitais são uma condição necessária para os líderes digitais, mas as habilidades interpessoais também são. Esclareça as expectativas do programa digital e seu papel nele. Faça uma série de movimentos visíveis cedo; em seguida, use uma coalizão de apoiadores no negócio para ajudá-lo a navegar na organização, desenvolver credibilidade e permanecer no caminho certo.

Arsenal do Hacker

Procure *iconic moves*. Procure possíveis *iconic moves* (movimentos icônicos, ações de mercado que requerem mudanças na empresa, em tradução livre) em coisas amplamente conhecidas e regularmente encontradas, mas que ainda sejam pequenas o suficiente para criar efeitos baratos e rápidos. Lembre-se de que é mais importante demonstrar a habilidade de promover mudanças do que fazer progresso digital.

Mapeie as partes interessadas. Crie um mapa detalhado das partes interessadas dos líderes de negócios com os quais você deve fazer parceria. Alimente essa rede garantindo que as partes interessadas tenham acesso a conhecimento crítico, e, se possível, distribua algumas de suas responsabilidades de liderança por toda a rede.

Deixe sua intenção estratégica clara. Semelhante a definir o objetivo de transformação digital da sua organização, é importante garantir que as pessoas que trabalham com você entendam sua intenção estratégica. Intenção estratégica refere-se ao alinhamento de direção e ao ritmo de movimento em vez de definir uma visão ou estratégia.[11] Embora ela comunique o que você espera alcançar, também dá liberdade para que outras pessoas que trabalham com você forneçam informações e colaborem com ideias para que todos alcancem o objetivo juntos. É uma oportunidade para desenvolver confiança.

Faça a equipe toda ficar bem na fita. Ao selecionar vitórias rápidas, concentre-se em realizações que façam toda a equipe parecer competente. Deve haver contribuições reais e diretas para o sucesso dos negócios. Trabalhe com pelo menos um membro respeitado da nova equipe para debater vitórias rápidas coletivas. Concentrar-se em vitórias rápidas coletivas também ajuda a estabelecer sua credibilidade como líder.

Questões para Autorreflexão

Seu papel como líder digital está claro para você e para as outras partes interessadas da organização?

Você tem os recursos e as alavancas organizacionais necessárias para alcançar seus objetivos?

Quais comportamentos e ações podem ajudar a demonstrar que você e sua equipe são competentes e confiáveis?

Quais sinais visíveis e vitórias rápidas você é capaz de empreender para construir sua reputação?

Você tem uma visão alinhada do que "é bom" para sua transformação digital?

CAPÍTULOS RELACIONADOS

Desenvolva Senso de Urgência Quando seu Negócio Estiver Indo Bem (Capítulo 2)

Faça Inventário das Iniciativas Digitais Já Existentes (Capítulo 5)

O Financiamento do Seu Programa de Transformação Digital (Capítulo 6)

Escolha o Modelo Correto de Governança Digital (Capítulo 8)

As Características de uma Liderança Digital Ágil (Capítulo 21)

CAPÍTULO 23

FAÇA O CDO SER BEM-SUCEDIDO

O papel do diretor digital é bastante popular, mas pesquisas mostram que os CDOs raramente duram muito. Muitos CDOs fracassam. Para evitar erros dispendiosos, as empresas devem projetar cuidadosamente o papel do CDO em torno dos seguintes aspectos: estabilização organizacional, financiamento, jurisdição e direitos de decisão.

POR QUE É IMPORTANTE?

A pesquisa mostrou que muitos CDOs são sobrecarregados com descrições vagas de cargos e medidas de sucesso quando iniciam o mandato.[1] A média de tempo em que CDOs permanecem no cargo é de apenas cerca de dois anos e meio, enquanto a dos CEOs é de cinco anos ou mais.[2] Sua missão é descrita como "responsável pela transformação digital", mas geralmente eles não têm autoridade concreta e objetivos claros.[3] Essa incerteza e ambiguidade podem levar a batalhas por jurisdição com outras funções executivas estabelecidas, como CIOs e CMOs, que afetam negativamente o desempenho de toda a empresa.[4] Além disso, os CDOs recém-contratados muitas vezes enfrentam o problema de ter de transformar toda a empresa de uma só vez, sem ter um plano que detalha como ou por onde começar.[5]

MELHORES PRÁTICAS E *INSIGHTS* ESSENCIAIS

Configurar o papel do CDO para o sucesso não é uma tarefa fácil.[6] Inúmeras organizações contratam um CDO porque sentem a necessidade de colocar alguém no comando do digital, mas é comum não estarem preparadas e não saberem exatamente o que essa pessoa deve fazer. Sem ter ideia clara das expectativas, responsabilidades e autoridade, os CDOs fracassam. Isso é frustrante para o CDO e para a organização, além de poder gerar custos substanciais. Por nossa pesquisa e nossa experiência, identificamos quatro aspectos que devem ser cuidadosamente considerados ao introduzir a função de CDO: estabilização (ou ancoragem) organizacional no nível superior, financiamento independente, jurisdição clara e direitos completos de decisão.

Estabilização Organizacional

Ancorar o papel do CDO na hierarquia organizacional e deixar claro para quem ele presta contas nessa hierarquia, influencia diretamente (1) a agenda digital e (2) a chance de sucesso. Para que a transformação digital alcance toda a empresa, o CDO deve estar ancorado na equipe da alta administração e idealmente prestando contas diretamente ao CEO.

Como explicou o VP responsável pela transformação digital de uma empresa líder global de petróleo e gás, o acesso direto ao CEO é um elemento crucial para aquisição de apoio e liberdade de ação necessários para tirar a jornada digital do papel – sem isso um CDO passará a maior parte do tempo apenas procurando patrocínio executivo.

Na prática, outra questão comum que observamos é que os líderes seniores tradicionais com pouca experiência digital costumam superestimar o componente de TI do papel do CDO e, consequentemente, decidem ancorar o papel do CDO no TI, fazendo ele prestar contas ao CIO. Como resultado, as iniciativas de transformação digital correm o risco de se tornar "apenas mais um projeto de TI" do ponto de vista do resto da organização.

Financiamento

Nossa pesquisa mostra claramente que um CDO sem orçamento adequado tem chance limitada de sucesso. CDOs sem financiamento direto precisam fazer *case* de negócios para diretores/gerentes de unidades de negócios de cada iniciativa que desejam realizar. No entanto, os líderes de empresas podem legitimamente perguntar por que motivo eles devem usar seu próprio orçamento para uma iniciativa digital que pode não valer a pena ou criar benefícios além de suas próprias unidades.

Consequentemente, é importante que a liderança equipe o CDO com um "fundo emergencial" digital para garantir a adesão de toda a empresa. Fred Herren, ex-CDO da SGS, explica que quando se trata de transformação digital, "não há escolha entre recompensas e ameaças [para motivar as pessoas]. No digital, ameaças nunca funcionam. Você precisa de recompensas, recompensas, recompensas..."

> Se você entrar e disser: "Faça isso, está no seu orçamento", a adesão é limitada... É muito melhor ter seu próprio fundo emergencial, sair por aí e dizer: "Este projeto é bom. Me deixe financiá-lo". Desse jeito, as pessoas irão segui-lo. Isso torna a vida muito mais fácil.
>
> — FRED HERREN, EX-CDO DA SGS[7]

Jurisdição

Para a maioria das organizações, o diretor digital é uma função relativamente recente. Como tal, ela é "novata" e precisa ser posicionada dentro e no meio das estruturas existentes e das funções já estabelecidas, como: diretor de marketing, diretor de tecnologia, diretor de operações e diretor de informações. Estudos mostraram que isso pode ser inerentemente difícil para organizações com alto nível de política interna, pois pode levar a lutas pelo poder e comportamentos disfuncionais.

No entanto, a transformação digital é, por natureza, um exercício multifuncional que requer o envolvimento de pessoas de todas as diferentes funções de uma organização. Em termos de liderança e de jurisdição, os CDOs precisam encontrar um espaço dentro da diretoria, o que pode gerar conflitos. As organizações que tentam evitar esse conflito ao darem apenas jurisdição limitada ao CDO – ou nenhuma – farão com que o CDO fracasse.

Semelhantemente à necessidade do próprio financiamento, os CDOs também exigem certo "território" que se enquadre em sua única jurisdição e controle. Definir um mandato claro que seja apoiado pelo CEO e aceito por todos os outros executivos é um primordial para o CDO ser bem-sucedido.

Direitos de Decisão

Os direitos de decisão estão intimamente relacionados a uma jurisdição definida. Assim, os CDOs precisam de um conjunto de direitos de decisão que lhes possibilite realizar o trabalho. Os CDOs bem-sucedidos recebem responsabilidade completa em determinada área, mesmo que seja limitada no início, para realizarem projetos desde o início até o lançamento, além de demonstrarem a capacidade de produzir resultados. Para que as transformações sejam um sucesso em toda a empresa, os CDOs devem ser capazes de integrar os diretores/gerentes da unidade de negócios. Além das habilidades interpessoais, a melhor maneira de fazer isso é demonstrar resultados reais e vitórias rápidas de iniciativas digitais. Quando os resultados – e a confiança – estiverem estabelecidos, fica mais fácil aumentar o escopo do papel do CDO.

Mark Klein, CDO do Ergo Insurance Group da Alemanha, observa que o CDO só pode ter sucesso se tiver chance real de fazer a diferença e criar resultados sem ter de pedir permissão a todos: "Mesmo que os outros colegas digam 'olha, eu não quero fazer parte da digitalização', posso implementar esse processo na minha área, mostrar que está funcionando e depois mostrá-lo aos colegas".[8]

Arsenal do Hacker

Defina responsabilidades e objetivos claros para o papel do CDO. Antes de introduzir a função de CDO, certifique-se de que a equipe de liderança sênior formulou expectativas e objetivos claros. Só então você pode realmente definir os detalhes da função, suas responsabilidades e autoridade, que são necessários para se cumprir os objetivos declarados. Um bom começo é se inspirar em CDOs de sucesso de empresas ou indústrias semelhantes: O que os ajudou a alcançar seus objetivos? Como a função foi definida? Embora a jornada digital de cada organização seja única, nunca é demais aprender com os erros e os sucessos dos outros. Assim que a função for definida corretamente, reserve um tempo para contratar o CDO certo para sua organização, combinando as responsabilidades da função com as dos candidatos. As agências de busca de executivos podem ser úteis para encontrar um candidato que tenha a combinação certa de competências digitais e de habilidades de transformação para atender às necessidades específicas da sua empresa.

Obtenha um consenso dos executivos. Defina claramente o significado de sucesso (e de fracasso) para o papel do CDO. Mesmo que a transformação digital exija agilidade e metas variáveis, discuta as expectativas de todos e encontre um objetivo comum. Seja aberto e transparente sobre a mudança de responsabilidades, especialmente quando significa tirar autoridade de funções já existentes. Defina objetivos comuns e processos de colaboração para que o CDO esteja bem incorporado no fluxo de informações e no funcionamento de sua organização. Dessa forma, ele não ficará de fora.

Um mandato poderoso levará a resultados mais tangíveis. Quanto mais importante for a transformação digital para sua organização, mais a função de CDO deve ser ancorada na hierarquia de gerenciamento. Para CDOs que são responsáveis por uma tarefa claramente definida, como marketing digital, um mandato funcional e a estabilização normalmente são suficientes. No entanto, para CDOs contratados para transformar toda a organização incluindo mudança de funções e hierarquias, o mandato poderoso é elemento-chave para o sucesso. Certifique-se de alinhar a autoridade, o financiamento e os direitos de decisão com as expectativas das lideranças seniores para que o CDO realmente **possa** fazer o que ela ou ele **deve** fazer.

Questões para Autorreflexão

Você definiu claramente o papel do CDO em termos de expectativas de sucesso?

Seu CDO está se autopromovendo em vez de fornecer resultados reais?

Seu CDO tem a competência e a credibilidade necessárias para obter sucesso?

A organização está preparada para passar por uma verdadeira transformação digital e fornecer os recursos e a autoridade necessários para a função de CDO?

CAPÍTULOS RELACIONADOS

Alinhe a Equipe Responsável para Impulsionar o Sucesso da Transformação Digital (Capítulo 3)

Como Deixar seu Conselho Disposto (Capítulo 7)

Como Fazer o Digital e o TI Trabalharem Juntos (Capítulo 9)

Como Líderes Digitais Podem Estabelecer e Manter a Credibilidade (Capítulo 22)

CAPÍTULO 24

COMO DESENVOLVER MELHOR AS HABILIDADES DIGITAIS NA ORGANIZAÇÃO?

Aprender novas ferramentas digitais, tecnologias e modelos de negócios é, ao mesmo tempo, um desafio de curto prazo e de longo prazo. O desafio de curto prazo é melhorar a força de trabalho em tendências digitais que afetam os negócios de hoje. As habilidades e os conhecimentos digitais frequentemente devem ser acelerados com rapidez por meio de treinamento interno, educação externa e recrutamento de talentos externos.

O aprimoramento de talentos já existentes deve envolver uma variedade de abordagens para que cada pessoa aprenda de maneira que se encaixe em seu estilo de aprendizagem individual. Além de identificar lacunas de informação antes do treinamento, os líderes digitais devem testar funcionários no pós-treinamento para determinar sua proficiência com o novo conhecimento e garantir que o treinamento seja reforçado até que as novas habilidades sejam dominadas.

O desafio de longo prazo é criar uma cultura de aprendizagem autodirigida. Em vez de simplesmente lançar novos conteúdos a serem aprendidos, os líderes digitais devem também nutrir uma cultura de aprendizagem ao longo da vida – uma força de trabalho que "aprende a aprender" continuamente, por conta própria.

POR QUE É IMPORTANTE?

As disrupções – digitais e não digitais (como a covid-19) – estão se materializando com mais frequência. Como resultado, as organizações que aderem ao "negócio como de costume" terão dificuldade em lidar com esses contínuos "choques com o que é novo". Assim, é cada vez mais importante que a força de trabalho se torne tão bem informada e atualizada quanto possível. De acordo com um estudo do Gartner, 67% dos líderes empresariais concordaram que, se os funcionários não se aprimorassem significativamente no digital até 2020, suas empresas não seriam mais competitivas.[1]

Mas o que, exatamente, significa "se aprimorar significativamente no digital"?

As habilidades e os conhecimentos digitais se enquadram em quatro categorias gerais: tecnologia, dados, processos e gerenciamento de mudanças.[2] A **tecnologia** cobre novas ferramentas digitais, como IoT, IA, realidade aumentada, *blockchain* e similares. Os **dados** se referem à capacidade de entender e de trabalhar com diferentes tipos de dados e extrair *insights* importantes deles. A categoria de **processos** inclui a compreensão das jornadas digitais das partes interessadas (clientes, funcionários etc.) e a tradução dessas jornadas para processos novos ou aumentados, como marketing digital e segurança cibernética. O **gerenciamento de mudanças** exige compreensão de como a digitalização difere da transformação digital, bem como a capacidade de navegar em uma agenda de transformação.

Obviamente, diferentes funcionários começarão suas jornadas de aquisição de habilidades de diferentes pontos de partida. Quando se fala de competência digital, a maior parte das organizações inclui três tipos de pessoas: nativos digitais, imigrantes digitais e ignorantes digitais. Os nativos digitais cresceram com tecnologias digitais e se sentem muito confortáveis em usá-las. Quando uma nova ferramenta é introduzida, eles não demoram para adotá-la. No entanto, podem não saber lidar bem com os desafios do gerenciamento de mudanças digitais. Os imigrantes digitais não cresceram com tecnologias ou dados digitais e, embora nunca estejam totalmente confortáveis com eles, estão dispostos a aprender e a se adaptar.[3] Para os ignorantes digitais, as tecnologias digitais são estrangeiras, frustrantes e até mesmo assustadoras; essas pessoas podem ter experiências negativas com novas tecnologias e detestá-las.

A realidade para a maioria das empresas é que todos os três grupos são importantes. Os ignorantes digitais podem não saber muito sobre novas tecnologias, mas sabem muito sobre outros aspectos importantes de um negócio. E enquanto várias pessoas estão dispostas a aprender novas habilidades ou treinar para melhorar sua empregabilidade futura, poucas sentem que têm tempo ou oportunidade de fazê-lo.[4]

MELHORES PRÁTICAS E *INSIGHTS* ESSENCIAIS

As organizações devem adaptar seu conhecimento e sua competência digital às características, aos estilos de aprendizagem e às restrições enfrentadas pelos três grupos. Só assim poderão desenvolver soluções de curto e longo prazo.

Soluções de Curto Prazo: Atualizar Habilidades e Conhecimentos Digitais

No curto prazo, usar várias estratégias simultâneas é a chave para melhorar digitalmente a qualificação da força de trabalho. Mais uma vez, é importante reconhecer que as pessoas têm estilos de aprendizagem diferentes.[5] Alguns aprendem melhor lendo; outros, assistindo a vídeos. Uns preferem aprender em uma sala com mais gente, enquanto outros preferem algo mais individual. Esperar que todos se conformem a um único modo de treinamento comprometerá severamente o aprendizado.

Além disso, como as lacunas de aprendizagem são diferentes, não devem ser tratadas da mesma maneira. Por exemplo, os nativos digitais podem não aproveitar tanto um ensino de conhecimento básico de tecnologia, mas se beneficiarão da aquisição de novas habilidades de negócios digitais. Os imigrantes digitais geralmente precisam melhorar seus conhecimentos sobre as ferramentas e as tecnologias digitais que afetam os negócios, enquanto os ignorantes digitais só precisam se familiarizar com as tecnologias digitais relevantes. Para eles, a adoção do usuário é mais importante do que a profundidade de sua experiência técnica.

Veja o exemplo do Webinar ao vivo, que, graças ao covid-19, se tornou onipresente nas empresas. Os nativos digitais não têm de aprender os recursos avançados da tecnologia, mas podem precisar de ajuda para adaptar suas habilidades de apresentação ao novo formato. Os imigrantes digitais precisarão de mais ajuda para se sentirem familiarizados com a tecnologia e com as novas formas de apresentação. Os ignorantes digitais podem se contentar em apenas se familiarizar com o processo de assistir a webinars ao vivo, mesmo que nunca os usem ativamente como ferramenta de apresentação.

A Axel Springer, uma editora digital europeia, fez a transição de empresa tradicional de mídia impressa para uma empresa de plataforma digital, então precisou transformar sua força de trabalho. Grande parte dessa transformação ocorreu por meio de contratações, redução de custos, desinvestimentos e aquisições. No entanto, milhares de funcionários antigos tiveram de fazer a transição para o mundo digital, incluindo membros da alta administração.

Alexander Schmid-Lossberg, ex-chefe do setor de RH da Axel Springer, observou: "Precisávamos estabelecer formatos fáceis de acessar, formatos animados em que podíamos alertar as pessoas e motivá-las a investir em suas próprias habilidades. Assim, elas se tornavam ativas por si mesmas".[6]

Para enfrentar o desafio, a empresa lançou várias iniciativas de aprendizado em diferentes canais e meios. A alta administração, incluindo o conselho e a gerência, foi ao Vale do Silício para aprender novas maneiras de fazer as coisas e – o mais importante – mudar a mentalidade. A empresa lançou vários programas de treinamento para gerentes de nível médio e funcionários da linha de frente, em diferentes formatos que incluíam treinamento em sala de aula e *on-line*, café da manhã para quem acordava cedo, almoços, eventos sobre diferentes tópicos técnicos, reuniões para acelerar os contatos profissionais, clubes para promover as melhores práticas, mentorias, coquetéis para que os funcionários interagissem e aprendessem, corridas de inovação e assim por diante.[7] Existem muitas maneiras criativas de implementar a educação digital. É essencial fornecer diversidade suficiente para atender a todos os estilos de aprendizagem.

A empresa de telecomunicações norte-americana AT&T adotou uma abordagem diferente para a reciclagem profissional. Quando a organização percebeu que metade de sua força de trabalho de 250.000 pessoas não tinha as habilidades necessárias para manter a empresa competitiva, embarcou em um programa de reaquecimento de 1 bilhão para desenvolver um canal interno de talentos. Como Bill Blase, vice-presidente sênior de RH, observou: "É importante engajar e retreinar trabalhadores em vez de contratar constantemente pessoas de fora".[8]

O esforço plurianual, que começou em 2013, incluiu cursos *on-line*, um centro de carreira que permitiu aos funcionários identificar cargos que a empresa precisaria no futuro – e treinassem para ocupá-los – e uma ferramenta de simulação de trabalho. Cinco anos depois, metade dos funcionários havia concluído 2,7 milhões de cursos *on-line*, e o tempo necessário para levar novas ofertas da ideia à implementação foi reduzido pela metade.[9]

Soluções de Longo Prazo: Construir uma Cultura de Aprendizagem

Para ter sucesso em um mundo que está mudando mais rápido e menos previsivelmente do que nunca, não é suficiente ensinar as mais recentes habilidades e conhecimentos digitais aos funcionários, pois as empresas sempre estarão tentando superar as metas assim que forem alcançadas. Os funcionários precisam se tornar aprendizes proativos ao longo da vida. Para isso, devem acreditar primeiro que têm oportunidades (e capacidades ilimitadas) para aprender e crescer. Aprendizes ao longo da vida devem ser apoiados por organizações que incentivem a tomada de risco apropriada e recompensem os funcionários pelas lições aprendidas e pelo autodesenvolvimento. As organizações precisam apoiar a colaboração além das fronteiras organizacionais e tornar o aprendizado acessível e amplamente disponível. Quando funcionários e organizações se apoiam nesse empreendimento, constrói-se uma cultura de aprendizado.[10]

No longo prazo, parte da solução é contratar pessoas com ampla gama de conhecimentos, habilidades e interesse em aprender mais. Essas pessoas, chamadas de "T", têm profundidade e amplitude de conhecimento. A letra T é uma referência ao fato de que eles têm profundidade de conhecimento (o caule da letra T) e de extensão (o traço menor, que cruza o caule).

Atualmente, muitas empresas estão cheias de pessoas "I" – funcionários com profunda experiência em uma área, mas pouco conhecimento ou interesse em outras áreas. As pessoas "T" geralmente são melhores em aprender novas habilidades e conhecimentos do que as pessoas "I".[11] De fato, com o tempo, as pessoas "T" (que costumam ter adquirido seus conhecimentos na escola) podem se tornar pessoas "M". Como as pessoas "T", as pessoas "M" têm ampla gama de conhecimentos e de habilidades, mas desenvolveram várias áreas de competência ao longo do tempo.[12] Por exemplo, depois de trabalhar por vários anos na área de fabricação, um engenheiro mecânico pode obter um MBA com foco em tecnologia e, em seguida, mudar de carreira para trabalhar em vendas de tecnologias avançadas. Mais tarde, ele ou ela pode entrar em cursos de programação Python e passar para a área de análise de dados.

É claro que sistemas e processos são necessários para promover a aprendizagem ativa, mesmo para pessoas T ou M. Portanto, muitas empresas empregam uma variedade de mídias e inovações para acomodar as diferentes preferências de aprendizado dos funcionários.

O Singapore Bank DBS lançou uma série de programas para descobrir o que inspiraria o aprendizado e a curiosidade de seus funcionários. Um sucesso notável foi um programa chamado GANDALF, no qual os funcionários poderiam se inscrever para receber subsídios de mil dólares para treinamento em qualquer tópico relacionado ao trabalho. No entanto, os funcionários tinham de concordar em ensinar o que aprenderam a pelo menos dez outras pessoas dentro do banco. No início de 2019, 120 beneficiários dos subsídios haviam treinado 13.500 outros funcionários.[13] Muitos estudiosos da GANDALF relatam que o componente de ensino do programa era na verdade mais satisfatório do que o aprendizado.

Na empresa de agricultura Cargill, os funcionários eram adeptos da microaprendizagem, isto é, estudavam conceitos ou pequenas lições que tinham de aplicar de imediato. Depois, eles preenchiam um relatório de campo descrevendo os resultados, as lições aprendidas e as perguntas levantadas, além de apresentarem uma amostra de seu produto.[14]

Cada vez mais, as organizações também estão indo além do gerenciamento de conteúdo para a curadoria de conteúdo, o que reduz a sobrecarga de informações dos funcionários. A empresa de consultoria Accenture se concentra na curadoria de conteúdo, fornece *insights* atuais sobre tecnologias emergentes para ajudar a manter seus consultores atualizados. A empresa identifica um conteúdo externo útil e, em seguida, combina-o com conteúdo interno desenvolvido em consulta com especialistas internos. No início de 2019, os especialistas no assunto criaram mais de 2.500 tópicos de aprendizagem que foram entregues como módulos sob demanda.

Arsenal do Hacker

Contrate pessoas versáteis Em um mundo cada vez mais volátil e imprevisível, uma ampla base de habilidades transferíveis é mais valiosa do que habilidades profundas em uma única área. Assim, pense em contratar talentos digitais que são pessoas M em vez de I, isto é, pessoas versáteis que conseguem trabalhar com vários tipos de tecnologias digitais e ambientes operacionais. Pessoas do tipo M também costumam ter forte inclinação à aprendizagem, pois mostram a tendência de aprimorar suas habilidades e seus conhecimentos no passado.

Ofereça aprendizado digital em várias estruturas e formatos. As pessoas aprendem de maneiras diferentes, então ofereça uma variedade de opções de aprendizado. Isso pode incluir aprendizado em sala de aula, aprendizado *on-line*, aprendizado por pares, aprendizado por vídeo e assim por diante. Forneça uma imagem detalhada dos segmentos dos aprendizes e de suas preferências, além de facilitar a contribuição deles nas agendas de aprendizagem. O processo de desmistificação digital é importante para aumentar os níveis de conforto das pessoas com novas ferramentas e tecnologias.

Aprenda com os aprendizes. Monte um grupo de consultoria composto por aprendizes de vários níveis de toda a organização. O objetivo do grupo é manter a organização e seus líderes informados sobre as tecnologias mais recentes que podem impactar os negócios. Certifique-se de que o grupo tenha tempo com o pessoal da liderança para compartilhar seus *insights*.

Incentive a aprendizagem. Forneça incentivos para que seus funcionários aprendam o máximo possível, como recursos para buscar o aprendizado e compartilhar esse aprendizado com outras pessoas da organização. Os incentivos também podem incluir um tempo dedicado para o aprendizado que esteja reservado na agenda corporativa. Os benefícios da aprendizagem ocasional raramente são sustentáveis, pois o aprendizado precisa estar sempre em andamento. Felizmente, as opções de aprendizagem digital e as tecnologias de apoio (incluindo as assistivas) melhoraram drasticamente desde a pandemia de covid-19.

> **Questões para Autorreflexão**
>
> Você está oferecendo formas de aprendizado diversificada a seus funcionários?
>
> Está ciente do equilíbrio entre nativos, imigrantes e ignorantes digitais?
>
> Você está incentivando os funcionários a compartilharem conhecimentos digitais?
>
> Há, na organização, quantidade suficiente de pessoas do tipo T?
>
> Quais habilidades as pessoas estão ansiosas para desenvolver?
>
> Sua organização facilita o aprendizado dos funcionários durante o trabalho?

CAPÍTULOS RELACIONADOS

Desenvolva Hiperconsciência na Organização (Capítulo 12)

Implemente a Inovação Aberta de Modo Eficaz (Capítulo 15)

Como Líderes Digitais Podem Estabelecer e manter a Credibilidade (Capítulo 22)

CAPÍTULO 25

TRABALHE ENTRE GRUPOS FECHADOS ("SILOS" E "PANELINHAS")

Ao implementar programas de transformação digital, grandes empresas tradicionais podem ser pegas desprevenidas por suas próprias estruturas organizacionais. Um grande obstáculo são as estruturas em grupos fechados, os "silos" ou "panelinhas", que impedem a colaboração.[1] Como a maioria das iniciativas digitais exige alto nível de cooperação multifuncional e fluidez de recursos para obter sucesso, os líderes de empresas devem priorizar o alinhamento de negócios para garantir a colaboração em todas as unidades de negócios nos diversos níveis de hierarquia.

POR QUE É IMPORTANTE?

Trabalhar entre grupos fechados é um dos obstáculos mais comuns ao sucesso digital.[2,3] Na verdade, muitas organizações aprenderam da maneira mais difícil que a transformação digital tem mais a ver com pessoas do que com tecnologia.[4] Nossa pesquisa mostrou que, em organizações digitalmente maduras, os líderes têm mais de duas vezes probabilidade de apoiar efetivamente equipes multifuncionais do que em organizações que estão nos estágios iniciais da transformação digital. Organizações digitalmente maduras costumam ser menos hierárquicas, pois consideram toda a empresa antes de tomar decisões.[5] Por outro lado, alguns sinais de alerta precoce de má colaboração incluem falta de alinhamento da equipe superior e uma cultura de pessoas que não se apoiam.[6] As organizações que lutam para quebrar "panelinhas" muitas vezes ignoram o fato de que a transformação exige uma abordagem sistêmica para mudar – considerando os aspectos inter-relacionados que podem impulsionar (ou inibir) a mudança organizacional.[7]

MELHORES PRÁTICAS E *INSIGHTS* ESSENCIAIS

Nossa pesquisa descobriu dois fatores que impulsionam ou inibem a colaboração: estruturas formais e cultura organizacional.[8] Assim, espera-se que muitas organizações acabem se concentrando em estruturas formais, tentando quebrar grupos fechados por meio de mudanças na estrutura organizacional – por exemplo, criando comitês mais multifuncionais ou desenvolvendo um modelo matricial para alguns processos centrais.

> É um grande momento para uma organização quando ela entende que a transformação digital não é uma questão técnica, mas uma mudança cultural.
> — IAN RODGERS, EX-DIRETOR DIGITAL, LVMH[9]

Mas reorganizar não é a saída. Promover uma cultura de compartilhamento de informações e "se reunir para alcançar um mesmo objetivo" é um preditor muito mais forte de sucesso.[10] Em nossa pesquisa e experiência encontramos três fatores que ajudam a organização a aumentar suas chances de se tornar verdadeiramente colaborativa e com senso compartilhado de unidade e ambição: incentivo, compartilhamento de recursos e métodos ágeis de trabalho.

Incentive a Colaboração

Uma barreira comumente citada que impede a colaboração é um sistema de incentivo inexistente ou desalinhado. Quando Guido Jouret começou como CDO da gigante industrial ABB, ele enfrentou a difícil tarefa de configurar o sistema de governança digital daquela organização global. Embora estivesse equipado com poder financeiro suficiente para fazer as coisas acontecerem, ele sabia que a chave para a verdadeira transformação digital era direcionar as várias unidades de negócios no mesmo sentido. Na ABB, os sistemas de incentivo tradicionais foram quase propositadamente projetados para fazer o oposto – evitar, em vez de promover a colaboração: Que unidade vendeu mais itens? Qual região superou outra?

Jouret sabia que a colaboração era fundamental para o sucesso digital. Muitos dos projetos mais interessantes não eram viáveis em uma unidade de negócios, porque exigiam o envolvimento de vários grupos além das fronteiras tradicionais. Então Guido fez por onde, explicando: "Eu basicamente financio os incentivos de colaboração e priorizo projetos em que as unidade de negócios trabalham juntas. Quando isso acontece, um mais um é realmente igual a quatro: um dólar vem de uma unidade de negócio, um dólar vem da outra unidade de negócio, e eu as combino com mais dois dólares. Então, de repente, você ganha dois dólares para o projeto quando cada unidade negócio individual receberia apenas um".[11] Os líderes digitais precisam repensar os sistemas de incentivos existentes, garantir que os incentivos se alinhem aos objetivos. Para aumentar a colaboração, recompensas geralmente funcionam melhor do que ameaças.[12]

Promova o Intercâmbio de Conhecimentos e a Mobilidade de Recursos

Um desafio comum enfrentado por muitas organizações é a configuração da equipe digital. Quando as organizações criam equipes digitais separadas para que grupos dedicados de especialistas possam impulsionar a agenda, correm o risco de perder contato com o resto da organização. Assim, quando os líderes digitais do Rabobank estavam configurando seu eixo digital, tomaram medidas para mitigar esse risco. Primeiro, a localização física da nova unidade teve de demonstrar integração em vez de separação. Assim, o eixo estava localizado na sede, mais precisamente no centro de uma torre de escritórios redonda, sinalizando transparência e abertura por todos os lados. Em segundo lugar, o eixo quis melhorar as jornadas específicas do cliente. Essa tarefa envolveu pessoas relevantes de toda a organização e de diferentes unidades regionais que ocupavam cargos operacionais. Os funcionários foram tirados (temporariamente transferidos) de seus locais de trabalho originais para formar equipes multifuncionais no eixo. Ao pegarem emprestado pessoas de diferentes unidades funcionais para trabalhar temporariamente no eixo central, os líderes digitais do Rabobank criaram um senso compartilhado de visão e propriedade digital – que aumentaria continuamente em toda a organização global depois que os funcionários retornassem a seus locais de trabalho originais.[13]

Apoie Formas Ágeis de Trabalho

Muitas organizações estão lutando para encontrar novas maneiras de organização que reconheçam a necessidade de relacionamentos hierárquicos e sistemáticos de relatórios e permitam abordagem ágil para equipes multifuncionais com foco no cliente. Existem inúmeros modelos para práticas de trabalho ágeis, e pode ser difícil para os líderes digitais encontrar a melhor delas. Portanto, em vez de buscar ajuste perfeito desde o início, os líderes digitais devem se concentrar em adaptar qualquer modelo que escolherem às suas necessidades específicas.[14]

O banco holandês ING, pioneiro na transformação digital, seguiu o modelo Spotify[15] para redesenhar sistematicamente (em vez de esporadicamente) sua estrutura organizacional e abraçar plenamente a jornada digital. O ING lançou a transformação radical na sede para dar o exemplo e, em seguida, estendeu-a para o resto do negócio. A adoção desse modelo foi altamente bem-sucedida, pois não apenas ajudou a ING a alcançar a centralidade no cliente pretendida e redução do tempo de lançamento no mercado, mas gerou efeitos positivos de transbordamento, como aumento na produtividade dos funcionários e no engajamento no local de trabalho.[16]

* * *

Promover a colaboração entre grupos fechados ("panelinhas") organizacionais é um desafio fundamental para muitas organizações que embarcam na jornada digital. Líderes digitais bem-sucedidos criam um senso de unidade que faz com que todos caminhem na mesma direção por meio de três elementos-chave: incentivo aos esforços colaborativos, troca sistemática entre as equipe e de conhecimento, além de implementação de formas ágeis de trabalho.

Arsenal do Hacker

Crie um senso compartilhado de propriedade. A chave para alcançar a unidade de negócios é garantir que todos estejam indo para o mesmo lugar. Em vez de iniciativas de colaboração que existem apenas no papel, lidere com ações concretas que mostrem o quanto você está falando sério sobre a quebra de "panelinhas". Um bom começo é revisitar os objetivos dos departamentos e das subunidades. Eles estão promovendo otimização inferior ou estão bem alinhados com os resultados estratégicos voltados para o cliente que sua organização deseja alcançar? Certifique-se de que cada funcionário esteja trabalhando para alcançar o objetivo compartilhado da organização em vez de alguns KPIs ou seguir um plano.

Ajuste seus incentivos. Para quebrar grupos fechados, é crucial revisitar o sistema de incentivos da organização e garantir que não esteja contra você. Remova incentivos que proíbam a colaboração e/ou criem metas promotoras de concorrência entre unidades ou áreas funcionais. Isso acontece, por exemplo, quando os departamentos de logística são incentivados pela disponibilidade do produto enquanto o departamento financeiro é incentivado pelo fluxo de caixa. A maior parte dos sistemas de incentivo tem efeitos colaterais não intencionais que precisam ser considerados. Certifique-se de que os incentivos sejam projetados para promover a colaboração: esquemas de financiamento de projetos que recompensem solicitações colaborativas de mais de uma unidade de negócios com taxas de aceitação mais altas ou financiamento extra, por exemplo. É essencial olhar para o sistema de incentivos como um todo em vez de separadamente.

Estabeleça uma "maneira ágil de trabalhar". Um elemento central da agilidade é a capacidade de superar "panelinhas" e rivalidades funcionais/unitárias. Há muitos métodos ágeis que podem ajudá-lo a se inspirar, mas esteja ciente de que tudo o que você escolher precisa ser adaptado a seu contexto organizacional. Não há uma maneira certa de aplicar o método ágil. Uma boa maneira de começar é olhar para exemplos populares e amplamente relatados, como o modelo Spotify ou a metodologia Scrum. Veja quais elementos se encaixam em sua organização atual e as mudanças necessárias para implementar formas ágeis de trabalhar em escala.

Questões para Autorreflexão

Seus funcionários estão colaborando em todas as unidades de negócios?

Reflita sobre o sistema de incentivos aplicado em toda a organização: ele promove ou dificulta a colaboração?

> Você tem confiando em funções, processos e estruturas organizacionais que perpetuam grupos fechados ("silos" e "panelinhas") e limites funcionais?
>
> Está confiante de que os funcionários estão em busca de objetivos comuns e compartilham a mesma visão para o futuro da organização?

CAPÍTULOS RELACIONADOS

O Financiamento do seu Programa de Transformação Digital (Capítulo 6)

Escolha o Modelo Correto de Governança Digital (Capítulo 8)

Como Fazer o Digital e o TI Trabalharem Juntos (Capítulo 9)

Acelere a Transformação Digital Usando Métodos Ágeis (Capítulo 10)

Trabalhe as Iniciativas Digitais em Escala (Capítulo 27)

Parte Seis
Hackeando o Impulso Digital
Ancorando e Sustentando o Desempenho

Se você olhar de perto, a maioria dos sucessos rápidos levou muito tempo.
— Steve Jobs

Na Primeira Parte, concentramos o foco na iniciação ou na construção de uma base sólida para a transformação digital. As Partes Dois a Cinco desenvolveram as fases e os desafios da execução. Para retornar à nossa metáfora de construção, eles se concentraram na integridade estrutural, na funcionalidade e na estética de cada andar do edifício. A Parte Seis, seção final deste livro, examina como manter o impulso positivo criado pela transformação – em suma, de que modo criar uma organização que não precisa mais da transformação digital como um programa específico. De fato, em algum momento no futuro, a organização não falará mais sobre transformação digital. A tecnologia digital estará tão incorporada à organização que constituirá o tecido de todas as operações.

Vamos ser claros: preparar a transformação digital é difícil. Incorporá-la na organização é ainda mais difícil. E manter o desempenho ao longo do tempo é, talvez, a tarefa mais desafiadora de todas. Pequenas vitórias enviam sinais positivos, mas converter vitórias menores em vitórias maiores e sustentá-las não é fácil.

Para começar, é importante criar um canal de iniciativas digitais que sobreviverão além do programa de transformação digital. Essas iniciativas devem ser escaladas efetivamente, indo de pilotos para projetos completos e, eventualmente, para uma maneira "nova, mas normal" de fazer as coisas. Em nossa experiência, no entanto, muitas organizações desencadeiam um desfile de pilotos e de produtos mínimos viáveis que têm dificuldade para escalar e se tornam amplamente adotados. O desafio *"startup to scale-up"* precisa ser enfrentado de frente, pois é aí que reside o valor.

Como diz o ditado, "Você consegue o que mede", mas na transformação digital não é tão simples. Grande proporção dos programas de transformação digital luta para conseguir benefícios. Em nossa contagem, 87% deles não atendem às expectativas.[1] Ao mesmo tempo, sabemos que a maior parte das organizações tem dificuldade com os aspectos mensuráveis. Isso levanta a questão: Como as organizações sabem que falharam se não medem adequadamente a transformação? É confuso. Os investimentos digitais têm horizontes ou perfis de risco diferentes e devem ser medidos e gerenciados de acordo com eles. Como todos os outros investimentos, as transformações digitais precisam de medidas e de KPIs claros e eficazes para garantir o desempenho a longo prazo.

Uma parte fundamental do desempenho sustentável é estar ciente do que vem a seguir e ficar por dentro das novas tendências, especialmente ferramentas e tecnologias digitais. Muitas vezes, essas tendências surgem em indústrias adjacentes ou diferentes. Uma lente de ângulo amplo é necessária para ver não apenas o que está acontecendo na região, mas também o que está acontecendo mais longe – em outras indústrias ou em outras partes do mundo.

Por fim, você deve ser capaz de responder e se adaptar à mudança. Quaisquer previsões sobre como o mundo olhará para o início de uma transformação digital devem ser revisitadas regularmente com o passar do tempo. Eventos grandes e impactantes, como a pandemia de covid-19, são quase impossíveis de prever. Outros podem ser mais fáceis de prever, mas igualmente difíceis de combater – como uma recessão global ou um desastre natural. Identificar uma oportunidade ou uma ameaça é bom, mas evitá-la (uma ameaça) ou capturá-la (uma oportunidade) é ainda melhor. No mundo volátil de hoje, apenas agilidade não é suficiente. Você também precisa criar robustez suficiente para absorver choques inevitáveis e uma capacidade de resposta suficiente para se recuperar mais rápido do que seus concorrentes. Ferramentas e tecnologias digitais podem ajudar a construir esse tipo de resiliência organizacional.

CAPÍTULO 26

CRIE UM CANAL DE INICIATIVAS DIGITAIS

A forma como as iniciativas digitais são selecionadas e implementadas, bem como a escolha da autoridade que toma decisões, prepara o terreno para a jornada de transformação digital de uma empresa. Para alavancar a criatividade de todas as partes interessadas, internas e externas, as organizações devem adotar uma abordagem sistemática. As empresas que conseguem esse direito reconhecem que, enquanto **a ideação é melhor descentralizada, a avaliação e a priorização devem ser coordenadas centralmente**.

POR QUE É IMPORTANTE?

Ao implementar transformações digitais, a maior parte das empresas tenta promover uma cultura de inovação apoiada por empreendedorismo digital ou habilidades de intraempreendedorismo. Como as ideias para iniciativas digitais podem ser geradas por fontes internas e externas, é importante ampliar a rede. É necessário incentivar a ideação entre todas as partes interessadas para criar uma hiperconsciência organizacional sobre possíveis ameaças e oportunidades digitais. Um volume suficiente de ideias internas e externas também ajudará a organização a manter o ritmo nos desenvolvimentos digitais. Como Bart Leurs, diretor de digital e de transformação do Rabobank, disse: "Se queremos ter pelo menos trinta MVPs [produtos mínimos viáveis] com potencial real de negócios a cada ano, precisamos processar milhares de ideias na fase de ideação".[1] Para dimensionar as ideias mais promissoras, muitos líderes enfatizam a necessidade de manter autoridades centralizadas em tomada de decisão que avaliem novas ideias em relação às prioridades estratégicas.

MELHORES PRÁTICAS E *INSIGHTS* ESSENCIAIS

Para estabelecer e manter um canal de iniciativas digitais, as empresas precisam gerenciar duas fases distintas: (1) ideação e (2) avaliação e priorização. Juntas, essas duas fases formam um funil que impulsiona a inovação contínua.

Melhores Práticas de Ideação

Para a fase de ideação, as empresas usam diferentes ferramentas e sistemas que incentivam e alavancam a criatividade em todos os grupos de partes interessadas – funcionários, clientes, fornecedores etc. Nessa fase, o objetivo principal é criar uma rede de ideação que seja tão ampla e heterogênea quanto possível – ou seja, todos devem ter voz.[2] Internamente, as organizações podem facilitar o *crowdsourcing* (grupo grande pessoas, geralmente *on-line*) de ideias por meio de ferramentas de ideação visíveis por toda a organização.

Por exemplo, em 2014, a gigante de alimentos Nestlé lançou o programa "InGenius" para alavancar a criatividade de seus mais de 300.000 funcionários em todo o mundo. Os funcionários podem apresentar ideias em uma plataforma de ideação de *software* e receber comentários e votos de outros funcionários da Nestlé. Nos últimos cinco anos, o programa InGenius gerou 48 ideias comercializadas, desde o uso de drones em armazéns até o fornecimento de *hardware* e *software* de código aberto para agricultores de pequena escala que ajudam a economizar água e aumentar a renda.[3]

A empresa holandesa de serviços financeiros Rabobank seguiu uma abordagem mais direcionada. A empresa estabeleceu *leads* de inovação para suas linhas de negócios, cujo papel era obter ideias a respeito de temas de inovação predefinidos. "Não temos a largura de banda das grandes empresas para idealizar e filtrar livremente as ideias que surgem", disse Bart Leurs. "Orientamos as ideias de inovação já baseadas em uma tese de inovação."[4]

Em algumas organizações, as campanhas se concentram em certos tópicos ou temas de inovação para aumentar o número e a relevância das ideias. A SGS, empresa global de testes, organizou campanhas trimestrais de inovação em vez de criar uma plataforma de ideação genérica. Fred Herren, ex-CDO da SGS, disse: "Temos campeões de ideação dedicados, e o papel deles é promover a campanha em um nível regional ou empresarial, além de também coletar todas as propostas para garantir que sejam concluídas".[5]

As plataformas de inovação também podem ser usadas para estimular e coletar ideias de uma rede externa de fornecedores, parceiros e clientes. Muitas grandes organizações se beneficiaram de tais abordagens de inovação aberta,[6] incluindo o fabricante dinamarquês de brinquedos Lego. Em 2014, a Lego lançou o "Lego Ideas" para acessar a criatividade de clientes engajados de forma sistemática. Usando a plataforma *on-line*, os clientes podem facilmente compartilhar suas ideias com outros clientes e propor novos *designs* de produtos diretamente à Lego. Essas ideias variam de novos modelos baseados em pacotes já existentes a vários "ajustes" – como adicionar uma função motorizada a um produto anteriormente estático.[7]

> A inovação não tem nada a ver com quantos dólares de P&D você tem. Quando a Apple surgiu com o Mac, a IBM estava gastando pelo menos cem vezes mais em P&D. Não tem a ver com dinheiro. Tem a ver com as pessoas com as quais você conta, com o modo que é liderado e quanto você entende.
>
> — STEVE JOBS, APPLE COMPUTER[8]

Para a Lego, essa abordagem representa uma reviravolta estratégica radical. Clientes criativos que já foram considerados ameaças (como usuários que "hackearam" produtos protegidos por direitos autorais da empresa) agora são ativamente incentivados a enviar novas propostas e *designs* de produtos.[9]

Melhores Práticas de Avaliação e de Priorização

Neste estágio, as organizações avaliam e priorizam as ideias de forma eficiente. Para isso, os líderes de inovação empregam um "filtro" sistemático – uma autoridade de tomada de decisão dedicada ou "comitê de inovação digital" – que avalia novas ideias em relação às prioridades de transformação digital. O comitê pode ser liderado pelo CDO ou por outro executivo sênior, além de incluir membros de diferentes unidades de negócios.

No conglomerado de mídia Thomson Reuters, um comitê de direção composto por partes interessadas em negócios tradicionais, digitais, produto e marketing prioriza as iniciativas. Joe Miranda, CDO, enfatiza a necessidade de transparência no processo: "Garantimos que há total transparência em torno de onde está nosso foco, o motivo pelo qual nosso foco está lá, o que tiramos desse foco e como ele ficará em um horizonte temporal de vários anos ou em um programa de vários anos".[10]

Embora muitas organizações entendam a necessidade de filtrar ideias de inovação, elas muitas vezes têm dificuldades em relação a quais critérios usar para a priorização. As iniciativas precisam ser avaliadas em duas dimensões: potencial de valor e viabilidade. Além disso, o órgão de governança de inovação digital deve se esforçar para criar um portfólio equilibrado de iniciativas – composto de vitórias rápidas, iniciativas de transformação entre empresas e mudanças no modelo de negócios.[11] Uma vez que o potencial de valor e a viabilidade tenham sido avaliados, as iniciativas devem ser continuamente reavaliadas de acordo com os KPIs que medem o impacto comercial pretendido.

Ao avaliar e priorizar ideias, é importante usar um processo de avaliação claro e aplicar critérios transparentes para garantir o alinhamento estratégico e o *buy-in*. Para algumas organizações, manter o criador da ideia no comando (para levar a ideia adiante até a implementação) se mostrou útil. Como explica Eberhard Ruess, ex-CIO da Nestlé: "O conceito de InGenius era que você [criador da ideia] se tornasse o CEO de sua ideia. Você o desenvolve até um protótipo mínimo viável e, em seguida, é convidado a apresentar seu produto na frente do CEO e do CIO. Funciona muito bem".[12] Colocar o criador de ideias no comando gera responsabilidade e um forte sentimento de propriedade. Por sua vez, isso cria o impulso e a tração necessários para levar a ideia adiante.

Fred Herren, da SGS, entende a importância de dar reconhecimento ao criador da ideia: "Sempre que tivermos um projeto de sucesso, obviamente o anunciaremos e garantiremos que as pessoas sejam informadas sobre ele. A pessoa que apresentou uma proposta é elogiada para incentivar os outros a apresentarem suas ideias. Isso realmente nos ajudou a ganhar impulso e tração".[13]

* * *

A transformação digital só é tão boa quanto as ideias que a impulsionam. Assim, embora a criatividade não possa ser forçada, as organizações devem implementar uma abordagem sistemática que lhes permita capturar e desenvolver ideias oriundas de uma ampla gama de fontes. As principais organizações digitais criaram processos estruturados que apoiam a ideação desde o conceito inicial até um funil de desenvolvimento e de avaliação contínua. Dessa forma, é menos provável que ignorem ideias inovadoras, garantindo eficiência e retorno do investimento.

Arsenal do Hacker

Abra sua rede. Grandes ideias podem vir de lugares inesperados. Certifique-se de colocar processos e práticas claras em ação para capturar ideias de todas as partes interessadas das organizações internas e externas. Nossa pesquisa mostrou que a inovação digital geralmente vem de redes heterogêneas de pessoas,[14] portanto, tente facilitar o intercâmbio e a discussão entre funcionários de várias funções e departamentos regularmente. Por exemplo, organizar *hackathons* internos ou concursos de ideias é uma boa maneira de começar.

Avalie de forma transparente e rápida. Velocidade e transparência são aspectos-chave para promover a ideação e a inovação. Por um lado, garantir que o processo de avaliação seja documentado e acessível promove justiça e envolvimento contínuo dos ideadores. Por outro lado, ser capaz de separar rapidamente o joio do trigo faz com que você concentre seus recursos no desenvolvimento das ideias mais promissoras. Comece elaborando um processo de ideação para inovação que descreva claramente os principais critérios e procedimentos de avaliação que sua organização aplica a novas ideias. Esse funil geralmente inclui uma mistura de critérios de *crowdsourcing* para filtragem precoce, por exemplo: o número de curtidas que uma ideia proposta recebe dos funcionários e que, posteriormente, avança para a avaliação por um comitê de especialistas ou um grupo de liderança digital.

Mantenha o impulso. Viabilizar e nutrir uma cultura de inovação e de ideação é tão importante quanto ter um processo claro e amplamente aceito. A boa notícia é que ambos andam de mãos dadas. Quando você estabelece o processo de inovação, uma maneira infalível de manter o impulso é envolver o autor, seja como um *stakeholder*, um colaborador-chave ou mesmo como o líder do desenvolvimento da ideia. Dessa forma, os ideadores assumem seus sucessos e fracassos, além de se responsabilizarem diretamente pelo progresso do desenvolvimento. Além disso, comunique histórias de sucesso interna e externamente para que os criadores de ideias futuras sejam incentivados a se apresentarem.

Questões para Autorreflexão

Você está explorando a criatividade de todas as partes interessadas da sua organização?

Tem certeza de que nenhuma ideia é negligenciada, seja de origem interna ou externa?

Implantou um processo claro e transparente para avaliação e priorização de ideias?

Você está aproveitando o poder do reforço positivo ao destacar histórias de sucesso internas e externas?

CAPÍTULOS RELACIONADOS

Faça Inventário das Iniciativas Digitais Já Existentes (Capítulo 5)

Construa e Gerencie uma Infraestrutura de Tecnologia (Capítulo 11)

Desenvolva Hiperconsciência na Organização (Capítulo 12)

Invista em *Startups* (Capítulo 14)

Implemente a Inovação Aberta de Modo Eficaz (Capítulo 15)

Saia da Centralidade de Produto para Serviços e Soluções (Capítulo 17)

Trabalhe as Iniciativas Digitais em Escala (Capítulo 27)

Meça o Desempenho das Iniciativas Digitais (Capítulo 28)

CAPÍTULO 27

TRABALHE AS INICIATIVAS DIGITAIS EM ESCALA

As organizações se dedicam muito à construção e aos testes de inovações e de tecnologias digitais promissoras. Muitas vezes, isso leva a pilotos ou a provas de conceito bem-sucedidas. No entanto, essas organizações têm dificuldades quando precisam gerar valor comercial real com base em iniciativas digitais em escala. Esse desafio de *"startup to scale-up"* (do estágio iniciante para "mais maduro", em tradução livre) é um dos elementos mais difíceis de qualquer transformação digital. A solução começa no início: iniciativas que escalam com sucesso costumam ser projetadas e desenvolvidas com o dimensionamento em mente. No entanto, o planejamento de escala, por si só, não é suficiente para superar as probabilidades contra a maioria das iniciativas digitais. Elas precisam ser cuidadosamente e propositadamente conduzidas em diferentes estágios de crescimento usando as abordagens e estratégias descritas a seguir. Já que o valor do negócio normalmente é criado apenas **depois** de uma iniciativa digital ser lançada em escala, é importante acertar.

POR QUE É IMPORTANTE?

Projetos digitais geralmente começam como experimentos promissores. Eles são bem financiados, fortemente apoiados pela administração e contam com pessoas inteligentes e dedicadas. Nessas condições, têm grande potencial. No entanto, a maioria dos projetos digitais luta e, por fim, falha, à medida que são expandidos e replicados.[1] Aqueles que sobrevivem muitas vezes o fazem como sombras de seus antigos "eus" depois de serem submetidos a uma infinidade de cortes e concessões.

Escalar uma iniciativa digital é ir além do estágio piloto para operacionalizar soluções sustentáveis e geradoras de crescimento.[2] Uma pesquisa de 2018 da empresa analista Gartner descobriu que 83% das empresas estavam nos estágios de planejamento, de *design* ou de ajustes da transformação digital, enquanto apenas 17% escalaram suas iniciativas digitais.[3] Outro estudo, da Accenture, descobriu que o maior contribuinte para o fracasso da transformação digital foi a incapacidade de escalar efetivamente iniciativas digitais promissoras.[4]

MELHORES PRÁTICAS E *INSIGHTS* ESSENCIAIS

Escalar iniciativas digitais é uma tarefa repleta de dificuldades. E não há uma abordagem universal. Vários fatores precisam ser considerados.

Alinhe Escala com Ambição

O nível de atenção e de atividade deve ser diretamente proporcional à ambição do projeto. Projetos digitais que são pequenos, discretos ou de duração limitada geralmente não precisam ser dimensionados. Para esses tipos de iniciativas – por exemplo, o desenvolvimento de um aplicativo personalizado para um pequeno mercado – o enfoque pode ser usabilidade, funcionalidade e conformidade.

Projetos mais ambiciosos, no entanto, devem se concentrar em escalar desafios desde o início. O alinhamento com o cenário predominante de TI é muitas vezes necessário, mas não termina por aí. Muitos projetos digitais não conseguem escalar, não por causa da incompatibilidade, mas pela resistência das pessoas na organização e/ou por uma questão de cultura da empresa.

Planeje-se para Escalar

Há um truísmo em torno do dimensionamento que diz: "Quanto mais tempo um projeto fica sem escala, mais difícil é escalá-lo". Assim, a escalabilidade deve ser considerada desde o início do projeto digital. As seguintes perguntas devem fazer parte do processo de planejamento:

- O quanto será difícil integrar a iniciativa em processos e estruturas já existentes?
- Quais são as prováveis fontes de resistência à iniciativa?
- A iniciativa estará em conformidade com as regras e normas anteriores?
- Existem limites naturais para o crescimento da iniciativa?

Diego de Coen, ex-CDO da JTI, enfatizou a importância de revisões regulares de escala para iniciativas digitais. Ele explicou que assim que fica claro que "há valor vindo de uma ideia, já iniciamos os processos de TI. Então, simultaneamente, reunimos uma equipe que cuida da segurança cibernética, outra que procura saber se é legalmente possível lançar essa solução específica em certos mercados e assim por diante".[5]

Confiar na escala de revisões desse tipo pode ajudar os líderes a antecipar e a evitar quaisquer desafios ou restrições ao longo do caminho. Projetos digitais mais radicais precisam de um "choque de realidade" em relação ao que se espera conquistar no futuro.[6]

> É o que eu sempre digo à minha equipe: "É muito fácil desenvolver funcionalidades e recursos inteligentes. É extremamente difícil distribuí-los por toda a nossa rede de 23.000 bancos. Assim, a menos que você tenha um plano para espalhar os recursos pelos 23.000 bancos, não estou interessado".
>
> — JORN LAMBERT, VICE-PRESIDENTE EXECUTIVO DE SOLUÇÕES DIGITAIS, MASTERCARD[7]

Outro jeito de as organizações se planejarem para escalar é antecipar proativamente as lacunas de habilidade ao passar de um piloto para o lançamento completo. Muitas vezes, as empresas globais criarão pilotos nacionais e regionais com equipes de desenvolvimento local. Quando se trata de dimensionamento, todas as competências (e orçamentos) são locais. Portanto, torna-se muito difícil movimentar as pessoas com as habilidades certas para estender ainda mais o piloto. A solução é (1) criar representantes dos pilotos e fazê-los administrarem o projeto por meio de um lançamento mais amplo, e (2) incluir pessoas de outras partes do negócio no piloto de modo que usem suas experiências e seus conhecimentos recém-adquiridos para ajudar a mitigar esse problema.

Não Caia na Armadilha de Cortar e Colar

Um erro comum de dimensionamento é pensar que, se uma iniciativa digital funciona em um contexto, ela funcionará bem em outros contextos. Essa suposição é quase universalmente falsa. Até projetos-piloto digitais bem-sucedidos precisam ser adaptados para funcionar em escala. Tudo, desde aplicativos a *sites* de comércio eletrônico, incluindo formas ágeis de trabalho, invariavelmente precisa ser ajustado para atender às necessidades das diferentes partes de um negócio.

Em vez de "cortar e colar", sugerimos "cortar, adaptar, colar, ajustar". A primeira etapa, "cortar", consiste em isolar uma iniciativa digital de sucesso. Essa iniciativa pode ser desenvolvida do zero em uma espécie de ambiente *greenfield* ou pode ser uma iniciativa que funciona bem em determinada parte da organização. A segunda etapa, "adaptar", consiste em modificar a iniciativa para melhorar sua portabilidade em diferentes partes da organização. As atividades nessa fase podem consistir em padronização de recursos, verificações de compatibilidade de TI, consistência de marca e conformidade legal e regulatória. Uma vez concluída essa etapa, a iniciativa está pronta para ser "colada" (etapa três).

No entanto, embora a iniciativa possa ser padronizada e compatível, ela quase certamente *não* funcionará de maneira efetiva em todos os contextos. Isso nos leva ao estágio final, que é "ajustar". Aqui, pequenas mudanças devem ser feitas para otimizar a iniciativa às condições locais. Esses ajustes podem incluir a adição de recursos locais relevantes, acertos na experiência do usuário, inserção de detalhes de cultura e de idioma, e assim por diante.

Um exemplo de "cortar, adaptar, colar, ajustar" pode ser encontrado em *sites* transacionais. Faz pouco sentido para grandes varejistas globais desenvolverem *sites* transacionais exclusivos em países ou linhas de produtos. Assim, eles costumam desenvolver uma abordagem padronizada. No entanto, há grandes diferenças que precisam ser consideradas, incluindo idioma, regras de conformidade, normas culturais, compatibilidade com aplicativos locais etc. Portanto, padrões globais podem ser desenvolvidos para processamento de transações, informações sobre produtos e bibliotecas de imagens, bancos de dados de clientes e assim por diante. A partir daí, são feitos ajustes na aparência, na marca, na linguagem etc.

Pare de Impulsionar e comece a Atrair

A principal fonte de falha em dimensionamento é a falta de *buy-in* (adesão, em tradução livre) das principais partes interessadas, como executivos, usuários internos ou clientes. As iniciativas digitais podem receber permissão e financiamento dos executivos para serem dimensionadas (se tiverem impulso), mas normalmente falham a menos que sejam procuradas pelas partes interessadas relevantes (se não têm atração). A transição de uma iniciativa digital do "impulso" para a "atração" é fundamental para o dimensionamento bem-sucedido.

Muitas vezes, um impulso é necessário no início para incentivar os usuários a experimentarem a nova iniciativa, mas a menos que esse impulso seja transformado em atração, ele provavelmente falhará. "Se você escalar uma iniciativa ao incentivá-la ativamente, sempre precisará fazer isso de modo contínuo, pois ela nunca crescerá de maneira orgânica por si só", explicou Chetan Tolia, do banco suíço UBS.[8]

Para criar um efeito de atração, Sven Meier, da gigante alemã de energia EnBW, descreve como trabalhou em estreita colaboração com um pequeno número de unidades de negócios que se concentraram em gerar resultados e demonstrar o valor da iniciativa. "Resultados reais foram gerados. A partir desse momento, a notícia se espalhou rapidamente e tivemos dificuldade em responder à atração do resto da empresa."[9]

Algumas empresas criaram com sucesso um efeito de "atração" ao alocar pessoas nas iniciativas digitais de todas as unidades de negócios com maior probabilidade de serem afetadas. Dessa forma, os requisitos específicos das unidades de negócios são construídos no início, e a transferência de competência é facilitada pela redistribuição da equipe de desenvolvimento para suas unidades de negócios originais no intuito de facilitar o dimensionamento. A pesquisa mostrou que não há uma única maneira de gerar atração, porque às vezes ela é impulsionada por fatores racionais baseados em resultados. Em outros momentos, fatores emocionais são os principais impulsionadores.[10] Em alguns casos, as unidades são construídas especificamente para criar atração e facilitar o dimensionamento de iniciativas digitais.

O CDO da Randstad North America, Alan Stukalsky, observou que sua empresa construiu uma fábrica digital "responsável por levar grandes ideias, grandes conceitos e grandes produtos que foram construídos em um único local, como EUA, México ou Japão – um produto, tecnologia ou uma melhoria de processo que pode 'viajar' – e, em seguida, empacotá-los e oferecê-los de tal forma que outros países possam implementá-los facilmente e sem ter que construí-los do zero."[11]

Para Grandes Iniciativas, encontre o Ponto de Virada

Durante grandes iniciativas, muitas vezes há um ponto de virada no qual faz sentido transitar de uma abordagem de escala faseada para uma implementação mais intensa. Isso pode ocorrer nos casos em que há fortes efeitos de rede.

Por exemplo, durante os estágios iniciais da pandemia de covid-19, muitas organizações foram repentinamente confrontadas com a tarefa de organizar formas de trabalho remoto em escala. Para muitas dessas organizações, os acordos feitos para trabalho em casa foram tratados de forma *ad hoc* por uma variedade de aplicações diferentes. A realidade de passar de uma pequena porcentagem do pessoal que trabalhava em casa para a maioria exige consolidação em torno de uma única tecnologia.

Na IMD Business School, estávamos usando uma variedade de ferramentas de colaboração, incluindo Cisco Webex, Adobe Connect, Skype, Facetime e WhatsApp. Depois que a pandemia chegou e mais de 90% da equipe começou a trabalhar em casa e a entrega do programa mudou para plataformas virtuais, tomamos a decisão institucional de adotar um único aplicativo: Zoom. Depois que a decisão foi tomada, todas as outras soluções foram eliminadas.

Outro ponto de virada pode ocorrer se as tentativas de dimensionamento encontrarem obstáculos culturais. O banco holandês Rabobank construiu um eixo digital em sua sede para desenvolver novas soluções digitais inovadoras para viagens de clientes, como pedidos de empréstimo e gerenciamento de cartões perdidos ou roubados. O processo que o Rabobank usou para desenvolver essas soluções foi baseado em formas ágeis de trabalho – uma metodologia que era nova para o banco. Embora o eixo digital tenha sido muito bem-sucedido, dificuldades surgiram quando se tentou levar o eixo para outras partes do banco. Houve um choque entre a nova abordagem ágil e os processos tradicionais, relacionados à cultura e aos incentivos no resto do banco. Ficou difícil manter dois sistemas distintos ao mesmo tempo. Para o Rabobank, escalar a abordagem ágil da inovação digital bateu de frente com um muro cultural.

A liderança do banco considerou os benefícios da abordagem ágil junto com os desafios culturais da escala e decidiu fazer uma mudança gigantesca e radical, aplicando uma abordagem ágil e de atacado por todo o banco de varejo. A metodologia ágil que foi desenvolvida no eixo digital foi modificada para um lançamento generalizado e, em seis meses, tornou-se a abordagem dominante em todas as atividades de desenvolvimento e de melhoria de produtos e serviços.

Aproveite um Desafio ou uma Oportunidade Comum

Geralmente, as pessoas estão mais dispostas a cooperar se tiverem algo a ganhar. O mesmo vale para o dimensionamento, por exemplo: responder a um problema ou a um desafio compartilhado, como desenvolver uma abordagem comum para atacar um concorrente-chave. Em outros casos, a cooperação pode ser fomentada com o descobrimento de novas maneiras para capturar oportunidades, como usar as ferramentas de aquisição de clientes incorporadas a uma solução de CRM.

Descobrimos que pode ser extremamente útil criar escala em torno de uma estratégia ou de uma iniciativa de plataforma por toda a empresa.

Se diferentes unidades de negócios sabem que precisam se alinhar a uma estratégia ou a uma plataforma organizacional, costumam ser mais abertas à exploração de opções para dimensionar as soluções digitais mais relevantes.

A gigante industrial suíça ABB funciona há mais de 100 anos, e, ao longo desse período, suas quatro principais unidades de negócios desenvolveram grande autonomia. Essa autonomia tornou extremamente desafiador o dimensionamento de iniciativas digitais em todas as unidades de negócios. Um avanço importante veio com o estabelecimento de uma plataforma digital em toda a empresa chamada "ABB Ability". A plataforma consistia em um conjunto de protocolos e de tecnologias compatíveis projetado para funcionar em todo o portfólio de produtos e de serviços conectados.

O ex-CDO Guido Jouret, da ABB, explicou como a ABB Ability funciona: "É essencialmente um *software* que permite que nossas unidades de negócios construam robôs conectados ou motores conectados mais rapidamente ou ofereçam novos serviços digitais aos clientes. Minha equipe basicamente explora o cenário da tecnologia à procura de empresas promissoras e de suas respectivas tecnologias. Em seguida, adquirimos essas tecnologias e as disponibilizamos pra nossas unidades de negócios".[12]

Depois que as unidades de negócios da ABB foram obrigadas a usar a plataforma Ability, Jouret achou muito mais fácil construir e dimensionar iniciativas digitais compatíveis.

* * *

O desafio "*startup to scale-up*" contribui grandemente para a alta taxa de falhas dos projetos de transformação digital. Os desafios de escala devem ser considerados desde o início de um projeto digital. Os obstáculos técnicos relacionados à escala são muitas vezes significativos, particularmente no que diz respeito à compatibilidade e à conformidade de TI, mas são pequenos se comparados às barreiras organizacionais e culturais.

Arsenal do Hacker

Planeje escalar desde o início. Pergunte a si mesmo se os sistemas que sustentam a transformação digital – aplicativos, recursos de programação e *hardware* – podem acomodar o crescimento necessário para escalar. Se os sistemas não puderem ser dimensionados, refaça-os ou abandone-os. Pode ser útil envolver o maior número possível de potenciais bloqueadores no início do desenvolvimento de uma iniciativa, incluindo TI, segurança cibernética, jurídico, RH e outros. Essas pessoas irão ajudá-lo a antecipar os potenciais desafios de escala com antecedência.

Faça o que puder para acelerar a transição de uma iniciativa digital do impulso para atração. As pessoas muitas vezes demonstram resistência a uma nova iniciativa digital. Uma exceção a essa regra geral foi a mudança para trabalhar em casa em resposta à pandemia de covid-19. A maioria não resistiu muito por uma simples razão – elas não tinham escolha. O impulso foi externo. Pode ajudar se você criar pressão semelhante e aplicá-la em outras iniciativas digitais. Se não puder, crie suas próprias razões para adotar (seu próprio impulso), o que muitas vezes vem como um mandato da alta administração. A atração geralmente ocorre quando outras partes da organização veem os benefícios da iniciativa. Portanto, quanto mais você puder fazer para medir e, em seguida, comunicar o sucesso de um projeto digital, maior a probabilidade de o impulso virar atração.

Escalar não significa cortar e colar. Para cada iniciativa digital, faça distinção clara entre elementos essenciais e modificáveis. Os elementos centrais devem ser aceitos como estão – não há negociação.[13] Os elementos que se enquadram na categoria principal podem incluir políticas de segurança cibernética e privacidade, compatibilidade com formatos de dados existentes, conectividade com sistemas e processos amplamente utilizados, incluindo soluções em nuvem, marca corporativa e assim por diante. Depois, há elementos que podem, e muitas vezes devem, ser adaptados às condições locais. Esses elementos podem incluir suporte ao idioma local, adaptações culturais, aparência geral e *links* para aplicativos usados localmente por meio de APIs ou outras ferramentas conectivas. Encontrar o equilíbrio certo entre os elementos principais e modificáveis para cada iniciativa digital é fundamental.

Questões para Autorreflexão

É possível que essa iniciativa tenha de ser dimensionada no futuro? Em caso afirmativo, você passou tempo suficiente pensando nos desafios e barreiras para esse dimensionameento?

Quais pessoas é provável que sejam impactadas negativamente pelo escalonamento dessa iniciativa? (Podem ser aquelas que trabalham em iniciativas semelhantes e/ou na área de TI e em outros parceiros de implementação.)

Você estabeleceu uma base para vender o projeto internamente e acelerar a mudança do "impulso" orientado pela conformidade para a "atração" impulsionada pelos benefícios?

Pode vincular a iniciativa a uma visão, a um propósito ou a uma plataforma comum?

CAPÍTULOS RELACIONADOS

Desenvolva Impulso Organizacional e Engajamento (Capítulo 4)

Escolha o Modelo Correto de Governança Digital (Capítulo 8)

Construa e Gerencie uma Infraestrutura de Tecnologia (Capítulo 11)

Crie um Canal de Iniciativas Digitais (Capítulo 26)

Como se Aproveitar do Digital para Obter Resiliência Organizacional (Capítulo 30)

CAPÍTULO 28

MEÇA O DESEMPENHO DAS INICIATIVAS DIGITAIS

"Você não pode gerenciar o que não mede", o mantra de Peter Drucker vale tanto para a transformação digital quanto para outros assuntos de negócios. Mas a transformação digital apresenta uma série de desafios adicionais. Em algumas áreas, como o marketing digital, há uma infinidade de métricas. Aqui, o desafio é identificar as métricas certas. Na maior parte das outras áreas, no entanto, métricas eficazes ainda estão surgindo. É por isso que muitos executivos têm apenas uma vaga noção do sucesso de suas transformações digitais.

Para medir efetivamente uma transformação, é preciso desenvolver objetivos bem definidos primeiro. Sem isso, é difícil saber o que medir. Existem quatro áreas genéricas que englobarão a maioria dos objetivos: eficiência operacional, engajamento do cliente, engajamento do funcionário e criação de novo valor. Cada um tem seu próprio conjunto de métricas. No entanto, como muitas vezes é mais difícil medir a "floresta" do que as "árvores", recomendamos o uso de tabelas de desempenho digital (apoiadas por painéis) para visualizar o desempenho geral da transformação.

POR QUE É IMPORTANTE?

Ao contrário de áreas como finanças, vendas e marketing, existem poucas métricas amplamente acordadas para avaliar o desempenho de iniciativas digitais. Muitos gerentes com quem falamos confiaram em medidas de sucesso relativamente genéricas, como taxas de adoção de novas ferramentas digitais, mas não conseguiram avaliar se foi gerado impacto tangível no desempenho.

De acordo com um estudo de 2020 da BCG, apenas.duas em cada cinco organizações criaram medidas para vincular ferramentas e tecnologias digitais aos impactos dos negócios. O estudo também descobriu que aquelas que **sabiam** criar medidas eram muito mais propensas a serem associadas a programas de transformação vencedores.[1]

Muitos projetos digitais são inerentemente complexos: eles exigem muita coordenação multifuncional, mas geralmente estão sujeitos aos mesmos processos de caso de negócios que os projetos usuais de TI. De fato, um estudo de 2020 da empresa de consultoria Gartner descobriu que quase 50% das organizações não tinham métricas específicas para medir o sucesso digital.[2] Como resultado, os projetos digitais são frequentemente rotulados como "falhas" porque foram estabelecidos com expectativas falsas ou irreais.

MELHORES PRÁTICAS E *INSIGHTS* ESSENCIAIS

Medir o progresso de iniciativas digitais é um desafio porque elas costumam não produzir resultados que podem ser quantificados diretamente e de forma significativa. Em vez de criar um algoritmo complexo, a melhor maneira de avaliar o progresso é construir uma tabela de desempenho digital que capture o desenvolvimento em tempo real de todos os projetos do portfólio digital de uma organização e possa ser exibido em formato de painel.

Comece com Objetivos Claros

Em outras partes deste livro, discutimos a importância de estabelecer objetivos claros para a transformação digital – e esses objetivos devem ser medidos de forma consistente e eficaz. Infelizmente, às vezes, as medidas digitais são *"proxies"* ruins para os objetivos desejados. Por exemplo, o sucesso de um aplicativo é frequentemente medido por *downloads*. Quanto mais um aplicativo é baixado, mais é considerado bem-sucedido. No entanto, o uso do aplicativo seria uma medida muito melhor de sucesso porque muitos aplicativos são baixados, mas raramente usados.

> Há enorme quantidade de incerteza sobre o lugar para onde você está indo, então as verificações são diferentes. Tem mais a ver com verificar suas suposições com frequência para que você possa interromper os projetos rapidamente e não fazer grandes investimentos sem saber se vão obter sucesso real.
>
> — BART LEURS, DIRETOR DE TRANSFORMAÇÃO DIGITAL DO RABOBANK[3]

Uma vez escolhido um objetivo claro, ele deve ser convertido em um formato que possa ser medido. Por exemplo, o objetivo da Cisco para a transformação digital entre 2015 e 2020, conforme descrito em um capítulo anterior, foi de 40/40/2020, em que 40% da receita total da empresa viriam de fontes recorrentes e 40% viriam de *softwares* até o final de 2020.

Nesse caso da Cisco, foi necessário criar uma distinção clara entre as receitas acumuladas com as vendas únicas de produtos ou de serviços (como um equipamento de rede) e as receitas provenientes da venda de assinaturas (como uma licença de videoconferência renovável). Da mesma forma, a empresa precisava diferenciar entre produtos de *software* e *hardware* e alocar as receitas de cada um separadamente – mesmo nos casos em que foram agrupados em uma única oferta.

Divida as Medidas Digitais em Categorias

Sugerimos dividir as medidas nas quatro categorias a seguir, que se vinculam diretamente ao modo que as ferramentas e as tecnologias digitais podem impactar positivamente o desempenho dos negócios.

1. Eficiência operacional ou redução de custos por meio da melhoria da velocidade operacional e da eficiência.
2. Engajamento do cliente ou melhoria na satisfação e na interatividade do cliente.
3. Engajamento dos funcionários ou melhoria na satisfação e na produtividade dos funcionários .
4. Nova criação de valor ou criação de novas fontes de receita e lucro.

Veja a tabela 28.1 para alguns exemplos de métricas de sucesso digital nessas quatro categorias.

Eficiência Operacional

Aqui, as medições estão amplamente focadas no uso de ferramentas e tecnologias digitais para aumentar a velocidade e reduzir custos. Embora os objetivos nessa categoria possam não ser tão empolgantes quanto os objetivos voltados para o cliente, ou quanto aqueles vinculados a novas fontes de criação de valor, eles podem agregar muito valor também. Por exemplo, sistemas de manutenção preditiva e preventiva podem reduzir significativamente os defeitos e os custos de desligamentos desnecessários de equipamentos. De acordo com o US Department of Energy, os programas de

Tabela 28.1 Exemplos de Medidas de Sucesso Digital em Quatro Categorias.

Categoria de Medição Digital	Eficiência Operacional	Engajamento do Cliente	Engajamento dos Funcionários	Nova Fonte de Criação de Valor
Objetivo de alto nível das medidas	Para economizar custos e melhorar a velocidade operacional e a eficiência	Para melhorar a satisfação e o envolvimento do cliente	Para melhorar a satisfação e a produtividade dos funcionários	Para encontrar novas fontes de receita e lucro
Exemplos de medidas	Hora de comercializar produtos/serviços digitais	NPS do cliente em relação ao uso de ferramentas digitais	NPS de funcionários em relação ao uso de ferramentas digitais	Porcentagem das receitas de produtos/serviços digitais
	Horas de trabalho economizadas devido a ferramentas digitais	Uso do cliente de ferramentas digitais (por exemplo, tempo no aplicativo ou funções usadas)	Satisfação dos funcionários com o trabalho remoto	Porcentagem de receitas de canais digitais (por exemplo, internet, aplicativo)
	Economia de custos devido a ferramentas digitais (por exemplo, manutenção preditiva)	Conversão percentual de *leads* em canais digitais	Uso de plataformas digitais pelos funcionários (por exemplo, intranet, redes sociais internas)	Rentabilidade do cliente digital *versus* cliente não digital
	Redução de defeitos devido a ferramentas digitais	Taxas de cliques e outras medidas de marketing digital	Novas ideias geradas por meio de ferramentas digitais	Aquisição de novos clientes por meio de canais digitais
	Porcentagem de operações tratadas por meios digitais	Retenção de clientes por meio de canais digitais	Grau de colaboração entre funcionários em ferramentas digitais	
		Horas do cliente economizadas devido a ferramentas digitais		
		Porcentagem de clientes ativos em um *site* ou em uma plataforma		

manutenção preditiva podem resultar na redução de 25 a 30% nos custos de manutenção e na redução de 35 a 45% no tempo de inatividade.[4]

Outras ferramentas podem reduzir o tempo de comercialização de produtos e de serviços ao remover processos e outras etapas de uma cadeia de valor. Por exemplo, depois que a gigante da hospitalidade britânica Mitchells & Butlers incorporou a automação na forma como lidava com a papelada, economizou mais de vinte mil horas de funcionários e mais de três milhões de pedaços de papel.[5] Também foi capaz de identificar erros muito mais cedo.

Engajamento do Cliente

Talvez a área mais madura da medição digital seja o marketing digital, graças ao surgimento das mídias sociais como um canal alternativo para se conectar com os clientes. Essas medidas buscam avaliar a eficácia do marketing em diferentes estágios da jornada do cliente – desde saber da existência de um produto ou serviço, uma ação específica (como clicar em um *site*), até a eventual compra, adesão, recompra e recomendação.[6]

Diversas medidas fazem partes do *kit* de ferramentas essencial de qualquer profissional de marketing digital. Isso inclui medição de tráfego, impressões, taxas de cliques, taxas de conversão, *drop-offs*, menções, repostagens, *churn* e assim por diante.

Além das ferramentas de marketing digital, as medidas podem ser usadas para avaliar a satisfação do cliente por meio de pesquisas de pulso ou NPS. A atividade do cliente pode ser medida em um *site* ou uma plataforma para garantir que a atenção dos clientes está sendo capturada de forma eficaz. Outra maneira que o engajamento do cliente pode ser medido é pelo tempo economizado.

Netflix, Uber, Amazon e outros gigantes digitais economizaram tempo automatizando o processo de assistir, solicitar o transporte e fazer compras. As economias de tempo – como o tempo necessário para encontrar uma resposta para uma pergunta por meio de um agente inteligente *versus* call center – podem ser medidas.

A transformação digital do DBS Bank, com sede em Singapura, levou ao desenvolvimento do conceito de "horas do cliente", que desde então foi adotado por outros líderes digitais, incluindo o Google. O conceito de horas do cliente (uma unidade de tempo de espera para um cliente) nasceu do desejo de melhorar a vida do cliente. Embora o banco esperasse tirar dez milhões de horas de clientes do banco, acabou tirando 250 milhões de horas. E isso ajudou a gerar um senso de propósito compartilhado entre os funcionários do DBS.[7]

Engajamento dos Funcionários

Ferramentas digitais, como intranets, são frequentemente usadas para melhorar o engajamento dos funcionários e a pandemia de covid-19 acelerou o uso dessas ferramentas. Medidas para avaliar o bom funcionamento das ferramentas digitais podem incluir o número de tarefas que se tornaram automatizadas, geração de receita por funcionário etc. É importante medir a adoção e o uso da ferramenta, incluindo: quantos funcionários a estão usando, se estão aproveitando todos os recursos dela e quanto tempo economizam ao usá-la.

Por exemplo, o McDonald's introduziu a gamificação em seus exercícios de treino para o uso da caixa registradora. Os funcionários relataram ter melhor compreensão do novo sistema e a corporação percebeu melhor desempenho e engajamento dos funcionários, além de aumento no valor médio do pedido.[8]

Nova Criação de Valor

Além da eficiência operacional e do engajamento dos clientes e dos funcionários, é importante verificar se as ferramentas e tecnologias digitais têm impacto positivo na receita e na lucratividade por meio de novas formas de criação de valor. A criação de valor pode vir de novos produtos, novos serviços ou novos modelos de negócios digitais. Exemplos de medidas incluem a porcentagem de receitas e lucros provenientes de produtos, de serviços ou de canais digitais. Muitas organizações estão oferecendo seus produtos e serviços por novos canais, como comércio eletrônico da própria marca, mercados *on-line* e aplicativos. O desempenho relativo desses canais precisa ser avaliado.

Crie uma Tabela de Desempenho Digital Visual

É importante não apenas desenvolver medidas individuais de sucesso, mas estabelecer uma avaliação geral do desempenho com base nos objetivos da transformação digital. A Cisco pode ter dezenas de medidas para avaliar metas recorrentes de receita e *software* em P&D (por exemplo, desenvolvimento de novos produtos), manufatura (por exemplo, metas de produção), marketing (por exemplo, metas de conscientização) e vendas (por exemplo, metas de receita e de lucratividade). Somente após a consolidação dessas medidas seria possível avaliar se a meta de 40/40/2020 havia sido cumprida.

O algoritmo ou painel usado para consolidar as medidas individuais em um teste "omnibus" deve ser determinado por cada organização. Recomendamos coletar as medidas o mais próximo possível do tempo real e apresentá-las como um painel visual. Os painéis podem ser criados com quase todos os bancos de dados e ferramentas de análise de dados.

Quando a empresa dinamarquesa de roupas esportivas Hummel decidiu colocar o varejo omnichannel no centro de sua transformação digital, enfrentou o desafio de rastrear vários indicadores em diferentes canais de vendas. Ela respondeu criando indicadores de rastreamento de painel personalizados em tempo real (como contagens de seguidores) em várias plataformas de mídia social, visualizações e visitas de página exclusivas, transações de comércio eletrônico etc.[9] Os painéis mais eficazes são visualmente atraentes, atualizados e configuráveis para que os gerentes individuais possam modificar o painel para atender às suas necessidades específicas.

Arsenal do Hacker

Tenha objetivos claros, pois eles possibilitam medidas melhores. É difícil desenvolver medidas adequadas para rastrear suas iniciativas digitais. É ainda mais difícil se seus objetivos não forem claros. Primeiro, esclareça o que você deseja alcançar; em seguida, certifique-se de que suas medidas sejam consistentes com os objetivos.

Tenha cuidado com as métricas *proxy*. Você nem sempre pode medir exatamente o que deseja alcançar, então as métricas *proxy* são inevitáveis. Algumas métricas *proxy* são melhores do que outras. Lembre-se do exemplo de como os *downloads* de aplicativos são um *proxy* ruim para o desempenho do aplicativo. Da mesma forma, a redução de custos é uma medida relevante para melhorar a eficiência, mas como os custos podem ser alocados de várias maneiras, muitas vezes é difícil especificar o impacto de soluções digitais específicas no quadro geral de custos. Uma métrica melhor para medir a eficiência pode ser as horas economizadas, pois elas geralmente são medidas com bastante precisão (para funcionários ou clientes) e, portanto, conseguem fornecer um forte *proxy* para a eficiência.

Crie uma visão geral intuitiva e em tempo real. Com amplo portfólio de iniciativas e medidas associadas, pode ser difícil conseguir uma avaliação geral do seu *status* de transformação digital. Normalmente, o melhor caminho não é desenvolver um algoritmo complicado que combine todos os KPIs em um número, mas criar um painel de transformação digital (apoiado por visualizações intuitivas) que capture a situação em tempo real em todo o portfólio digital. Ferramentas de *business intelligence* como o Tableau podem criar painéis personalizados que serão ajustados para os diferentes grupos de partes interessadas.

Questões para Autorreflexão

Você tem métricas claras para todas as iniciativas de seu portfólio digital?

As métricas e as metas estão sendo comunicadas e documentadas claramente?

Quem é responsável por estabelecer, controlar e atualizar regularmente as métricas para iniciativas digitais? Existe acordo entre todas as partes interessadas em relação às métricas e às metas?

Você tem facilidade em dar uma visão geral do estado atual da transformação digital de sua organização? O que pode facilitar essa comunicação?

CAPÍTULOS RELACIONADOS

Crie um Objetivo Claro e Eficaz para Promover a Transformação Digital (Capítulo 1)

O Financiamento do Seu Programa de Transformação Digital (Capítulo 6)

Construa um Portfólio Equilibrado de Iniciativas Digitais (Capítulo 20)

Trabalhe as Iniciativas Digitais em Escala (Capítulo 27)

Como se Aproveitar do Digital para Obter Resiliência Organizacional (Capítulo 30)

CAPÍTULO 29

FIQUE POR DENTRO DAS NOVAS TECNOLOGIAS

A capacidade de encontrar, extrair e experimentar novas tecnologias foi vital em muitas histórias de sucesso digitais. Um relatório da Forrester concluiu que 86% das empresas digitalmente maduras veem a tecnologia como um impulsionador crítico da estratégia de negócios.[1] Mas tentar acompanhar os novos desenvolvimentos seria como "tentar abraçar o mundo", pois a inovação tecnológica ocorre muito rápido. Então, de que maneira os líderes digitais determinam qual tecnologia é potencialmente disruptiva e o que é apenas uma coisa nova? Como eles podem apostar sistematicamente nos vencedores emergentes?

No ambiente atual, o melhor curso de ação é fazer uma "avaliação de opções reais". Isso implica executar muitas pequenas apostas, em vez de algumas apostas grandes, para reduzir o risco de inovação e garantir ampla gama de opções nos investimentos futuros. Da mesma forma, alavancar um ecossistema de parceiros de inovação aumenta as chances de fazer a próxima descoberta. Daí pra frente, passa-se a ir mais rápido – testes, prototipagem e, em seguida, dimensionamento ou descarte.

POR QUE É IMPORTANTE?

Os livros de história estão repletos de histórias "pós-morte" de organizações que não detectaram nem reagiram com rapidez suficiente a cada nova tecnologia emergente que logo dominou seu setor – empresas como Kodak,[2] Nokia[3] e Blockbuster[4] são os heróis trágicos. O tempo é tudo. A pesquisa indica que a tecnologia emergente evolui lentamente no início e, depois, passa a ser adotada de modo mais abrangente, causando uma disrupção profunda em empresas e indústrias inteiras no processo.[5] Seguir todas as modas tecnológicas para tentar se manter seguro é uma estratégia ruim (e cara), especialmente na atualidade, em que novas tecnologias são desenvolvidas mais rápido do que nunca.[6] Para separar o joio do trigo, as organizações precisam implementar uma abordagem sistemática que identifique, examine e experimente tecnologias emergentes. Embora a incerteza não possa ser eliminada, pode ser gerenciada.

MELHORES PRÁTICAS E *INSIGHTS* ESSENCIAIS

A transformação digital e as tecnologias emergentes andam de mãos dadas. Em grandes corporações, a missão dos CTOs e CIOs deve ser identificar tecnologias que forneçam valor futuro às organizações. Mas não devem parar por aí. É necessário também conscientizar toda a equipe executiva do potencial impacto nos negócios e o tempo dessas tecnologias. Isso requer comunicação hábil, aprendizado experiencial e poderes persuasivos, pois nutrir uma tecnologia emergente é um investimento inicial com retorno muito incerto. Por esse motivo, as organizações devem adotar uma abordagem sistemática, fundamentada na tomada de decisões informadas para identificar, examinar e experimentar novas tecnologias.

Expanda sua Rede

Existem muitas fontes de novas tecnologias, desde departamentos internos de P&D a centros de pesquisa, universidades e *startups* a fornecedores e laboratórios governamentais (entre outros). Além disso, a inovação tecnológica assume diferentes formas – da pesquisa básica em ciência dos materiais, até aplicativos de *software* inteligente e algoritmos avançados de aprendizado de máquina. Assim, é importante se concentrar mais nas áreas que podem impactar diretamente o negócio ou avançar na transformação digital.

Estabelecer processos internos é um primeiro passo sensato. Promover a comunicação constante entre P&D, líderes de engenharia e equipe executiva é fundamental. Mas à medida que a tecnologia penetra em todas as partes da organização, as funções não técnicas da empresa também precisam desempenhar um papel. Por exemplo, vimos novas funções, como CTO de marketing ou CTO de RH, encarregadas de filtrar todas as tecnologias emergentes que poderiam impactar a empresa de modo funcional.

No entanto, a maior parte do esforço ocorrerá fora dos limites tradicionais da organização. Portanto, os líderes digitais devem estar atentos a quaisquer mídias e partes interessadas que possam ajudá-los a descobrir novas fontes de tecnologia – ou pelo menos auxiliá-los a seguir a direção certa. Isso inclui tudo: mídias sociais, fóruns de tecnologia, conferências, universidades, órgãos reguladores e de normalização. Se isso parece trabalhoso, é porque realmente é.

> Essas grandes tendências não são tão difíceis de detectar (são muito comentadas e escritas), mas pode ser estranhamente difícil serem adotadas por grandes organizações. Estamos no meio de duas tendências bem óbvias agora: aprendizado de máquina e inteligência artificial.
>
> — JEFF BEZOS, CEO DA AMAZON[7]

A boa notícia é que algumas empresas desenvolveram práticas inovadoras para gerenciar essas complexas ligações externas – por exemplo, conselhos consultivos de tecnologia externa cujo trabalho é relatar novas tecnologias promissoras e seus potenciais impactos. Também vimos CEOs alocarem diferentes campos de tecnologia emergentes para cada membro do comitê executivo. Cada membro é então encarregado de pesquisar e avaliar externamente o potencial da tecnologia e relatar à equipe de liderança por meio de oficinas estruturadas. Isso não apenas promove a prestação de contas, mas aumenta a conscientização da equipe principal e incentiva debates saudáveis sobre impacto e tempo para apoiar a estratégia de tecnologia.

Crie Muitas Opções em Vez de Depender Apenas de uma Grande Aposta

Constantemente confrontados com tecnologias novas e empolgantes, os executivos podem se sentir obrigados a fazer grandes investimentos nos primeiros dias de desenvolvimento. Fazer isso, no entanto, limita severamente a liberdade para decisões futuras e cria custos irrecuperáveis – algo que deve ser evitado em áreas com altos níveis de incerteza. A Toyota se atrasou muito para a festa dos veículos elétricos porque estava muito concentrada na tecnologia de células de hidrogênio (uma solução promissora, mas decepcionante) e automóveis híbridos sem *plug-in*.[8]

Tendayi Viki, sócio da Strategyzer, explica: "O problema com o caso de negócio nos estágios iniciais de um projeto de inovação é que o documento será preenchido com suposições e muito pouco conhecimento. Os líderes então precisam decidir se acreditam ou não na história do caso de negócios".[9]

Uma estratégia melhor é se concentrar na criação de opções futuras apostando pouco em vez de muito e sem restringir a liberdade de ninguém.[10] O lendário fundador da HP, Bill Hewlett, era bem conhecido por preferir fazer "pequenas apostas para descobrir oportunidades imprevisíveis".[11] Assumir pequenos compromissos em um amplo portfólio de inovações tecnológicas promissoras permite que os líderes digitais aumentem seus investimentos assim que as recompensas se tornarem mais claras e minimizarem as perdas em caso de falhas.

Como os líderes digitais podem determinar quais "pequenas apostas" devem ser feitas? Duas fontes populares de informação sobre novas tecnologias incluem o ciclo Hype do Gartner[12] e o relatório anual Tech Trends (tendências tecnológicas) da Deloitte.[13] Outro bom ponto de partida é o ThoughtWorks Technology Radar, que fornece tanto uma visão geral mais genérica quanto uma avaliação das novas tecnologias. Com esse recurso, os líderes constroem seu próprio radar e classificam novos desenvolvimentos em quatro áreas: obter, avaliar, testar e aderir.[14] Os líderes digitais, como Cisco e Zalando, usam essa abordagem e até publicam seus próprios radares.[15] No final das contas, no entanto, não há garantias quando se trata de avaliar o possível impacto nos negócios e a utilidade de uma nova tecnologia.

Gerencie uma Experimentação Orientada por Hipóteses

Uma vez que uma nova tecnologia promissora é identificada, as organizações devem buscar uma abordagem sistemática para avaliá-la – muitas vezes formulando hipóteses e testes com experimentos. Líderes digitais, como a gigante global de viagens Booking.com, abraçaram a experimentação à medida que ela se tornou parte de suas operações comerciais regulares. Depois de contratar um diretor dedicado à experimentação, a Booking.com agora executa mais de mil experimentos simultâneos em um dia.

A maior parte das grandes organizações tem recursos internos apropriados para testar e experimentar novas tecnologias. No entanto, com tantas novas tecnologias, encontrar um caso de uso que funcione pode ser tão difícil quanto desenvolver o *hardware* e o *software*. Além disso, no mundo conectado de hoje, é cada vez mais improvável que uma única organização possa levar, sozinha, uma nova tecnologia impactante da ideia para o mercado. Isso aumentou a importância das redes de inovação e dos ecossistemas parceiros, que, juntos, podem gerar, desenvolver e fornecer inovações tecnológicas.

Para garantir uma proposta de valor clara para novas tecnologias, inovadores bem-sucedidos seguem uma abordagem de portfólio que inclui internalização usando práticas como plataformas de teste internos equipados com dados anônimos de clientes combinados com uma incubadora ou um programa acelerador para capturar melhores práticas e novos conhecimentos do ecossistema de *startups*. Algumas organizações também buscam programas de pesquisa em parceria com outras empresas, universidades ou instituições de pesquisa.[16]

Mas como orquestrar uma abordagem distribuída para formular hipóteses, testar e experimentar? Um exemplo é o ADAMOS,[17] um consórcio (aliança estratégica) de empresas industriais de manufatura e engenharia que visa desenvolver uma plataforma tecnológica para a internet industrial das coisas e para a Indústria 4.0. Em vez de cada empresa lutar separadamente para desenvolver uma proposta competitiva nesta arena que está sempre mudando de maneira rápida, o ADAMOS permite que todos os seus membros se beneficiem de uma abordagem compartilhada de escopo, experimentação e desenvolvimento de tecnologia.

Na era digital, pouquíssimas organizações têm as capacidades e aptidões necessárias para serem pioneiras em inovações tecnológicas sem ajuda. Assim, a maior parte das organizações, pequenas ou grandes, se beneficiará de estratégias de inovação colaborativa que alavancam o poder das redes.[18]

* * *

Embora a transformação digital tenha a ver com pessoas, as organizações que desejam liderar a revolução digital devem ser especialistas no escopo, na avaliação e na implementação de novas tecnologias em propostas de negócios de valor agregado de modo mais rápido do que a concorrência.

Arsenal do Hacker

Aproveite a curiosidade e crie um burburinho tecnológico. Criar um burburinho em torno de novas tecnologias em sua organização é uma ótima maneira de incentivar o envolvimento de todos na busca de novas tecnologias. Participe de (ou patrocine) eventos de inovação como *hackathons*, aceleradores ou incubadoras para se envolver com o ecossistema de *startups* e internalizar novas tecnologias. Certifique-se de capturar novas ideias por meio de mídia colaborativa ou de comunicação social, como um *blog* interno ou ferramentas como Slack ou Discord. Evite o julgamento precoce e convide todos para participar – independentemente do conhecimento tecnológico ou da função que a pessoa exerce no trabalho. Algumas empresas criam canais de comunicação dedicados em que "novas tecnologias empolgantes" podem ser discutidas.

Concentre-se em pequenas apostas para proteger suas chances. Avalie opções reais, isto é, faça "muitas pequenas apostas em vez de algumas grandes apostas" para manter suas opções futuras abertas. A inovação tecnológica é inerentemente de alto risco, então a chave é deixar a porta aberta para investimentos futuros em vez de arriscar demais com desenvolvimentos iniciais. Não mergulhe de cabeça até que a tecnologia seja amadurecida, testada e colocada no contexto do mundo real, mais precisamente em situações de mercado semelhantes às suas.

Coloque a experimentação no DNA de sua organização. Manter os olhos abertos e discutir novas ideias não basta. Estabeleça um caminho concreto para que novas ideias de tecnologia entrem em sua organização na forma de experimentos para que você possa tomar decisões rápidas em relação a ajustes que precisam ser feitos e a novas possibilidades. Se você tiver pontos de contato com o cliente digital, será mais fácil. Para começar, ponha as mãos à obra e descubra como a experimentação pode ser formalmente integrada a seus processos de negócios atuais para que se torne parte do DNA de sua empresa.

Questões para Autorreflexão

Qual foi a última vez que você falou sobre levar novas oportunidades tecnológicas para a organização?

Quem é responsável por trazer novas tecnologias para sua organização? Já existe uma função ou um processo dedicado a procurar novas tecnologias?

Quando alguém apresenta inovações tecnológicas, a organização se concentra em encontrar aspectos positivos nelas e "ajustá-las" de acordo com as necessidades da empresa, ou se preocupa em encontrar motivos pelos quais tais inovações nunca funcionariam ali?

Você protegeu suas apostas em tecnologias inovadoras em potencial ou colocou todos os ovos em uma cesta só?

CAPÍTULOS RELACIONADOS

Desenvolva Hiperconsciência na Organização (Capítulo 12)

Gerencie Parcerias e Ecossistemas (Capítulo 13)

Invista em *Startups* (Capítulo 14)

Implemente a Inovação Aberta de Modo Eficaz (Capítulo 15)

Construa um Portfólio Equilibrado de Iniciativas Digitais (Capítulo 20)

CAPÍTULO 30

COMO SE APROVEITAR DO DIGITAL PARA OBTER RESILIÊNCIA ORGANIZACIONAL

Nos últimos anos, a resiliência tornou-se prioridade porque as organizações enfrentam disrupções cada vez mais frequentes e intensas. Organizações resilientes são capazes de se recuperar, crescer e prosperar em uma nova realidade. Com tantas organizações dependentes de dados, análises, ferramentas digitais e automação para seus processos, as tecnologias digitais agora constituem um elemento crítico da continuidade dos negócios e da resiliência organizacional contra choques externos repentinos. Em suma, a resiliência agora é um componente importante em qualquer transformação digital. Se feita corretamente, a transformação digital pode ser aproveitada não apenas para construir uma resiliência organizacional de longo prazo, mas para fornecer ganhos no curto prazo, como crescimento da receita superior e custo reduzido.

POR QUE É IMPORTANTE?

Algumas organizações superam as "colegas" semelhantes durante as crises. Outros perdem terreno ou não sobrevivem. Na verdade, apenas em 1 de cada 7 empresas as vendas e as margens de lucro aumentara durante as recentes quedas.[1] Após grandes choques externos (como os ataques terroristas de 11 de setembro de 2001 ou a pandemia de covid-19), prevaleceu o comportamento que busca soluções mais rápidas. Durante a pandemia de covid-19, por exemplo, um quarto das organizações abandonou seus investimentos em projetos de inovação[2] conforme a incerteza econômica as empurrava para o modo de sobrevivência.

Por outro lado, as organizações resilientes continuam investindo e implantando rapidamente recursos para fontes de valor existentes ou novas em vez de reduzir sua estrutura de custos. Durante a crise de covid-19, a fabricante de roupas Levi Strauss colheu os benefícios de seus investimentos em infraestrutura e tecnologia de comércio eletrônico. Em questão de dias, conseguiu atender pedidos *on-line* tanto dos centros de distribuição quanto dos centros de varejo. Ela também lançou serviços conectados digitalmente, como coleta de peças na frente da loja e personalização de produtos, além de aproveitar a IA para analisar e impulsionar promoções, assim vendeu seis vezes mais do inventário.[3]

A American Express, que enfrentou aumento nas taxas de inadimplência e queda na demanda do consumidor, usou a crise financeira de 2008 como uma oportunidade para investir. Embora a empresa inicialmente procurasse reduzir custos, ela rapidamente se reorientou para investir em *startups* de tecnologia em estágio inicial que acelerariam sua transição para o comércio digital.[4] Uma década depois, a American Express continua sendo a líder indiscutível do mercado com um valor de mercado de US$ 92 bilhões, mesmo após novas *startups* de tecnologia surgirem para desafiá-la.[5]

MELHORES PRÁTICAS E *INSIGHTS* ESSENCIAIS

Assim como muitos jargões corporativos, por exemplo "agilidade" e "transformação digital", a palavra "resiliência" é frequentemente usada, mas raramente definida. Para nós, uma organização só pode ser verdadeiramente resiliente se exibir os três traços a seguir: vivacidade, robustez e capacidade de resposta. **Vivacidade** é a capacidade de evitar ameaças. Organizações vivazes têm a capacidade de sentir o perigo e se esquivar rapidamente. No entanto, mesmo as organizações mais vivazes não conseguem evitar todas as dificuldades. Pandemias, desastres naturais e recessões costumam atacar indiscriminadamente. Sendo assim, a **robustez** – aptidão para absorver choques – é um atributo organizacional crucial, assim como a **capacidade de resposta** – aptidão para se recuperar de forma rápida e eficaz dos choques. Cada um desses componentes da resiliência pode ser aprimorado por meio de ferramentas e tecnologias digitais.

Como o Digital Pode Melhorar a Vivacidade?

Antes de uma organização reagir a ameaças, ela precisa ser capaz de prestar atenção nos arredores e ver as ameaças chegando. Assim, ter a capacidade de prever algumas situações é a chave para ser vivaz. As ferramentas digitais podem melhorar a habilidade da organização em prestar atenção nos arredores de várias maneiras. Por exemplo, o monitoramento de redes sociais pode atuar como um sistema de aviso prévio para detectar comentários negativos ou problemas com o produto ou serviço. Além disso, mecanismos anônimos de comentários dos funcionários podem avisar à gerência problemas que, de outra forma, permaneceriam ocultos.

Mova-se Rapidamente para Evitar Ameaças

Perceber é uma coisa, reagir é outra. Como as organizações são muitas vezes prejudicadas pela tomada lenta de decisões, muitas são incapazes de reagir a tempo – mesmo quando sabem o que precisa ser feito. Um *software* de inteligência de negócios (como painéis) ajuda a apresentar dados que facilitarão a tomada rápida de decisão, assim como ferramentas analíticas que apoiam a tomada de decisões ao sugerir alternativas de modo ágil. Enquanto isso, as ferramentas de colaboração podem garantir que dados e informações sejam capturados e compartilhados por toda a organização para que as pessoas que precisam possam obtê-los rapidamente. Por fim, as tecnologias de virtualização podem garantir que as empresas continuem funcionando, mesmo que os principais *sites* estejam comprometidos.

Como o Digital Pode Aumentar a Robustez?

Robustez é a capacidade de absorver golpes. Sistemas fragmentados ou confusos geralmente contêm pontos de falha em potencial – muitos dos quais estão ocultos. Assim, é importante construir ferramentas digitais em cima de uma **infraestrutura tecnológica estável**. A importância de integrar rapidamente novas iniciativas digitais às regras, aos sistemas e às habilidades de TI já existentes é frequentemente subestimada até em épocas normais. A transformação digital é um processo de ponta a ponta, intimamente entrelaçado com processos e sistemas de negócios do *back-end*. Portanto, como já era esperado, os casos bem-sucedidos de transformação que identificamos eram frequentemente acompanhados por uma abordagem padronizada da infraestrutura.

> Empresas ruins são destruídas por crises, empresas boas sobrevivem a elas e grandes empresas são melhoradas na crise.
> — ANDREW GROVE, COFUNDADOR DA INTEL CORPORATION[6]

Em organizações compostas por várias unidades de negócios, uma infraestrutura digital central junta recursos digitais compartilhados em uma única plataforma para oferecer suporte a diferentes processos de negócios. Tomemos como exemplo a empresa global de bens de consumo Nestlé, que tem produtos e serviços espalhados por diferentes indústrias e mercados. Com o início da pandemia de covid-19, a Nestlé reformulou sua abordagem a dados para responder às mudanças nas preferências do consumidor. Ela criou ferramentas para prever mudanças na cadeia de suprimentos e repensou a forma como suas fábricas deveriam operar para lidar com as restrições de viagens. "Queríamos evitar a falta de estoque nos varejistas", disse o ex-CIO Filippo Catalano.[7]

Uma equipe interna dedicada construiu um painel para rastrear surtos de covid-19 até códigos postais individuais e correlacionar esses dados com dados internos de fabricação e com cadeias de suprimentos para manter o fornecimento do produto. O sucesso dessa iniciativa ocorreu parcialmente devido ao programa Globe (Global Business Excellence) da Nestlé, introduzido pela primeira vez no ano 2000, com o objetivo de avaliar e consolidar os diferentes sistemas de TI utilizados pela empresa e todas suas subsidiárias. Como observou Eberhard Ruess, ex-chefe do escritório do CIO da Nestlé: "Sem essa infraestrutura comum, teria sido difícil implementar e dimensionar nossa estrutura de dados distribuídos".[8] Para a Nestlé, a aquisição de dados centrais que eram interoperáveis, acessíveis e reutilizáveis por toda a empresa e a alavancagem com novas técnicas de IA fizeram toda a diferença.

Estabelecendo Medidas de Prevenção e de Contenção da Cibersegurança

Quando as organizações estão sob forte pressão, podem se tornar os alvos principais de ataques cibernéticos, como tentativas de *phishing* ou *malware*. A Palo Alto Networks identificou mais de quarenta mil domínios maliciosos usando nomes relacionados ao coronavírus durante os primeiros seis meses da pandemia.[9]

Alguns ataques cibernéticos podem ser evitados, ou seu impacto reduzido, por fortes medidas de prevenção e contenção. Mas, em algum momento, é provável que uma organização seja duramente atingida. Um forte plano de resposta da segurança cibernética garantirá que a empresa volte a funcionar rapidamente. Por exemplo, muitas organizações estão seguindo uma abordagem 3-2-1 para *backups* de dados. Isso significa que todos os dados críticos são copiados em três locais separados, em pelo menos duas mídias de armazenamento diferentes, e um local de armazenamento é remoto e *offline*.

Quando Maersk foi atingido pelo vírus de computador NotPetya em 2017, grande parte da empresa ficou *offline*, pois mesmo que os dados fossem copiados em tempo real, todos os *backups* estavam conectados. Como resultado, o vírus se estendeu a todos os *backups* ao mesmo tempo. Felizmente, um servidor na África estava *offline* devido a um corte de energia na área, e a empresa conseguiu recuperar grande parte dos dados perdidos.[10]

Várias pesquisas revelaram falta de envolvimento das equipes de segurança no processo de transformação digital de sua organização.[11] À medida que as organizações passam por transformação digital, é fundamental implementar um ambiente em nuvem seguro e outros métodos rigorosos para proteger o compartilhamento e o uso de dados essenciais para as operações, a segurança dos dispositivos IoT e a proteção de ativos de alto valor. Assim, as equipes de segurança de TI de uma organização devem estar envolvidas no planejamento da transformação digital desde o início.

Outra das principais partes interessadas que deve se envolver é a alta administração. Em um estudo realizado pelo Ponemon Institute, as organizações nas quais a alta administração reconhece a importância de um processo seguro de transformação digital eram mais propensas a ter tanto programas maduros de segurança cibernética quanto de transformação digital em vigor. As duas iniciativas funcionam de mãos dadas.[12]

Como o Digital Pode Melhorar a Capacidade de Resposta?

É inevitável que as organizações de hoje sejam impactadas pela disrupção. Nossa exploração do impacto da covid-19 nas transformações digitais ressalta a importância do nível de maturidade digital de uma organização no que se refere à forma como ela responde às crises. Descobrimos que organizações digitalmente maduras mantiveram investimentos em iniciativas digitais inovadoras e **alavancaram investimentos digitais existentes**, fazendo-os crescerem em mercados onde a necessidade surgiu.[13]

A SGS, uma empresa global de testes e certificação, iniciou sua transformação digital em 2016 para aumentar a produtividade por meio de inspeções remotas e desenvolver novas ofertas de serviços digitais. Durante a pandemia de covid-19, a empresa começou a oferecer auditorias de vídeo usando um aplicativo móvel, pois seus inspetores não podiam viajar para o local. Usando o aplicativo móvel, os clientes eram guiados durante a inspeção. Embora o serviço fosse novo, a tecnologia móvel já existia nas iniciativas digitais em andamento da empresa. Como Fred Herren, ex-chefe de digital e inovação, explica: "Para a continuidade dos negócios, não tivemos tempo de lançar algo totalmente novo. Tem a ver com usar ferramentas existentes de novas maneiras".[14] Para a SGS, a crise acelerou a adesão de ferramentas digitais existentes, que podem ter sido consideradas apenas legais em algum momento, mas logo começaram a ser consideradas essenciais para satisfazer às necessidades do cliente em meio a uma crise.

Desenvolvendo Visibilidade na sua Cadeia de Suprimentos

Embora haja muita discussão em relação ao fato de que as tecnologias digitais estão transformando os modelos de negócios das organizações e as atividades voltadas para o cliente, o impacto dessas tecnologias na transformação das cadeias de suprimentos é muito menos discutido. Isso é lamentável, uma vez que garantir a distribuição da cadeia de suprimentos é alta prioridade para muitas organizações quando ocorrem desastres naturais, acidentes industriais ou pandemias.

As vantagens do gerenciamento digital da cadeia de suprimentos incluem aumento na disponibilidade de produtos, tempos de resposta mais rápidos e melhores reduções de capital de giro.[15] Embora as cadeias de suprimentos digitais possam significar coisas diferentes para diferentes organizações, garantir a visibilidade e o controle da cadeia de suprimentos é bem útil durante uma crise.

Depois que o furacão Sandy derrubou a fábrica da Procter & Gamble em Avenel, Nova Jersey, em 2012, a empresa tomou a decisão consciente de se tornar mais proativa em sua resposta a crises. Em 2016, ela investiu em um *software* em nuvem que mantém um mapa digital da cadeia de suprimentos da P&G, junto com a lista de materiais para cada produto. Ao incorporar dados do SIGE da empresa, bem como dados externos, como previsões meteorológicas, a P&G pode executar cenários para tentar evitar disrupções da maneira mais econômica.[16]

Os líderes podem ficar um passo à frente das disrupções da cadeia de suprimentos ao tomarem decisões baseadas em dados em tempo real. As equipes podem reagir rapidamente aos *insights* para desenvolver ações de recuperação e ajudar suas organizações a prosseguir sem problemas em tempos de interrupção.

* * *

Dada a importância das tecnologias digitais, recomendamos que líderes digitais projetem suas transformações digitais com resiliência digital suficiente, isto é, que elas tenham vivacidade, robustez e capacidade de resposta. Embora reservas financeiras ajudem a amortecer danos causados por perdas, a resiliência digital permite que as organizações mitiguem seus riscos e se ajustem rapidamente a novas realidades após disrupções.

Arsenal do Hacker

Corrija lacunas de desempenho. Na hora de decidir por onde começar, recomendamos priorizar a correção de lacunas de desempenho. As organizações líderes geralmente aplicam tecnologias digitais a problemas complicados demais para serem corrigidos com métodos convencionais. Ver as mercadorias de um armazém em tempo real, embora seja difícil de alcançar com os SIGE tradicionais, pode ser uma atividade relativamente automatizada com o uso de tecnologias digitais. A análise de dados é frequentemente usada para ajudar as organizações com reabastecimento de produtos e planejamento de inventário.

Use a tecnologia para aumentar a tomada de decisões. O padrão é usar tecnologias digitais para substituir, em vez de aprimorar, processos e operações já existentes. Mas os líderes precisam tomar decisões rápidas sob grande incerteza durante épocas de disrupção. Aproveitar a tecnologia para melhorar a tomada de decisões nas áreas de análise de dados e análise de cenários é um bom lugar para começar. Os métodos de aprendizado de máquina e inteligência artificial foram aproveitados para melhorar o planejamento da cadeia de suprimentos, modelar a progressão da doença e auxiliar a tomada de decisões clínicas durante a covid-19. É uma área com benefício imediato e direto para os principais tomadores de decisão.

Use a equipe central como fonte de práticas digitais em tempo real. No caso de uma grande disrupção, as informações em tempo real em relação ao que funciona se tornam cruciais. As organizações, especialmente aquelas que são altamente descentralizadas, muitas vezes descobrem que uma equipe centralizada está melhor posicionada para reunir e disseminar práticas digitais em toda a empresa. Considere o exemplo da Roche Diagnostics, em que a equipe digital central assumiu ativamente o papel de fonte principal para consulta das melhores práticas digitais durante a pandemia. A equipe presava atenção nos problemas que ocorrem em um país ou em uma unidade de negócios, procurava rapidamente soluções digitais desenvolvidas em outras partes da organização e depois as disseminava.[17]

Evite fornecedores únicos sempre que possível. Muitas vezes, a baixa resiliência não é diretamente culpa de uma organização, é causada pela falha de um fornecedor-chave. Ferramentas e tecnologias digitais que são provenientes de um único fornecedor representam um risco operacional significativo. Trabalhar com vários fornecedores para sistemas importantes, mas não confidenciais, pode ter custo adicional, mas é capaz de retornar o investimento várias vezes em caso de interrupção do serviço.

Questões para Autorreflexão

Como você avaliaria as habilidades de sua organização nas áreas de vivacidade, robustez e capacidade de resposta?

Você estabeleceu a resiliência como elemento-chave em sua transformação digital?

Quais iniciativas digitais em andamento você aceleraria para desenvolver a resiliência de sua organização? Que novas iniciativas você recomendaria?

Você está fortemente alinhado com as principais partes interessadas, como equipes de TI e segurança, para construir uma infraestrutura digital vivaz, robusta e responsiva?

CAPÍTULOS RELACIONADOS

Como Fazer o Digital e o TI Trabalharem Juntos (Capítulo 9)

Acelere a Transformação Digital Usando Métodos Ágeis (Capítulo 10)

Desenvolva Hiperconsciência na Organização (Capítulo 12)

Construa um Portfólio Equilibrado de Iniciativas Digitais (Capítulo 20)

CONCLUSÃO

Além da Transformação Digital

O Caminho para se Tornar uma Organização Digital

> *Não há atalhos para qualquer lugar que valha a pena ir.*
> — Beverly Sills

Um ditado corporativo afirma que "a transformação digital não é um projeto, mas uma jornada". Anotado. Mas o *Oxford Learner's Dictionary* define uma jornada como "o ato de viajar de um lugar para outro, especialmente quando eles são distantes".[1] Até agora, estamos transformando digitalmente nossas organizações há mais de uma década, então temos a parte "distante". Mas e o destino? Essa jornada tem fim?

Nossa resposta é: provavelmente não.

Por quê? Porque o ritmo implacável da inovação tecnológica não vai desacelerar tão cedo. Pelo contrário, provavelmente acelerará, continuando a impactar radicalmente a maneira como operamos e gerenciamos todos os cantos de nossas organizações. A empresa de pesquisa IDC prevê que, até 2023, os gastos globais das empresas com tecnologias e serviços para a transformação digital chegarão a US$2,3 trilhões. Até 2024, espera-se que mais da metade de todos os gastos em TI vá para a transformação e inovação digital.[2]

Vimos muitas grandes empresas lutando e, finalmente, superando os dois primeiros estágios da transformação digital: iniciação e execução. Elas descobriram formas de usar tecnologias digitais para mudar a maneira como se relacionam com os clientes, melhorar o desempenho operacional e levar os funcionários a trabalhar de maneira mais eficaz.

Mas a digitização do negócio existente tornou-se essencial atualmente. Temos visto muito menos empresas passando da fase de estabilização da transformação digital. Esse estágio exige que elas mudem para novos modelos de negócios, conectando e automatizando totalmente suas operações ou aumentando as habilidades dos funcionários por meio da colaboração entre homem e máquina.

Não há dúvida de que a tecnologia digital estimulou uma mudança sísmica no desempenho de nossas organizações, dos indivíduos e de sociedades inteiras. Mas o que vem a seguir?

Muitos executivos, acadêmicos e consultores estão buscando o santo graal do mundo pós-digital – ou uma "terceira mudança" do industrial para o digital ou para outra coisa. Muitas vezes, a resposta para a pergunta "o que vem a seguir?" é outra tecnologia brilhante ou um algoritmo mais avançado, como computação quântica, computação cognitiva, registros distribuídos ou uma inteligência artificial mais "inteligente". A maioria dos analistas ou dos autoproclamados futuristas considera a tecnologia o mecanismo central de enquadramento para futuras transformações.

Por mais que o progresso na tecnologia seja crítico, acreditamos que essa previsão está errada.

HACKEANDO SUA JORNADA EM DIREÇÃO À ORGANIZAÇÃO DIGITAL

Os próximos anos testemunharão mudanças impulsionadas pelo digital no mundo dos negócios – que farão tudo o que experimentamos nos primeiros dias da transformação digital até agora parecerem apenas uma iniciação. E além do desenvolvimento tecnológico, a inovação organizacional representará a maior mudança para nossos negócios e nosso pessoal.

O principal desafio dos negócios tem sido, é e será a capacidade das organizações de se adaptarem rápido o suficiente a novas possibilidades tecnológicas e mudanças em situações competitivas. Em outras palavras: a "coisa da transformação." O santo graal será, de fato, organizacional – mais especificamente, a capacidade das corporações de executar o "ato" da segunda natureza da transformação digital.

Nós escrevemos *Transformação Digital* para facilitar o processo de sair de uma transformação digital para uma organização digital. Abordamos os principais desafios e pontos problemáticos de execução que ouvimos repetidamente em nosso trabalho de consultoria, ensino e pesquisa na última década. O que aprendemos é que os principais aceleradores e obstáculos da transformação digital não têm a ver com tecnologia, mas com liderança, pessoas, estruturas organizacionais, cultura ou políticas internas. É o lado mais suave, porém mais intenso (ou seja, mais difícil) da equação que impulsionará as organizações para o estágio final da transformação digital, o de **se tornar uma organização digital**.

Quando a transformação digital se tornar normal para sua organização, seu pessoal e seus clientes, você chegou lá. Em outras palavras, o digital se tornará transparente pela maneira como você administra sua organização, gerencia seu pessoal ou aproveita novas ondas de inovação tecnológica. Com isso, não queremos dizer que você deixará de trabalhar com ativos físicos ou com pessoas. Estamos afirmando que seus modelos comerciais e operacionais serão construídos em uma camada fundamental de processos e dados digitais.

Por exemplo, um banco digital ainda pode ter filiais, mas nos bastidores você encontrará um conjunto de procedimentos operacionais habilitados digitalmente, garantindo que a experiência do cliente seja consistente em todos os canais. É um novo DNA organizacional ancorado em mentalidades, práticas, capacidades e comportamentos digitais. Ao longo deste livro, abordamos as melhores práticas para construir esse DNA organizacional. Mas, como mostramos, não há uma única fórmula para se tornar uma organização digital. É um trabalho árduo, mas felizmente demos e daremos aqui também algumas dicas.

SOBRE SE TORNAR UMA ORGANIZAÇÃO DIGITAL

Tecnologias digitais poderosas, dados onipresentes e algoritmos avançados oferecem novas opções estratégicas para produtos, serviços e modelos de negócios. Ao mesmo tempo, essas tecnologias representam novas escolhas organizacionais para projeção, coordenação e gerenciamento de pessoas e serviços. A narrativa sobre a transformação digital, até o momento, deu pouca atenção ao desafio organizacional de executar as estratégias digitais escolhidas.

Os líderes empresariais são bombardeados com conselhos como "Aja como uma *startup*" ou "Uberize-se". Mas o quanto esse conselho é útil quando você administra uma organização grande e complexa? Embora tenhamos melhor compreensão das características das empresas digitais, os líderes precisam desenvolver uma versão autêntica de suas próprias organizações. Cultura, liderança, estrutura organizacional, complexidade e globalidade são importantes na forma como você abre caminho para se tornar uma organização digital. A maioria das organizações não é conhecida por ser vivaz e ágil. Então como elas podem desenvolver a agilidade corporativa necessária para se tornarem organizações digitais e competirem de modo eficaz e sustentável?

Pesquisas anteriores mostram que para se tornar uma organização digital é preciso desenvolver uma capacidade sustentável de se adaptar rapidamente e de se auto-organizar para agregar valor por meio de tecnologias emergentes.[3] Requer-se também repensar em como se organizar – e operar – de maneiras novas e produtivas. Exige-se ainda uma força de trabalho adaptável. Tornar-se uma organização digital continua sendo uma aspiração para a maioria das empresas. Pesquisas mostram que a maioria das organizações está em um estado de transição: mesmo entre as empresas tradicionais que estão atoladas até o joelho no estágio de execução, apenas 7% estão perto de passar pelo estágio de estabilização.[4] Não há resposta pronta, mas *há* um plano.

Chegar a esse destino é mais uma maratona do que uma corrida, e, às vezes, a jornada pode ser desconfortável. Ela exige tenacidade e resiliência. Acima de tudo, exige forte liderança para orientar o curso e manter a organização concentrada no objetivo final. Mas o esforço vale a pena. As organizações digitais são capazes de se adaptar a pequenas brechas de oportunidade ou responder a eventos externos significativos rapidamente. A essa altura, a transformação digital, como um processo orquestrado, não será mais necessária.

O quadro de empresas que alcançou o *status* de **organização digital** exibe uma série de características comuns: a mentalidade "o digital primeiro"; uma força de trabalho digitalmente experiente e tecnologicamente aumentada; tomadas de decisão orientada por dados; capacidade de se auto-organizar e de orquestrar trabalhos em escala (veja a Figura C.1). Uma tarefa difícil.

Mentalidade "o digital primeiro". A transformação digital tem intrinsecamente unido a transformação de negócios com a tecnologia. Uma atitude positiva e proativa em relação às possibilidades digitais é especialmente importante. Nas organizações digitais, uma mentalidade instintiva de "o digital primeiro" é evidenciada pela forma com a qual as pessoas em toda a empresa exploram soluções digitais antes das tradicionais baseadas em processos, usando sistematicamente ferramentas digitais e análise de dados. Essa mentalidade favorece a tecnologia e uma abordagem base zero para resolver problemas, automatizar tarefas na medida do possível e incentivar a experimentação e a inovação digital.

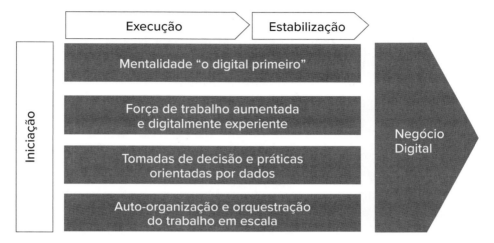

Figura C.1 O caminho para o negócio digital.

Ao longo deste livro, discutimos o que é preciso para construir a mentalidade "o digital primeiro". Destacar-se na inovação aberta, construir hiperconsciência e se tornar uma organização ágil são algumas das maneiras de chegar lá. O CEO da Capital One, Richard Fairbank, observou: "O digital é quem somos e como fazemos negócios. Precisamos fazer digital como fazemos negócios não apenas com nossos clientes, mas também na forma como operamos a empresa".[5] À medida que os funcionários experimentam e divulgam sucessos com essa abordagem, as atitudes positivas se espalham pela organização em geral.

Forças de trabalho aumentadas e digitalmente experientes. Aumentar o QI digital e desenvolver habilidades-chave em uma organização têm sido os principais desafios de uma transformação digital. Esses aspectos se tornam essenciais para o funcionamento de uma organização digital. E não são casos isolados. A necessidade de aprendizagem contínua torna-se maior, não menor. As organizações digitais demonstram habilidade avançada no uso de ferramentas e de dados para implementar e reconfigurar dinamicamente – e rapidamente – tanto o trabalho humano quanto os recursos de capital.

Depois, há a automação. Como regra, as organizações digitais padronizam a automação de processos principais, especialmente tarefas repetitivas e improdutivas. Mas a maior parte dos empregos já existentes não é deslocada; aumentam, na verdade. A automação elimina muitas das tarefas que costumavam abalar os fluxos de trabalho, deixando os humanos se concentrarem em tarefas mais gratificantes e relevantes.

A colaboração entre homem e máquina se torna maior do que a soma de todas as peças. Robin Bordoli, CEO da empresa de aprendizado de máquina Figure Eight, falou sobre esse aspecto: "Não tem a ver apenas com máquinas que substituem humanos, mas com máquinas que expandem a capacidade dos humanos. Humanos e máquinas têm pontos fortes e fracos diferentes e relativos, e [...] a combinação deles [...] permitirá que as intenções humanas e o processo de negócios escalem 10 vezes, 100 vezes e além disso nos próximos anos".[6] Por exemplo, em radiologia, algoritmos computadorizados aumentaram a produtividade do diagnóstico de casos simples e, o mais importante, ajudaram profissionais médicos, incentivando-os a se concentrarem em diagnósticos mais complexos. Um resultado melhor.

Tomadas de decisão orientadas por dados. No decorrer das transformações digitais, as pessoas costumam ficar bem entusiasmadas quando falam sobre *big data* e o poder da análise na tomada de decisões estratégicas. A verdade é que a maioria de nós acredita fortemente em nossos próprios poderes de intuição. E isso não é ruim. O julgamento humano ainda é importante nas organizações digitais. Jeff Bezos, fundador e CEO da Amazon, identificou dois tipos de decisões: "Existem decisões que podem ser tomadas por meio de análises. Esses são os melhores tipos de decisões. São decisões baseadas em fatos que anulam a hierarquia. Infelizmente, há todo esse outro conjunto de decisões que você não pode tratar como um problema matemático".[7]

Dito isso, nas organizações digitais a mentalidade padrão é baseada em fatos – das decisões do cliente às decisões operacionais e às decisões das pessoas. Essa mentalidade se estende até mesmo à maneira com a qual você inova e conduz experimentos. É claro que, para se tornar orientado por dados em sua tomada de decisão, você precisa ter acesso a dados de qualidade: dados oportunos, precisos e completos.

Bons dados ajudam os funcionários a melhorarem as operações internas de negócios e a responder de forma eficaz às demandas dos clientes. Para realmente alavancar o investimento em digitização, as organizações devem usar seus dados acumulados em análises sistemáticas que impulsionam decisões estratégicas importantes, além de monitorar e refinar processos internos. Os dados permitem que as organizações digitais sejam mais bem orquestradas e controladas do que nunca. E, paradoxalmente, esse é um pré-requisito para fornecer mais autonomia aos funcionários. Conforme os funcionários e a gerência percebem os benefícios dos resultados orientados por dados, usam abordagens fundamentadas em fatos de forma mais consistente, criando um ciclo virtuoso.

Agilidade auto-organizadora. O *design* organizacional não é uma ciência perfeita. Com o tempo, independentemente de como você se organiza, os grupos fechados, "silos" e "panelinhas" ainda existirão. Naturalmente, o primeiro truque é se organizar para não entrincheirá-los ao longo de estruturas hierárquicas ou de domínios funcionais. Mas para ter sucesso, as iniciativas digitais devem atravessar a construção organizacional. As organizações digitais exibem a fluidez da equipe e do trabalho com base em **aprendizagem colaborativa**. Elas usam o trabalho em equipe e a parceria para resolver problemas sem levar em conta a disciplina, a geografia, a propriedade ou outros parâmetros tradicionais, garantindo que os *insights* e as soluções se movimentem rápida e prontamente através das fronteiras.

Os líderes organizacionais ajudam ao estabelecerem metas claras, incentivarem a colaboração entre fronteiras, fornecerem acesso liberal a informações relevantes e ao confiarem na capacidade dos funcionários de darem seu melhor em cada desafio. Isso é apenas para programas ágeis? Não. Vai muito além de processos e ferramentas ágeis. Nas organizações digitais, agilidade e vivacidade estão incorporadas ao DNA de como o trabalho é realizado e de como as pessoas se juntam, interagem e colaboram. Com sincronização e controle mais rígidos por meio de dados e análises, as organizações digitais podem fornecer mais autonomia ao seu pessoal, com mais confiança. É a mudança para níveis mais altos de **auto-organização**.

A empresa chinesa Haier, maior fabricante de eletrodomésticos do mundo, levou a transformação digital adiante ao inovar seu modelo organizacional para imitar a arquitetura da internet. A empresa se divide em cerca de duzentas microempresas voltadas para o cliente e em mais de 3.500 microempresas de serviço e de suporte. A Haier demorou dez anos para redefinir seus principais fluxos de trabalho e mudar a mentalidade da força de trabalho. Mas o esforço valeu a pena. O presidente e CEO da Haier, Zhang Ruimin, explica o que impulsiona o sucesso das microempresas:

> Microempresas de sucesso têm três características. A primeira é que elas são muito empreendedoras e muito boas em identificar, desenvolver e aproveitar novas oportunidades de mercado para que possam desenvolver esses mercados e aproveitar as oportunidades. A segunda é que elas são muito bem auto-organizadas. Elas também estão dispostas a convidar pessoas de fora da organização para se juntarem a elas nas pesquisas e no desenvolvimento. A terceira é que essas microempresas de sucesso são autorientadas e muito motivadas. Elas estão sempre procurando a próxima oportunidade para crescer.[8]

Atingir o nível de uma organização digital tem dois corolários importantes. Em primeiro lugar, as organizações digitais têm fronteiras porosas. Elas têm a capacidade de acessar rapidamente talentos externos – sejam eles especialistas em aprendizagem de máquina de uma universidade de ponta, inovadores em soluções de *softwares* de *startups* ou programadores contratados para trabalhos temporários. Em segundo lugar, as organizações digitais são capazes de empregar recursos internos e competências de forma flexível para onde quer que existam oportunidades operacionais ou de clientes – além dos limites organizacionais, dos lucros e perdas ou dos ciclos orçamentários. Quando essa destreza digital é alcançada, o engajamento da força de trabalho e o intraempreendimento se tornam os resultados.

Agora é hora de perguntar a si mesmo:

- Você acha que sua organização está mais perto ou mais distante da mentalidade "o digital primeiro"?
- O quanto sua força de trabalho é digitalmente experiente? Você está pensando em como a automação pode aumentar o trabalho de valor agregado na organização?
- Você tem os dados e a mentalidade necessários para ser orientado por dados em sua tomada de decisão?
- Qual é a capacidade da força de trabalho se auto-organizar por meio das fronteiras tradicionais?

Será que agora você está deprimido pelo tamanho do desafio que está enfrentando? Não se sinta assim. Você não está só. A grande maioria das empresas ainda está se transformando em organizações digitais. Poucas já chegaram lá. O importante é a capacidade de medir o progresso. Há sinais claros que podem ajudá-lo a certificar-se de que sua organização está avançando.

Por exemplo, quando a colaboração e o compartilhamento assumem o controle da coordenação administrativa, não há mais necessidade de governança digital. A Airbus, por ter desenvolvido uma comunidade de doze mil funcionários digitalmente experientes, decidiu que era madura o suficiente para incorporar recursos digitais nas atividades principais do negócio. Assim, a empresa decidiu dissolver o escritório de transformação digital, o principal mecanismo de governança que sustentou a transformação digital da Airbus.[9]

O importante é a aspiração e o impulso para orientar sua empresa, deixando-a cada vez mais perto de se tornar uma verdadeira organização digital. Tem a ver com liderança. No entanto, os líderes não podem exigir o desenvolvimento de valores e de normas como colaboração, auto--organização e tomadas de decisão baseadas em fatos. Mas eles **podem** promover condições que incentivem novas mentalidades e novas práticas, por exemplo: sendo modelos e incentivando a colaboração entre silos ou exigindo tomadas de decisão orientadas por dados junto com o nível certo de mudanças organizacionais para fazê-las funcionar.

A cada etapa da transformação digital, surge um novo desafio. Alguns deles estão relacionados à tecnologia, mas, na maioria das vezes, as barreiras para a transformação bem-sucedida são organizacionais. Elas têm a ver com as pessoas, a estrutura organizacional, a cultura, os incentivos, a governança, a visão e uma série de outras questões complexas. Após uma década de experiência em transformação digital, capturamos as melhores práticas dos profissionais para ajudar os outros a superar essas difíceis transformações.

Esperamos que este *Transformação Digital* ajude você a se desenvolver mais rapidamente, fazendo-o deixar de ser apenas um profissional de transformação digital para se tornar um arquiteto de sua própria organização digital.

NOTAS

INTRODUÇÃO
1. WADE, M.; SHAN, J. Covid-19 has accelerated digital transformation, but may have made it harder not easier. *MIS Quarterly Executive*, vol. 19, n. 3, p. 213-220, 2020.
2. WADE, M.; OBWEGESER, N. How to choose the right digital leader for your company. *MIT Sloan Management Review*, 14 maio 2019. Disponível em: https://sloanreview.mit.edu/article/how-to-choose-the-right-digital-leader-for-your-company/. Acesso em: 10 jul. 2022.

CAPÍTULO 1
1. MCINTYRE, A. et al. Beyond North Star gazing: how our four winning bank models map to actual market evolution. *Accenture*, 2018. Disponível em: https://www.accenture.com/_acnmedia/PDF-85/Accenture-Banking-Beyond-North-Star-.pdf. Acesso em: 10 jul. 2022.
2. OBWEGESER, N. et al. 7 key principles to govern digital initiatives. *MIT Sloan Management Review*, 1 abr. 2020. Disponível em: https://Sloanreview.mit.edu/Article/7-Key-Principles-to-Govern-Digital-Initiatives/. Acesso em: 10 jul. 2022.
3. DIGITAL Transformation Readiness Survey Summary. *Center for Creative Leadership*, 2018. Disponível em: https://www.ccl.org/wp-content/uploads/2018/04/Digital-Transformation-Survey-Report.pdf. Acesso em: 10 jul. 2022.
4. WADE, M. et al. *Orchestrating transformation: how to deliver winning performance with a connected approach to change*. Lausanne: IMD, 2019. Acesso em: 10 jul. 2022.
5. Ibid.
6. FITZGERALD, M. Inside Renault's digital factory. *MIT Sloan Management Review* (blog), 10 jan. 2014. Disponível em: https://sloanreview.mit.edu/article/inside-renaults-digital-factory/. Acesso em: 10 jul. 2022.
7. EDITORIAL Board. George H. W. Bush had no grand dreams. his competence and restraint were enough. *Washington Post* (blog), 1 dez. 2018. Disponível em: https:// www.washingtonpost.com/opinions/george-hw-bush-wasnt-into-the-vision-thing-but-he-skillfully-handled-historic-crises/2018/12/01/2b4b3512-4faf-11e2-950a-7863a013264b_story.html. Acesso em: 10 jul. 2022.

CAPÍTULO 2
1. KOTTER, J. P. *A sense of urgency*. Boston: Harvard Business Press, 2010.
2. GATES, B. et al. *The road ahead*. New York: Viking, 1995.
3. KATTEL, R.; MERGEL, I. Estonia's digital transformation: mission mystique and the hiding hand. Working paper. *UCL Institute for Innovation and Public Purpose* (IIPP), 2018. Disponível em: https://www.ucl.ac.uk/bartlett/public-purpose/publications/2018/sep/estonias-digital-transformation-mission-mystique-and -hiding-hand. Acesso em: 10 jul. 2022.

4. PRICE, J. Transforming how we transform. *BHP*, 2019. Disponível em: https://www.bhp.com/media-and-insights/reports-and-presentations/2019/10/transforming-how-we-transform/. Acesso em: 14 jul. 2022.
5. KAGANER, E. et al. Driving digital transformation at the DBS Bank. *Harvard Business Review*, 28 out. 2016.
6. BLOOMBERG, J. How DBS Bank became the best digital bank in the world by becoming invisible. *Forbes* (blog), 23 dez. 2016. Disponível em: https://www.forbes.com/sites/jasonbloomberg/2016/12/23/how-dbs-bank-became-the-best-digital-bank-in-the-world-by-becoming-invisible/?sh=4b5665a73061. Acesso em: 14 jul. 2022.

CAPÍTULO 3

1. SULL, D. et al. No one knows your strategy – not even your top leaders. *MIT Sloan Management Review* (blog). Disponível em: https://sloanreview.mit.edu/article/no-one-knows-your-strategy-not-even-your-top-leaders/. Acesso em: fev. 2018.
2. SUTCLIFF, M. et al. The two big reasons that digital transformations fail. *Harvard Business Review* (blog), 18 out 2019. Disponível em: https://hbr.org/2019/10/the-two-big-reasons-that-digital-transformations-fail.
3. WESTERMAN, G. et al. *Leading digital: turning technology into business transformation*. Boston: Harvard Business Review Press, 2014.
4. NEMBHARD, I. M.; EDMONDSON, A. C. Making it safe: the effects of leader inclusiveness and professional status on psychological safety and improvement efforts in health care teams. *Journal of Organizational Behavior*, nov. 2006. Disponível em: https://www.researchgate.net/publication/227521893_Making_It_Safe_The_Effects_of_Leader_Inclusiveness_and_Professional_Status_on_Psychological_Safety_and_Improvement_Efforts_in_Health_Care_Teams. Acesso em:
5. SILVERBERG, D. Why you need to question your hippo boss. *BBC News*, 19 abr. 2017. Disponível em: https://www.bbc.co.uk/news/business-39633499. Acesso em: 19 jul. 2022.
6. HOFFMAN, R. Why relationships matter: i-to-the-we. *LinkedIn*, 6 nov. 2012. Disponível em: https://www.linkedin.com/pulse/20121106193412-1213-why-relationships-matter-i-to-the-we/. Acesso em: 14 jul. 2022.
7. SANDER, P. An HR lesson from Steve Jobs: if you want change agents, hire pirates. *Fast Company* (blog), 18 jan. 2012. Disponível em: https://www.fastcompany.com/1665840/an-hr-lesson-from-steve-jobs-if-you-want-change-agents-hire-pirates. Acesso em: 14 jul. 2022.
8. TOEGEl, G.; BARSOUX, J. L. It's time to tackle your team's undiscussables. *MIT Sloan Management Review* (blog), 10 set. 2019. Disponível em: https://sloanreview.mit.edu/article/its-time-to-tackle-your-teams-undiscussables/. Acesso em:
9. ANTHONY, S. D.; KÜMMERLI, B. C. A simple way to get your leadership team aligned on strategy. *Harvard Business Review* (blog), 2 jan 2019. Disponível em: https://hbr.org/2019/01/a-simple-way-to-get-your-leadership-team-aligned-on-strategy. Acesso em:
10. TOEGEL, Ginka; BARSOUX, Jean-Louis. It's time to tackle your team's undiscussables. *Mit Sloan*, 2019.
11. JELASSI, T. In the field with Accorhotels. How can an industry incumbent respond strategically to challenges from digital disruptors? *IMD* (blog), nov. 2017. Disponível em: https://www.imd.org/research-knowledge/articles/a-strategic-response-to-digital-disruption-the-case-of-accorhotels/. Acesso em: 14 jul. 2022.

CAPÍTULO 4

1. STATE OF the Global Workplace. *Gallup Inc.*, 2017. Disponível em: https://www.gallup.com/workplace/238079/state-global-workplace-2017.aspx. Acesso em: 14 jul. 2022.
2. FITZGERALD, M. et al. Embracing digital technology. *MIT Sloan Management Review*, 7 out. 2013. Disponível em: https://sloanreview.mit.edu/projects/embracing-digital-technology/. Acesso em: 14 jul. 2022.

3. CAPGEMINI Research Institute. *Digital Transformation Review*, twelfth edition: taking digital transformation to the next level; lessons from the leaders, 12 fev. 2019. Disponível em: https://www.capgemini.com/wp-content/uploads/2019/02/Download-%E2%80%93-Digital-Transformation-Review-12.pdf. Acesso em: 14 jul. 2022.
4. CROSS, R. et al. Collaborate smarter, not harder. *MIT Sloan Management Review* (blog), 10 set. 2019. Disponível em: https://sloanreview.mit.edu/article/collaborate-smarter-not-harder/. Acesso em: 14 jul. 2022.
5. Ibid.
6. HEMP, P.; STEWART, T. A. Leading change when business is good. *Harvard Business Review* (blog), dez. 2004. Disponível em: https://hbr.org/2004/12/leading-change-when-business-is-good. Acesso em: 14 jul. 2022.
7. MICHELMAN, P.; NARAYEN, S. Key words for digital transformation. *MIT Sloan Management Review* (blog), 4 dez 2018. Disponível em: https://sloanreview.mit.edu/article/key-words-for-digital-transformation/. Acesso em: 14 jul. 2022.
8. CAPGEMINI Research Institute. *Digital Transformation Review*, twelfth edition: taking digital transformation to the next level; lessons from the leaders, 12 fev. 2019. Disponível em: https://www.capgemini.com/wp-content/uploads/2019/02/Download-%E2%80%93-Digital-Transformation-Review-12.pdf. Acesso em: 14 jul. 2022.
9. WESTERMAN, G. et al. *Leading digital: turning technology into business transformation*. Boston: Harvard Business Review Press, 2014.
10. TRANSFORM and Accelerate. *Pernod-Ricard.com*, 18 dez 2019. Disponível em: https://www.pernod-ricard.com/en/media/press-releases/record-engagement-rate-pernod-ricard-employees/. Acesso em: 14 jul. 2022.

CAPÍTULO 5

1. OBWEGESER, N. et al. 7 key principles to govern digital initiatives. *MIT Sloan Management Review*, 1 abr. 2020.
2. Entrevista ao autor.
3. FREI, F. X.; MORRISS, A. Everything starts with trust. *Harvard Business Review* (blog), maio-jun. 2020. Disponível em: https://hbr.org/2020/05/begin-with-trust. Acesso em: 14 jul. 2022.
4. Entrevista ao autor.
5. BODSON, B. Inside view: supercharging our digital transformation. *LinkedIn*, 25 set. 2019. Disponível em: https://www.linkedin.com/pulse/inside-view-supercharging-our-digital-trans formation-bertrand-bodson/. Acesso em: 14 jul. 2022.
6. Entrevista ao autor.
7. *COVID-19 Digital Engagement Report*. Twilio, 2020.

CAPÍTULO 6

1. CARTER, P. et al. IDC *FutureScape: Worldwide Digital Transformation 2020 Predictions*, 2019.
2. TABRIZI, B. et al. Digital transformation is not about technology. *Harvard Business Review* (blog), 19 mar 2019. Disponível em: https:// hbr.org/2019/03/digital-transformation-is-not-about-technology. Acesso em:
3. DIGITAL leadership: an interview with Angela Ahrendts, CEO of Burberry. *Capgemini Consulting*. 16 ago. 2012. Disponível em: https://www.capgemini.com/wp-content/uploads/2017/07/DIGITAL_LEADERSHIP__An_interview_with_Angela _Ahrendts.pdf.
4. WALKER, R. Think like a venture capitalist. *KPMG LLP*, 20 ago. 2019. Disponível em: https://advisory.kpmg.us/articles/2019/think-like-a-venture-capitalist.html. Acesso em: 14 jul. 2022.
5. KELLY, B. Mondelez invests in food business incubator the hatchery. *Chicago Business* (blog), 21 mar. 2019. Disponível em: https://www.chicagobusiness.com/consumer-products/mondelez-backs-food-biz-incubator-hatchery. Acesso em: 14 jul. 2022.
6. CAPGEMINI Research Institute. *Digital Transformation Review*, twelfth edition: taking digital transformation to the next level; lessons from the leaders, 12 fev. 2019. Disponível em:

https://www.capgemini.com/wp-content/uploads/2019/02/Download-%E2%80%93-Digital-Transformation-Review-12.pdf. Acesso em: 14 jul. 2022
7. Adaptado de WESTERMAN, G. et al. *Leading digital: turning technology into business transformation*. Boston: Harvard Business Review Press, 2014.
8. WESTERMAN, B. e MCAFEE, A. *Leading Digital*.
9. Entrevista ao autor.

CAPÍTULO 7

1. BONNET, D. It's time for boards to cross the digital divide. *Harvard Business Review*, 9 jul 2014. Disponível em: https://hbr.org/2014/07/its-time-for-boards-to-cross-the-digital-divide. Acesso em: 14 jul. 2022.
2. RICKARDS, T.; GROSSMAN, R. The board directors you need for a digital transformation. *Harvard Business Review*, 13 jul. 2017. Disponível em: https://hbr.org/2017/07/the-board-directors-you-need-for-a-digital-transformation. Acesso em: 14 jul. 2022.
3. WEILL, P. et al. It pays to have a digitally savvy board. *MIT Sloan Management Review*, 12 mar 2019. Disponível em: https://sloanreview.mit.edu/article/it-pays-to-have-a-digitally-savvy-board/. Acesso em: 14 jul. 2022.
4. LARCKER, D. F.; TAYAN, B. Netflix approach to governance: genuine transparency with the board. *Stanford Graduate School of Business*, maio 2018. Disponível em: https://www.gsb.stanford.edu/faculty-research/publications/netflix-approach-governance-genuine-transparency-board. Acesso em: 14 jul. 2022.
5. BRIDGING the boardroom's technology gap. *Deloitte*, 29 jun. 2017. Disponível em: https://www2.deloitte.com/us/en/insights/focus/cio-insider-business-insights/bridging-boardroom-technology-gap.html. Acesso em: 14 jul. 2022.
6. Ibid.
7. SARRAZIN, H.; WILLMOTT, P. Adapting your board to the digital age. *McKinsey*, 13 jun. 2016. Disponível em: https://www.mckinsey.com/business-functions/mckinsey-digital/our-insights/adapting-your-board-to-the-digital-age#. Acesso em: 14 jul. 2022.
8. LARCKER, D.; TAYAN, B. Netflix approach to governance. *Stanford University*, maio 2018. Disponível em: https://www.gsb.stanford.edu/faculty-research/publications/netflix-approach-governance-genuine-transparency-board. Acesso em: 14 jul. 2022.
9. JORDAN, J.; SORELL, M. Why you should create a "shadow board" of younger employee. *Harvard Business Review*, 4 jun. 2019. Disponível em: https://hbr.org/2019/06/why-you-should-create-a-shadow-board-of-younger-employees?ab=hero-main-text4. Acesso em: 14 jul. 2022.
10. WEILL et al. It pays to have a digitally savvy board. *MITSloan Management Review*, v. 60, 3 ed., p. 41-45, 2019.

CAPÍTULO 8

1. WADE, M. et al. *Orchestrating transformation: how to deliver winning performance with a connected approach to change*. Lausanne: IMD, 2019.
2. PASSERINI, F. Transforming the way of doing business via digitization. *Slideshare.com*, 21 maio 2012.
3. WADE, M. et al. *Orchestrating transformation: how to deliver winning performance with a connected approach to change*. Lausanne: IMD, 2019.
4. Entrevista ao autor.
5. JENKINS, P. Orange Bank: is a phone company the future of fintech? *Financial Times*, 22 jan. 2018. Disponível em: https://www.ft.com/content/6bd8ac00-f7c4-11e7-88f7-5465a6ce1a00. Acesso em: 14 jul. 2022.
6. DIGITAL ambassadors. *Radiall*, 2017. Disponível em: https://www.radiall.com/insights/digitalambassadors. Acesso em: 19 jul. 2022.

7. MOAZED, A. Why GE digital failed. *Inc.*, 8 jan 2018. Disponível em: https://www.inc.com/alex-moazed/why-ge-digital-didnt-make-it-big.html. Acesso em: 14 jul. 2022.
8. Entrevista ao autor.
9. Entrevista ao autor.
10. Entrevista ao autor.
11. CAPGEMINI Research Institute. *Digital Transformation Review*, twelfth edition: taking digital transformation to the next level; lessons from the leaders, 12 fev. 2019. Disponível em: https://www.capgemini.com/wp-content/uploads/2019/02/Download-%E2%80%93-Digital-Transformation-Review-12.pdf. Acesso em: 14 jul. 2022

CAPÍTULO 9

1. THE DIGITAL culture challenge: closing the employee-leadership gap. *Capgemini Consulting*, 2017. Disponível em: https://www.capgemini.com/wp-content/uploads/2017/12/dti_digital culture_report.pdf. Acesso em: 14 jul. 2022.
2. MCDONALD, M. P. Digital strategy does not equal it strategy. *Harvard Business Review*, 19 nov. 2012. Disponível em: https://hbr.org/2012/11/digital-strategy-does-not-equa. Acesso em:
3. YOO, Y. et al. Research commentary: the new organizing logic of digital innovation: an agenda for information systems research. *JSTOR*, dez. 2010. Disponível em: https://www.jstor.org/stable/23015640?seq=1. Acesso em: 18 jul. 2022.
4. HESS, T. et al. Options for formulating a digital transformation strategy. *MIS Quarterly Executive*, jun. 2016.
5. BROTMAN, A. et al. How starbucks has gone digital. *MIT Sloan Management Review*, 4 abr. 2013.
6. POSTDIGITAL PARTNERS: CIOS and chief digital officers. *Deloitte*, 9 maio 2013. Disponível em: https://deloitte.wsj.com/cio/2013/05/09/postdigital-partners-cios-and-chief-digital-officers/. Acesso em: 14 jul. 2022.
7. FUCHS, C. et al. Characterizing approaches to digital transformation: development of a taxonomy of digital units. *14th International Conference on Wirtschaftsinformatik*. Siegen, Alemanha, abr. 2019.
8. BROTMAN, A. et al. How Starbucks has gone digital. *MIT Sloan Management Review*, 4 abr. 2013.

CAPÍTULO 10

1. AGILE TRANSFORMATION from agile experiments to operating model transformation: how do you compare to others? *KPMG*, 2019.
2. DENNING, S. *The age of agile: how smart companies are transforming the way work gets done*. New York: AMACOM, 2018.
3. FORTH, P. et al. Flipping the odds of digital transformation success. *BCG*, 29 out. 2020. Disponível em: https://www.bcg.com/publications/2020/increasing-odds-of-success-in-digital-transformation#factor4. Acesso em: 14 jul. 2022.
4. Para aprender mais sobre Scrum e Programação Extensa, acesse estes materiais introdutórios: https://www.scrum.org/resources/what-is-scrum e http://www.extremeprogramming.org/.
5. DIKERT, K. et al. Challenges and success factors for large-scale agile transformations: a systematic literature review. *Journal of Systems and Software*, vol. 119, p. 87-108, set. 2016. Disponível em: https://www.sciencedirect.com/science/article/pii/S0164121216300826. Acesso em: 14 jul. 2022.
6. BOHEM, B.; TURNER, R. Management challenges to implementing agile processes in traditional development organizations. *IEEE Software*, out. 2015. Disponível em: https://www.researchgate.net/publication/3248286_Management_Challenges_to_Implementing_Agile_Processes_in_Traditional_Development_Organizations. Acesso em: 14 jul. 2022.
7. DENNING, S. *The age of agile: how smart companies are transforming the way work gets done*. New York: AMACOM, 2018.

8. HOWARD, A. Case study: bosch embracing agility. *Bosch*, 2020. Disponível em: https://www.scrumatscale.com/wp-content/uploads/2020/09/Annie-Howard-Bosch-Slides.pdf. Acesso em: 14 jul. 2022.
9. WADE, M. et al. *Orchestrating transformation: how to deliver winning performance with a connected approach to change*. Lausanne: IMD, 2019.
10. GARDNER, H. K. When senior managers won't collaborate. *Harvard Business Review*, mar. 2015. Disponível em: https://hbr.org/2015/03/when-senior-managers-wont-collaborate. Acesso em: 14 jul. 2022.
11. ESBENSEN, B. K. et al. A tale of two agile paths: how a pair of operators set up their organizational transformations. *McKinsey*, 4 fev. 2019. Disponível em: https://www.mckinsey.com/industries/technology-media-and-telecommunications/our-insights/a-tale-of-two-agile-paths-how-a-pair-of-operators-set-up-their-organizational-transformations. Acesso em: 14 jul. 2022
12. LOUCKS, J.; MACAULAY, J.; NORONHA, A.; WADE, M. *Digital Vortex: how today's market leaders can beat disruptive competitors at their own game*. Lausanne: IMD, 2016.
13. CHEN, R. R. et al. Managing the transition to the new agile business and product development model: lessons from Cisco Systems. *Business Horizons*, vol. 59, n. 6, p. 635-644, nov.-dez. 2016.
14. PAASIVAARA, M.; LASSENIUS, C. Empower your agile organization: community-based decision making in large-scale agile development at ericsson. *IEEE*, 21 fev. 2019. Disponível em: https://ieeexplore.ieee.org/document/8648263. Acesso em: 14 jul. 2022.
15. Ibid.
16. DIKERT et al. Challenges and success factors for large-scale agile transformations. In: DENNING, S. *The age of agile: how smart companies are transforming the way work gets done*. New York: AMACOM, 2018.
17. DENNING, S. Why and how Volvo embraces agile at scale. *Forbes*, 26 jan. 2020. Disponível em: https://www.forbes.com/sites/stevedenning/2020/01/26/how-volvo-embraces-agile-at-scale/?sh=46619f4d4cf0. Acesso em: 14 jul. 2022.
18. HAYWARD, S. *The agile leader: how to create an agile business in the Digital Age*. Londres: Kogan Page, 2021.
19. DENNING, S. *The leader's guide to radical management: reinventing the workplace for the 21st century*. São Francisco: Jossey-Bass, 2010.
20. ALQUDAH, M.; RAZALI, R. A review of scaling agile methods in large software development. *International Journal on Advanced Science Engineering and Information Technology*, v. 6, n. 6, dez. 2016. Disponível em: http://insightsociety.org/ojaseit/index.php/ijaseit/article/view/1374. Acesso em: 14 jul. 2022.
21. DIKERT et al. Challenges and success factors for large-scale agile transformations. In: DENNING, S. *The age of agile: how smart companies are transforming the way work gets done*. New York: AMACOM, 2018.
22. Entrevista ao autor.

CAPÍTULO 11

1. MAYOR, T. 5 Building blocks of digital transformation. *MIT Management Sloan School*, 27 jun. 2019. Disponível em: https://mitsloan.mit.edu/ideas-made-to-matter/5-building-blocks-digital-transformation. Acesso em: 14 jul. 2022.
2. FITZGERALD, M. et al. Embracing digital technology: a new strategic imperative. *MIT Sloan Management Review*, 7 out. 2013. Disponível em: https://sloanreview.mit.edu/projects/embracing-digital-technology/. Acesso em: 14 jul. 2022.
3. FORTH, P. et al. Flipping the odds of digital transformation success. *BCG*, 29 out. 2020. Disponível em: https://www.bcg.com/publications/2020/increasing-odds-of-success-in-digital-transformation#factor4. Acesso em: 14 jul. 2022.

4. DAVENPORT, T. H.; WESTERMAN, G. Why so many high-profile digital transformations fail. *Harvard Business Review*, 9 mar. 2018. Disponível em: https://hbr .org/2018/03/why-so-many-high-profile-digital-transformations-fail. Acesso em:
5. BONNET, D.; WESTERMAN, G. The new elements of digital transformation. *MIT Sloan Management Review*, 19 nov. 2020. Disponível em: https://sloanreview.mit.edu/article/the-new-elements-of-digital-transformation/. Acesso em: 14 jul. 2022.
6. DYNATRANCE. 76% of CIOs say it could become impossible to manage digital performance, as it complexity soars. *Businesswire*, 31 jan. 2018. Disponível em: https://www.businesswire.com/news/home/20180131005240/en/76-CIOs-Impossible-Manage-Digital-Performance-Complexity. Acesso em: 14 jul. 2022.
7. HIGH, P. The first ever CIO of $16 billion micron technology. *Forbes*, 11 jan. 2016. Disponível em: https://www.forbes.com/sites/peterhigh/2016/01/11/the-first-ever-cio-of-16-billion-micron-technology/?sh=1af69b88519e. Acesso em: 14 jul. 2022
8. JOSHI, A.; WADE, M. The building blocks of an AI strategy. *MIT Sloan Management Review*, 10 ago. 2020. Disponível em: https://sloanreview.mit.edu/article/the-building-blocks-of-an-ai-strategy/. Acesso em: 14 jul. 2022.
9. BONNET, D.; WESTERMAN, G. The new elements of digital transformation. *MIT Sloan Management Review*, 19 nov. 2020. Disponível em: https:// sloanreview.mit.edu/article/the-new-elements-of-digital-transformation/. Acesso em: 14 jul. 2022.
10. OFFICE of Inspector General. Undeliverable as addressed mail. *US Postal Service*, 2014. Disponível em: https://www.uspsoig.gov/sites/default/files/document-library-files/2015/ms-ar-14-006.pdf. Acesso em: 14 jul. 2022.
11. 5 DIGITAL MARKETING best practices for 2021 and beyond. *Stirista*, 2 dez. 2020. Disponível em: https://www.stirista.com/digital-marketing-best-practices. Acesso em:
12. NAGLE, T. et al. Only 3% of companies' data meets basic quality standards. *Harvard Business Review*, 11 set. 2017. Disponível em: https://hbr.org/2017/09/only-3-of-companies-data-meets-basic-quality-standards. Acesso em: 14 jul. 2022.
13. WHAT IS A data quality audit? ensuring your data integrity. *DataOpsZone*, 26 nov. 2019. Disponível em: https://www.dataopszone.com/what-is-a-data-quality-audit/. Acesso em: 14 jul. 2022.
14. BONNET, D.; WESTERMAN, G. The new elements of digital transformation. *MIT Sloan Management Review*, 19 nov. 2020. Disponível em: https:// sloanreview.mit.edu/article/the-new-elements-of-digital-transformation/. Acesso em: 14 jul. 2022.
15. NEWVANTAGE PARTNERS. Big data and AI executive survey 2019: executive summary of findings. *LLC*, 2019. Disponível em: https://www.tcs.com/content/dam/tcs-bts/pdf/insights/Big-Data-Executive-Survey-2019-Findings-Updated-010219-1.pdf. Acesso em: 14 jul. 2022.

CAPÍTULO 12

1. FERGUSON, J.; ANDERSON, N. Step by step building a digital strategy. *World Economic Forum Annual Meeting*, 10 jan. 2018. Disponível em: https://www.weforum.org/agenda/2018/01/step-by-step-building-a-digital-strategy/. Acesso em: 14 jul. 2022.
2. ANTHONY, S. D. et al. 2018 Corporate longevity forecast: creative destruction is accelerating. *Innosight*, 2018. Disponível em: https://www.innosight.com/wp-content/uploads/2017/11/Innosight-Corporate-Longevity-2018.pdf. Acesso em: 14 jul. 2022.
3. YOKOI, T. et al. Digital vortex 2019: continuous and connected change. IMD (report), *Global Center for Digital Business Transformation*, maio 2019.
4. WADE, M. et al. Lifting the lid on disruption fever. *Journal of Strategy and Management*, vol. 3, n. 4, 2020. Disponível em: https://www.researchgate .net/publication/343191542_Lifting_the_lid_on_disruption_fever. Acesso em: 14 jul. 2022.
5. McGRATH, R. *Seeing around corners: how to spot inflection points in business before they happen*. Boston/NovaYork: Houghton Mifflin Harcourt, 2019.

6. LOUCKS, J.; MACAULAY, J.; NORONHA, A.; WADE, M. *Digital Vortex: how today's market leaders can beat disruptive competitors at their own game*. Lausanne: IMD, 2016.
7. Ibid.
8. JORDAN, J; SORELL, M. Why reverse mentoring works and how to do it right. *Harvard Busines Review*, 3 out. 2019. Disponível em: https://hbr.org/2019/10/why-reverse-mentoring-works-and-how-to-do-it-right. Acesso em: 14 jul. 2022.
9. WADE, M.; SHAN, J. How China is rebooting retail. *IMD* (article), mar. 2018. Disponível em: https://www.imd.org/research-knowledge/articles/how-china-is-rebooting-retail/. Acesso em: 14 jul. 2022.
10. BOLER-DAVIS, A. How GM uses social media to improve cars and customer service. *Harvard Business Review*, 12 fev. 2016. Disponível em: https://hbr.org/2016/02/how-gm-uses-social-media-to-improve-cars-and-customer-service. Acesso em: 14 jul. 2022.
11. Entrevista ao autor.
12. LOUCKS, J.; MACAULAY, J.; NORONHA, A.; WADE, M. *Digital Vortex: how today's market leaders can beat disruptive competitors at their own game*. Lausanne: IMD, 2016.
13. Ibid.
14. Ibid.
15. McGRATH, R. *Seeing around corners: how to spot inflection points in business before they happen*. Boston/NovaYork: Houghton Mifflin Harcourt, 2019.
16. VENKATRAMAN, V. How to read and respond to weak digital signals. *MIT Sloan Management Review*, 22 fev. 2019. Disponível em: https://sloanreview.mit.edu/article/how-to-read-and-respond-to-weak-digital-signals/. Acesso em: 14 jul. 2022.

CAPÍTULO 13

1. AUERBACH, J. Why partnership is the business trend to watch. *World Economic Forum Annual Meeting*, 16 jan. 2018. Disponível em: https://www.weforum.org/agenda/2018/01/why-partnership-is-the-business-trend-to-watch/. Acesso em: 14 jul. 2022.
2. BARREIRA, T. Choosing the right partner for your business's digital transformation. *Forbes India*, 26 mar. 2019. Disponível em: https://www.forbesindia.com/blog/digital-navigator/choosing-the-right-partner-for-your-digital-business-transformation/. Acesso em: 14 jul. 2022.
3. REAR, A. Partnership as a digital enabler at munich re. *Bain* (web log), 30 ago. 2018. Disponível em: bain.com/insights/partnership-as-a-digital-enabler-at-munich-re-video/. Acesso em: 14 jul. 2022.
4. OBWEGESER, N. et al. Aligning drivers, contractual governance, and relationship management of it-outsourcing initiatives. *Journal of Information Technology Case and Application Research*, v. 22, n. 1, 2020. Disponível em: https://doi.org/10.1080/15228053.2020.1786265. Acesso em: 14 jul. 2022.
5. HININGS, B. et al. Digital innovation and transformation: an institutional perspective. *Information & Organization*, vol. 28, n. 1, 2018. Disponível em: https://doi.org/10.1016/j.infoandorg.2018.02.004. Acesso em: 14 jul. 2022.
6. RELIHAN, T. In the age of digital everything, is it time to eliminate IT? *MIT Management Sloan School*, 13 fev. 2019. Disponível em: https://mitsloan.mit.edu/ideas-made-to-matter/age-digital-everything-it-time-to-eliminate-it.
7. DE BACKER, R.; RINAUDO, E. K. Improving the management of complex business partnerships. *McKinsey*, 2019. Disponível em: https://www.mckinsey.com/business-functions/strategy-and-corporate-finance/our-insights/improving-the-management-of-complex-business-partnerships. Acesso em: 14 jul. 2022.
8. FENWICK, N. How to pick the right partners to accelerate true digital transformation. *Forrester* (blog), 12 set. 2019. Disponível em: https://go.forrester.com/blogs/accelerate-digital-transformation-2/. Acesso em: 14 jul. 2022.

9. HALE, C. Novartis' sandoz drops out of prescription app deal with pear therapeutics. *Fierce Biotech*, 16 out. 2019. Disponível em: https://www.fiercebiotech.com/medtech/novartis-sandoz-drops-out-prescription-app-deal-pear-therapeutics. Acesso em: 14 jul. 2022.
10. KANE, G. C. et al. Accelerating digital innovation inside and out. *MIT Sloan Management Review* e *Deloitte Insights*, jun. 2019. Disponível em: https://www2.deloitte.com/content/dam/Deloitte/lu/Documents/deloitte-digital/lu-accelerating-digital-innovation.pdf. Acesso em: 14 jul. 2022.
11. THE ECONOMIST Intelligence Unit. *Connecting companies: strategic partnerships for the digital age*. Telstra, 2015. Disponível em: http://connectingcompanies.cope.economist.com/wp-content/uploads/sites/4/2015/09/Connecting-Companies-Whitepaper_final.pdf.pdf. Acesso em: 14 jul. 2022.
12. KANNAN, A. 3 Points to consider while choosing a digital transformation partner. *Hakuna Matata* (blog), 1 out. 2020. Disponível em: https://www.hakunamatatatech.com/our-resources/blog/3-points-to-consider-while-choosing-a-digital-transformation-partner/. Acesso em: 14 jul. 2022.
13. *THE DIGITAL ENTERPRISE: moving from experimentation to transformation*. World Economic Forum, 2020. Disponível em: http://www3.weforum.org/docs/Media/47538_Digital%20Enterprise_Moving_Experimentation_Transformation_report_2018%20-%20final%20(2).pdf.
14. MARCHAND, D. A. et al. Digital business transformation. *IMD* (article), dez. 2014. Disponível em: https://www.imd.org/research-knowledge/articles/digital-business-transformation/. Acesso em: 14 jul. 2022.
15. HOFFMAN, W. et al. Collaborating for the common good: navigating public-private data partnerships. *McKinsey*, 30 maio 2019. Disponível em: https://www.mckinsey.com/business-functions/mckinsey-analytics/our-insights/collaborating-for-the-common-good. Acesso em: 14 jul. 2022.
16. SEARS, J. B. et al. Alleviating concerns of misappropriation in corporate venture capital: creating credible commitments and calculative trust. *Strategic Organization*, 10 jun. 2020. Disponível em: https://doi.org/10.1177/1476127020926174. Acesso em: 14 jul. 2022.
17. SPOONER, N. How to establish a successful digital partnership. *Digital Pulse*, 7 mar. 2016. Disponível em: https://www.digitalpulse.pwc.com.au/establish-successful-digital-partnership/. Acesso em: 14 jul. 2022.
18. RICCIO, J. Meeting of minds: how strategic partnerships are shaping today's business model. *Digital Pulse*, 16 nov. 2015. Disponível em: https://www.digitalpulse.pwc.com.au/strategic-partnerships-shaping-todays-business-models/. Acesso em: 14 jul. 2022.

CAPÍTULO 14

1. FLESNER, P. et al. Making corporate venture capital work. *MIT Sloan Management Review*, 18 jun. 2019. Disponível em: https://sloanreview.mit.edu/article/making-corporate-venture-capital-work/. Acesso em: 14 jul. 2022.
2. KANE, G. C. et al. Accelerating digital innovation inside and out. *MIT Sloan Management Review* e *Deloitte Insights*, jun. de 2019. Disponível em: https://www2.deloitte.com/content/dam/Deloitte/lu/Documents/deloitte-digital/lu-accelerating-digital-innovation.pdf. Acesso em:
3. PRATS, J.; SIOTA, J.; CANONICI, T.; CONTIJOCH, X. *Open Innovation: building, scaling and consolidating your firm's corporate venturing unit*. IEESE; Opinno, 2018. Disponível em: https://media.iese.edu/research/pdfs/ST-0478-E.pdf. Acesso em:
4. BRIGL, M. et al. After the honeymoon ends: making corporate-startup relationships work. *BCG*, 13 jun. 2019. Disponível em: https://www.bcg.com/en-ch/publications/2019/corporate-startup-relationships-work-after-honeymoon-ends. Acesso em: 14 jul. 2022.
5. GABA, V.; DOKKO, G. Learning to let go: social influence, learning, and the abandonment of corporate venture capital practices. *Strategic Management Journal*, 26 maio 2015.

6. GRAHAM, L. Samsung to back european start-ups with $150 million investment fund. *CNBC*, 12 jul. 2017. Disponível em: https://www.cnbc.com/2017/07/12/samsung-next-backs-european-start-ups-150-million-investment-fund-venture-capital.html. Acesso em: 14 jul. 2022,
7. Ibid.
8. FLESNER, P. et al. Making corporate venture capital work. *MIT Sloan Management Review*, 18 jun. 2019. Disponível em: https:// sloanreview.mit.edu/article/making-corporate-venture-capital-work/. Acesso em: 14 jul. 2022.
9. Ibid.
10. BRIGL, M. et al. After the honeymoon ends: making corporate-startup relationships work. *BCG*, 13 jun. 2019. Disponível em: https://www.bcg.com/en-ch/publications/2019/corporate-startup-relationships-work-after-honeymoon-ends. Acesso em: 14 jul. 2022.
11. ORN, S.; GROWNEY, B. How to approach (and work with) the 3 types of corporate vcs. *TechCrunch*, 26 maio 2020. Disponível em: https://techcrunch.com/2020/05/26/how-to-approach-and-work-with-the-3-types-of-corporate-vcs/. Acesso em: 14 jul. 2022.
12. BRIGL, M. et al. After the honeymoon ends: making corporate-startup relationships work. *BCG*, 13 jun. 2019. Disponível em: https://www.bcg.com/en-ch/publications/2019/corporate-startup-relationships-work-after-honeymoon-ends. Acesso em: 14 jul. 2022.

CAPÍTULO 15

1. CHESBROUGH, H. W. *Open innovation: the new imperative for creating and profiting from technology*. Boston: Harvard Business School Press, 2003.
2. BRIGL, M. et al. Corporate venturing shifts gears. *BCG*, 25 abr. 2016. Disponível em: https://www.bcg.com/en-ch/publications/2016/innovation-growth-corporate-venturing-shifts-gears-how-largest-companies-apply-tools-innovation. Acesso em: 14 jul. 2022.
3. THOMPSON, N. C. et al. Why innovation's future isn't (just) open. *MIT Sloan Management Review*, 11 maio 2020. Disponível em: https://sloanreview.mit.edu/article/why-innovations-future-isnt-just-open/. Acesso em: 14 jul. 2022.
4. ZYNGA, A. et al. Making open innovation stick: a study of open innovation implementation in 756 global organizations. *Research-Technology Management*, v. 61, n. 4, 2018.
5. THOMPSON, N. C. et al. Why innovation's future isn't (just) open. *MIT Sloan Management Review*, 11 maio 2020. Disponível em: https://sloanreview.mit.edu/article/why-innovations-future-isnt-just-open/. Acesso em: 14 jul. 2022.
6. BRUNSWICKER, S.; CHESBROUGH, H. The adoption of open innovation in large firms. *Research-Technology Management*, v. 61, n. 1, 2018. Disponível em: https://doi.org/10.1080/08956308.2018.1399022. Acesso em: 14 jul. 2022.
7. ZYNGA, A. et al. Making open innovation stick: a study of open innovation implementation in 756 global organizations. *Research-Technology Management*, v. 61, n. 4, 2018.
8. BAUER, S. et al. Corporate accelerators: transferring technology innovation to incumbent companies. *MCIS Conference Proceedings*, 2016. Disponível em: https://www.researchgate.net/publication/310766520_Corporate_Accelerators_Transferring_Technology_Innovation_to_Incumbent_Companies. Acesso em: 14 jul. 2022.
9. LOCKHART, C.; LACKNER, T. Open innovation: an integrated tool in siemens. *Innovation Management.se* (entrevista), 5 set. 2013. Disponível em: https://innovationmanagement.se/2013/09/05/open-innovation-an-integrated-tool-in-siemens/. Acesso em: 14 jul. 2022.
10. LAKHANI, K. R. et al. *Open innovation at Siemens*. Case 613-100. *Harvard Business School*, 2013. Disponível em: https://www.hbs.edu/faculty/Pages/item.aspx?num=44999. Acesso em: 14 jul. 2022.
11. LIFSHITZ-ASSAF, H. Dismantling knowledge boundaries at nasa: the critical role of professional identity in open innovation. *Administrative Science Quarterly*, v. 63, n. 4, p. 746-

782, dez. 2018. Disponível em: https://www.hbs.edu/faculty/Pages/item.aspx?num=56512. Acesso em: 14 jul. 2022.
12. Entrevista ao autor.
13. THOMPSON, N. C. et al. Why innovation's future isn't (just) open. *MIT Sloan Management Review*, 11 maio 2020. Disponível em: https://sloanreview.mit.edu/article/why-innovations-future-isnt-just-open/. Acesso em: 14 jul. 2022.
14. SHIPILOV, A. A better way to manage corporate alliances. *Harvard Business Review*, 2 dez. 2014. Disponível em: https://hbr.org/2014/12/a-better-way-to-manage-corporate-alliances. Acesso em: 14 jul. 2022.
15. BARRETT, B. McDonald's bites on big data with $300 million acquisition. *Wired*, 25 mar. 2019. Disponível em: https://www.wired.com/story/mcdonalds-big-data-dynamic-yield-acquisition/. Acesso em: 14 jul. 2022.
16. LIGHT, D. et al. A hands-off approach to open innovation doesn't work. *Harvard Business Review*, 3 maio 2016. Disponível em: https:// store.hbr.org/product/a-hands-off-approach-to-open-innovation-doesn-t-work/H02UYX. Acesso em: 14 jul. 2022.
17. THOMPSON, N. C. et al. Why innovation's future isn't (just) open. *MIT Sloan Management Review*, 11 maio 2020. Disponível em: https://sloanreview.mit.edu/article/why-innovations-future-isnt-just-open/. Acesso em: 14 jul. 2022.
18. BRUNSWICKER; CHESBROUGH. The adoption of open innovation in large firms.

CAPÍTULO 16

1. TAY (BOT). *Wikipedia*, 2022. Disponível em:. https://en.wikipedia.org/wiki/Tay_(bot). Acesso em: 14 jan, 2022.
2. LEONHARDT, M. Equifax to pay $700 million for massive data breach. here's what you need to know about getting a cut. *CNBC*, 22 jul. 2019. Disponível em: https://www.cnbc.com/2019/07/22/what-you-need-to-know-equifax-data-breach-700-million-settlement.html. Acesso em: 14 jul. 2022.
3. LOBSCHAT et al. Corporate digital responsibility. *Journal of Business Research*, v. 122, p. 875-888, jan. 2021. Disponível em: https://doi.org/10.1016/j.jbusres.2019.10.006. Acesso em: 14 jul. 2022.
4. ELIAS, H. Diversity is the bridge on which we can cross the skills gap. *World Economic Forum Annual Meeting*, 16 jan. 2020. Disponível em: https://www.weforum.org/agenda/2020/01/diversity-tech-skills-gap-4ir-digital-revolution/.
5. SALINAS, S. Zuckerberg on Cambridge analytica: 'we have a responsibility to protect your data, and if we can't then we don't deserve to serve you.' *CNBC*, 21 mar 2018. Disponível em: https://www.cnbc.com/2018/03/21/zuckerberg-statement-on-cambridge-analytica.html. Acesso em:
6. ELKS, Sonia. Gig economy is "extreme exploitation" says british film director ken loach. *Thomson Reuters Foundation News*, 21 out. 2019. Disponível em: https://news.trust.org/item/20191021154702-2qrbp. Acesso em: 14 jul. 2022.
7. BUOLAMWINI, J. Artificial intelligence has a problem with gender and racial bias. Here's how to solve it. *Time*, 7 fev. 2019. Disponível em: https://time.com/5520558/artificial-intelligence-racial-gender-bias/. Acesso em: 14 jul. 2022.
8. EDELMAN, G. Facebook's deepfake ban is a solution to a distant problem. *Wired*, 1 jul. 2020. Disponível em: https://www.wired.com/story/facebook-deepfake-ban-disinformation/. Acesso em: 14 jul. 2022.
9. DATA PROTECTION and valorisation—unipol data vision. Unipol Gruppo. Disponível em: http://www.unipol.it/en/sustainability/integrated-approach/data-protection-and-valorisation-unipol-data-vision. Acesso em:
10. CONGER, K.; WAKABAYASHI, D. Google employees protest secret work on censored search engine for China. *New York Times*, 16 ago. 2018. Disponível em: https://www.nytimes.

com/2018/08/16/technology/google-employees-protest-search-censored-china.html. Acesso em: 14 jul. 2022.

CAPTAIN, Sean. How tech workers became activists, leading a resistance movement that is shaking up silicon valley. *Fast Company*, 15 out. 2018. Disponível em: https://www.fastcompany.com/90244860/silicon-valleys-new-playbook-for-tech-worker-led-resistance. Acesso em: 14 jul. 2022.

11. ASTON, B. Write a project charter: how-to guide, examples & template. *Digital Project Manager*, 5 jul. 2019. Disponível em: https://thedigitalprojectmanager.com/project-charter/. Acesso em: 14 jul. 2022.
12. Um exemplo de lista de verificação de ética para cientistas de dados é fornecido em https://deon.drivendata.org/.

CAPÍTULO 17

1. IS SERVITIZATION helping your business rise up the value chain? *The Manufacturer*, 14 jun. 2017. Disponível em: https://www.themanufacturer.com/articles/servitization-helping-business-rise-value-chain/. :
2. CHAMBERS, J.; BRADY, D. *Connecting the dots: lessons for leadership in a start-up world*. Londres: HarperCollins Publishers, 2018.
3. RUH, W. Industry leaders perspectives. In: CAPGEMINI Research Institute. *Digital Transformation Review*, twelfth edition: taking digital transformation to the next level; lessons from the leaders, 12 fev. 2019. Disponível em: https://www.capgemini.com/wp-content/uploads/2019/02/Download-%E2%80%93-Digital-Transformation-Review-12.pdf. Acesso em: 14 jul. 2022.

CAPÍTULO 18

1. SAWERS, Paul. Kone monetizes connected elevators with alexa, music-streaming, and digital displays. *Venturebeat*, 30 nov. 2019. Disponível em: https://venturebeat.com/2019/11/30/kone-monetizes-connected-elevators-with-alexa-spotify-and-digital-displays/. Acesso em: 14 jul. 2022.
2. ULAGA, W.; MICHEL, S. Bill it, kill it, or keep it free? *MIT Sloan Management Review*, 30 out. 2018. Disponível em: https://sloanreview.mit.edu/article/bill-it-kill-it-or-keep-it-free/. Acesso em: 14 jul. 2022.
3. PAUL, K. Zoom releases security updates in response to "zoom-bombings". *The Guardian*, 23 abr. 2020. Disponível em: https://www.theguardian.com/technology/2020/apr/23/zoom-update-security-encryption-bombing. Acesso em: 14 jul. 2022.

CAPÍTULO 19

1. CUSUMANO, M. A. et al. The future of platforms. *MIT Sloan Management Review*, 11 fev. 2020. Disponível em: https://sloanreview.mit.edu/article/the-future-of-platforms/. Acesso em: 14 jul. 2022.
2. MATVEEVA, S. How new platforms solve the chicken or the egg dilemma. *Forbes*, 30 maio 2019. Disponível em: https://www.forbes.com/sites/sophiamatveeva/2019/05/30/how-new-platforms-solve-the-chicken-or-the-egg-dilemma/?sh=135598d75cef. Acesso em: 14 jul. 2022.
3. SHAH, S. *Transcript: @Chamath at StrictlyVC's Insider Series*. Haystack, 2015. Disponível em: https://semilshah.com/2015/09/17/transcript-chamath-at-strictlyvcs-insider-series/. Acesso em: 14 jul. 2022.
4. NATH, T. How AIRBNB makes money. *Investopedia*, 10 dez. 2020. Disponível em: https://www.investopedia.com/articles/investing/112414/how-airbnb-makes-money.asp. Acesso em: 14 jul. 2022.
5. Adaptado de CUSUMANO, M. A. et al. *The Business of platforms: strategy in the age of digital competition, innovation, and power*. Nova York: Harper Business, 2019.
6. ETSY MARKET CAP 2013–2020: ETSY. *Macrotrends*, 2013-2022. Disponível em: https://www.macrotrends. net/stocks/charts/Etsy/etsy/market-cap. Acesso em: 14 jul. 2022.

7. KLÖCKNER: trailblazing the steel industry. *World Economic Forum*, 2019. Disponível em: https:// reports.weforum.org/digital-transformation/klockner/. Acesso em: 14 jul. 2022.
8. ROY, P. K. Why did walmart buy india's flipkart? *BBC News*, 11 maio 2018. Disponível em: https://www.bbc.com/news/world-asia-india-44064337. Acesso em: 14 jul. 2022.
9. SCHULTZ, A. Sotheby's buys online antique and vintage furniture retailer viyet. *Barron's*, 13 fev. 2018. Disponível em: https://www.barrons.com/articles/sothebys-buys-online-antique-and-vintage-furniture-retailer-viyet-1518556570. Acesso em: 14 jul. 2022.
10. RICHEMONT to buy watchfinder as pre-owned watch market heats up. *Reuters*, 1 jun. 2018. Disponível em: https://www.reuters.com/article/us-watchfinder-m-a-richemont/richemont-to-buy-watchfinder-as-pre-owned-watch-market-heats-up-idUSKCN1IX5HQ. Acesso em: 14 jul. 2022.
11. HOLT, S. Watchfinder & Co opens second store in paris. *Retail Jeweller*, 15 out. 2020. Disponível em: https://www.retail-jeweller.com/retail/watchfinder-co-opens-second-store-in-paris-15-10-2020/. Acesso em: 14 jul. 2022.
12. CHINESE TECH giants Alibaba and JC.COM have won over luxury brands. *Retail Insight Network*, 9 abr 2019.
13. LIU, A.; HSU, J. Tmall luxury connects high-end brands with china's 'new luxury' gen z consumers. *Businesswire*, 25 ago. 2020. Disponível em: https://www.businesswire.com/news/home/20200824005678/en/Tmall-Luxury-Connects-High-End-Brands-with-China%E2%80%99s. Acesso em: 14 jul. 2022.
14. SCHALLER, A.; CHRISTEN, M. ADAMOS. IIOT platform is growing: five further mechanical engineering firms have joined. *Dürr*, 23 jan. 2019. Disponível em: https://www.durr.com/en/media/news/news-detail/view/adamos-iiot-platform-is-growing-five-further-mechanical-engineering-firms-have-joined-2422. Acesso em: 14 jul. 2022.
15. PARKER, G. et al. *Platform revolution: how networked markets are transforming the economy – and how to make them work for you*. Nova York: W. W. Norton, 2016. Ver também CUSUMANO et al. The Business of Platforms.

CAPÍTULO 20

1. BONNET, Didier. A portfolio strategy to execute your digital transformation. *Capgemini Consulting White Paper*, 2016. Disponível em: https://www.capgemini.com/consulting/wp-content/uploads/sites/30/2016/08/portfolio_strategy-didier-bonnet.pdf. Acesso em: 14 jul. 2022.
2. LAKHANI, Karim R.; IANSITI, Marco; HERMAN, Kerry. GE and the industrial internet. *Harvard Business School Faculty & Research*, 2015. Disponível em: https://www.hbs.edu/faculty/ Pages/item.aspx?num=47272. Acesso em: 14 jul. 2022.
3. BONNET, Didier; WESTERMAN, George. The best digital business model put evolution before revolution. *Harvard Business Review*, jan. 2015. Disponível em: https:// hbr.org/2015/01/the-best-digital-business-models-put-evolution-before-revolution. Acesso em: 14 jul. 2022.
4. BONNET, Didier. A portfolio strategy to execute your digital transformation. *Capgemini Consulting White Paper*, 2016. Disponível em: https://www.capgemini.com/consulting/wp-content/uploads/sites/30/2016/08/portfolio_strategy-didier-bonnet.pdf. Acesso em: 14 jul. 2022.
5. LAKHANI, Karim R.; IANSITI, Marco; HERMAN, Kerry. GE and the industrial internet. *Harvard Business School Faculty & Research*, 2015. Disponível em: https://www.hbs.edu/faculty/ Pages/item.aspx?num=47272. Acesso em: 14 jul. 2022.
6. BONNET, Didier. A portfolio strategy to execute your digital transformation. *Capgemini Consulting White Paper*, 2016. Disponível em: https://www.capgemini.com/consulting/wp-content/uploads/sites/30/2016/08/portfolio_strategy-didier-bonnet.pdf. Acesso em: 14 jul. 2022.
7. Ibid.

8. ETHERINGTON, Darrel. Banking startup simple acquired for $117m, will continue to operate separately. *TechCrunch*, fev. 2014. Disponível em: https://techcrunch.com/2014/02/20/simple-acquired-for-117m-will-continue-to-operate-separately-under-its-own-brand/. Acesso em: 14 jul. 2022.
9. ULAGA, Wolfgang et al. From product to service: navigating the transition. *IMD* (article), 2013. Disponível em: https://www.imd.org/contentassets/9a2c2d15c4194e139a79da4b2ab936d6/26.-from-product-to-service-final-22-07-13.pdf. Acesso em: 14 jul. 2022.
10. OBWEGESER, Nikolaus et al. 7 key principles to govern digital initiatives. *MIT Sloan Management Review*, abr. 2020. Disponível em: https://sloanreview.mit.edu/article/7-key-principles-to-govern-digital-initiatives/. Acesso em: 14 jul. 2022.

CAPÍTULO 21

1. WADE, M. et al. Every leader needs to navigate these 7 tensions. *Harvard Business Review*, fev. 2020. Disponível em: https://hbr.org/2020/02/every-leader-needs-to-navigate-these-7-tensions. Acesso em: 14 jul. 2022.
2. GLAZER, R. "Command and control" leadership is dead. here's what's taking its place. *Inc.*, 12 ago. 2019. Disponível em: https://www.inc.com/robert-glazer/command-control-leadership-is-dead-heres-whats-taking-its-place.html. Acesso em: 14 jul. 2022.
3. MANGELSDORF, M. E. From the editor: decision making in the digital age. *MIT Sloan Management Review*, 19 dez. 2013. Disponível em: https://sloanreview.mit.edu/article/from-the-editor-decision-making-in-the-digital-age/. Acesso em: 14 jul. 2022.
4. MAJDAN, K.;WASOWSKI, M. We sat down with Microsoft's CEO to discuss the past, present and future of the company. *Business Insider*, abr. 2017. Disponível em: https://www.businessinsider.com/satya-nadella-microsoft-ceo-qa-2017-4?r=US&IR=T. Acesso em: 14 jul. 2022.
5. IFEANYI, K. C. "Pandora broke my heart": Tim Westergren, digital radio pioneer, returns to break the music industrial complex. *Fast Company*, 30 abr. 2020. Disponível em: https://www.fastcompany.com/90494948/pandora-broke-my-heart-tim-westergren-digital-radio-pioneer-returns-to-break-the-music-industrial-complex. Acesso em: 14 jul. 2022.
6. WEINER, Y. Red Hat CEO Jim Whitehurst on why it's so important for a leader to be humble. *Medium*, jan. 2019. Disponível em: https://medium.com/authority-magazine/red-hat-ceo-jim-whitehurst-on-why-its-so-important-for-a-leader-to-be-humble-3128113c3a36. Acesso em: 14 jul. 2022.
7. SHAYWITZ, D. Novartis CEO who wanted to bring tech into pharma now explains why it's so hard. *Forbes*, 16 jan. 2019. Disponível em: https://www.forbes.com/sites/davidshaywitz/2019/01/16/novartis-ceo-who-wanted-to-bring-tech-into-pharma-now-explains-why-its-so-hard/?sh=5edf3d197fc4. Acesso em: 14 jul. 2022.
8. AMED, I. CEO Talk: Angela Ahrendts on Burberry's connected culture. *The Business of Fashion*, set. 2013. Disponível em: https://www.businessoffashion.com/articles/ceo-talk/burberry-angela-ahrendts. Acesso em: 14 jul. 2022.
9. JORDAN, J.; SORELL, M. Why you should create a "shadow board" of younger employees. *Harvard Business Review*, jan. 2019. Disponível em: https://hbr.org/2019/06/why-you-should-create-a-shadow-board-of-younger-employees. Acesso em: 14 jul. 2022.
10. Entrevista ao autor.
11. Entrevista ao autor.
12. HOGAN Assessments. *Hogan Agile Leader*. Disponível em: https://www.performanceprograms.com/shop/hogan-agile-leader-report/. Acesso em: 14 jul. 2022.

CAPÍTULO 22

1. PÉLADEAU, P.; ACKER, O. Have we reached 'peak' chief digital officer? *Strategy+Business* (blog), 26 mar. 2019. Disponível em: https://www.strategy-business.com/blog/Have-we-

reached-peak-chief-digital-officer?gko=2443a. Acesso em: 14 jul. 2022.
2. WADE, M. From dazzling to departed – why Chief Digital Officers are doomed to fail. *World Economic Forum*, 12 fev. 2020. Disponível em: https://www.weforum.org/agenda/2020/02/chief-digital-officer-cdo-skills-tenure-fail/. Acesso em: 14 jul. 2022.
3. WADE, M.; OBWEGESER, N. How to choose the right digital leader for your company. *MIT Sloan Management Review*, 14 maio 2019. Disponível em: https:// sloanreview.mit.edu/article/how-to-choose-the-right-digital-leader-for-your-company/. Acesso em: 14 jul. 2022.
4. CAPGEMNI. *Digital leadership: Unilever: consumer-first approach accelerates digital transformation. An interview with Rahul Welde, Unilever*. Capgemini Research Institute, 2019. Disponível em: https://www.capgemini.com/ch-en/wp-content/uploads/sites/43/2019/02/Download-%E2%80%93-DTR-12_Unilever_Web.pdf. Acesso em: 14 jul. 2022.
5. CHNG, D. H. M. et al. Why people believe in their leaders – or not. *MIT Sloan Management Review*, 17 ago. 2018. Disponível em: https://sloanreview.mit.edu/article/why-people-believe-in-their -leaders-or-not/. Acesso em: 14 jul. 2022.
6. CAPGEMINI Research Institute. *Digital Transformation Review*, twelfth edition: taking digital transformation to the next level; lessons from the leaders, 12 fev. 2019. Disponível em: https://www.capgemini.com/wp-content/uploads/2019/02/Download-%E2%80%93-Digital-Transformation-Review-12.pdf. Acesso em: 14 jul. 2022.
7. CHNG, D. H. M. et al. Why people believe in their leaders – or not. *MIT Sloan Management Review*, 17 ago. 2018. Disponível em: https://sloanreview.mit.edu/article/why-people-believe-in-their-leaders-or-not/. Acesso em: 14 jul. 2022.
8. Entrevista ao autor.
9. Entrevista ao autor.
10. WADE, M.; OBWEGESER, N. How to choose the right digital leader for your company. *MIT Sloan Management Review*, 14 maio 2019. Disponível em: https://sloanreview.mit.edu/article/how-to-choose-the-right-digital-leader-for-your-company/. Acesso em: 10 jul. 2022.
11. HAMEl, G.; PRAHALAD, C. K. Strategic Intent. *Harvard Business Review*, jul.-ago. 2005. Disponível em: https://hbr.org/2005/07/strategic-intent. Acesso em: 14 jul. 2022.

CAPÍTULO 23

1. HORLACHER, A.; HESS, T. What does a Chief Digital Officer do? Managerial tasks and roles of a new c-level position in the context of digital transformation. *Proceedings of the 49th Hawaii International Conference on System Sciences*, 2016. DOI: 10.1109/HICSS.2016.634.
2. WADE, M.; OBWEGESER, N. How to choose the right digital leader for your company. *MIT Sloan Management Review*, 14 maio 2019. Disponível em: https://sloanreview.mit.edu/article/how-to-choose-the-right-digital-leader-for-your-company/. Acesso em: 14 jul. 2022.
3. WALCHSHOFER, M.; RIEDL, R. Der Chief Digital Officer (cdo): eine empirische untersuchung. *HMD Praxis der Wirtschaftsinformatiked*, 2017. DOI: 10.1365/s40702-017-0320-7.
4. TUMBAS, S. et al. Digital innovation and institutional entrepreneurship: Chief Digital Officer perspectives of their emerging role. *Journal of Information Technology*, v. 33, n. 3, 2018. DOI: 10.1057/s41265 -018-0055-0.
5. SINGH, A. et al. How do Chief Digital Officers pursue digital transformation activities? The role of organization design parameters. *Long Range Planning*, v. 53, n. 3, 2019. Disponível em: https://doi.org/10.1016/j.lrp.2019.07.001. Acesso em: 14 jul. 2022.
6. SINGH, A.; HESS, T. How Chief Digital Officers promote the digital transformation of their companies. *MIS Quarterly Executive*, v. 16, 2017. Disponível em: https://www.researchgate.net/publication/316629795_How_Chief_Digital_Officers_Promote_the_Digital_Transformation_of_their_Companies. Acesso em: 14 jul. 2022.
7. Entrevista ao autor.
8. Entrevista ao autor.

CAPÍTULO 24

1. WILES, J. Foster innovation to drive digital transformation. *Gartner*, 1 abr. 2019. Disponível em: https://www.gartner.com/smarterwithgartner/foster-innovation-to-drive-digital-transformation/. Acesso em: 14 jul. 2022.
2. DAVENPORT, T. H.; REDMANN, T. C. Digital transformation comes down to talent in 4 key areas. *Harvard Business Review*, 21 maio 2020. Disponível em: https://hbr.org/2020/05/digital-transformation-comes-down-to-talent-in-4-key-areas. Acesso em: 14 jul. 2022.
3. WANG, Q. (Emily) et al. Digital natives and digital immigrants, *Business & Information Systems Engineering*, vol. 5, p. 409-419, 8 nov. 2013. Disponível em: https://link.springer.com/article/10.1007/s12599-013-0296-y#:~:text=The%20article%20looks%20at%20the,stage%20during%20their%20adult%20life. Acesso em: 14 jul. 2022.
4. Ver *PwC 23rd Annual Global CEO Survey: Navigating the rising tide of uncertainty*. Disponível em: http://www.ceosurvey.pwc. Ver também FULLER, J. B. et al. Your workforce is more adaptable than you think. *Harvard Business Review*, 1 maio 2019. Disponível em: https://hbr.org/2019/05/your-workforce-is-more-adaptable-than-you-think. Acesso em: 14 jul. 2022.
5. PASHLER, H. et al. Learning styles: concepts and evidence. *PubMed*, 1 dez. 2009. Disponível em: https://journals.sagepub.com/doi/full/10.1111/j.1539-6053.2009.01038.x?casa_token=Dn8qaRIkmq4AAAAA%3AgPyPJ3xb9quzsRXFPuGngk9miRicgs2NRqOxFeSs-KiwGofm5ue8WTHNUkWBE9GMHc5frzGRzbsS. DOI: https://doi.org/10.1111/j.1539-6053.2009.01038.x. Acesso em: 14 jul. 2022.
6. PISKORSKI, M. J.; BUCHE, I. Digital transformation at Axel Springer. *IMD*, 2016. Referência de Caso de Estudo No. IMD-7-1733.
7. Ibid.
8. CAMINITI, S. AT&T's $1 billion gambit: retraining nearly half its workforce for jobs of the future. *CNBC*, 13 mar. 2018. Disponível em: https://www.cnbc.com/2018/03/13/atts-1-billion-gambit-retraining-nearly-half-its-workforce.html. Acesso em: 14 jul. 2022.
9. DONOVAN, J.; BENKO, C. AT&T's talent overhaul. *Harvard Business Review*, 1 out. 2016. Disponível em: https://hbr.org/2016/10/atts-talent-overhaul. Acesso em: 14 jul. 2022.
10. BERSIN, J.; ZAO-SANDERS, M. Making learning a part of everyday work. *Harvard Business Review*, 19 fev. 2019. Disponível em: https://hbr.org/2019/02/making-learning-a-part-of-everyday-work. Acesso em: 14 jul. 2022.
11. BOYNTON, A. Are you an "I" or a "T"? *Forbes*, 18 out. 2011. Disponível em: https://www.forbes.com/sites/andyboynton/2011/10/18/are-you-an-i-or-a-t/?sh=6f33fba46e88. Acesso em: 14 jul. 2022.
12. BRASSEY, J. et al. Seven essential elements of a lifelong-learning mind-set. *McKinsey & Company*, 2019. Disponível em: https://www.mckinsey.com/~/media/McKinsey/Business%20Functions/Organization/Our%20Insights/Seven%20essential%20elements%20of%20a%20lifelong%20learning%20mind%20set/Seven-essential-elements-of-a-liefelong-learning-mind-set.pdf. Acesso em: 4 jul. 2022.
13. LUNDBERG, A.; WESTERMAN, G. The transformer CLO. *Harvard Business Review*, 1 jan. 2020. Disponível em: https://hbr.org/2020/01/the-transformer-clo. Acesso em: 14 jul. 2022.
14. Ibid.

CAPÍTULO 25

1. ALTSCHULER, Max. How managers can support business unity. *MIT Sloan Management Review*, 7 abr. 2020. Disponível em: https://sloanreview.mit.edu/article/how-managers-can-support-business-unity/. Acesso em: 14 jul. 2022.
2. GORAN, J. et al. Culture for a digital age. McKinsey, 20 jun. 2017. Disponível em: https://www.mckinsey.com/business-functions/mckinsey-digital/our-insights/culture-for-a-digital-age. Acesso em: 14 jul. 2022.

3. OBWEGESER, N. et al. 7 key principles to govern digital initiatives. *MIT Sloan Management Review*, 1 abr. 2020. Disponível em: https://sloanreview.mit.edu/article/7-key-principles-to-govern-digital-initiatives. Acesso em: 14 jul. 2022.
4. KANE, G. C. et al. *The technology fallacy: how people are the real key to digital transformation*. Cambridge, MA: MIT Press, 2019. Disponível em: https://mitpress.mit.edu/books/technology-fallacy. Acesso em: 14 jul. 2022.
5. KANE, G. C. et al. *Accelerating digital innovation inside and out*. Deloitte, 2019. Disponível em: https://www2.deloitte.com/us/en/insights/focus/digital-maturity/digital-innovation-ecosystems-organizational-agility.html. Acesso em: 14 jul. 2022.
6. KAPPELMAN, L. et al. The 2018 SIM IT Issues and Trends Study. *MIS Quarterly Executive*, v. 18, n. 1 mar. 2019.
7. WADE, M. et al. *Orchestrating transformation: how to deliver winning performance with a connected approach to change*. Lausanne: IMD, 2019.
8. Ibid.
9. ROGERS, Ian. LVMH; when luxury goes digital. *Capgemini*. Disponível em: https://www.capgemini.com/ian-rogers-lvmh/.
10. HOW TO CREATE & cultivate a digital culture in your organization. *Digital Marketing Institute*, 9 jan. 2018. Disponível em: https://digitalmarketinginstitute.com/blog/how-to-create-and-cultivate-a-digital-culture-in-your-organization. Acesso em: 14 jul. 2022.
11. Entrevista ao autor.
12. HARVARD UNIVERSITY. Carrots are better than sticks for building human cooperation, study finds. *ScienceDaily*, 4 set. 2019. Disponível em: http://www.sciencedaily.com/releases/2009/09/090903163550.htm. Acesso em: 14 jul. 2022.
13. WADE, M.; DUKE, L. Rabobank: building digital agility at scale. *IMD* (case study), out. 2019. Disponível em: https://www.imd.org/research-knowledge/for-educators/case-studies/Rabobank-Building-digital-agility-at-scale/. Reference No. IMD-7-2020. Acesso em:
14. HRON, M.; OBWEGESER, N. Scrum in practice: an overview of scrum adaptations. *Proceedings of the 51st Hawaii International Conference on System Sciences*, 2018. DOI: 10.24251/HICSS.2018.679.
15. CRUTH, M. Discover the spotify model: what the most popular music technology company can teach us about scaling agile. *Atlassian*, 2020. Disponível em: https:// www.atlassian.com/agile/agile-at-scale/spotify. Acesso em: 14 jul. 2022.
16. SCHLATMANN, B. ING's agile transformation. *McKinsey Quarterly*, 10 jan. 2017. Disponível em: https://www.mckinsey.com/industries/financial-services/our-insights/ings-agile-transformation. Acesso em: 14 jul. 2022.

PARTE SEIS

1. WADE, M.; SHAN, J. Covid-19 has accelerated digital transformation, but may have made it harder not easier. *MIS Quarterly Executive*, vol. 19, n. 3, 2020.

CAPÍTULO 26

1. Entrevista ao autor.
2. YOO, Y et al. Organizing for innovation in the digitized world. *Organization Science*, p. 1398-1408, set. 2012.
3. INGENIUS: Nestlé's Employee Innovation Accelerator. Nestlé, c2022. Acesso em: 16 fev. 2021. Disponível em: https://ingenius-accelerator.nestle.com/. Acesso em: 14 jul. 2022.
4. Entrevista ao autor.
5. Entrevista ao autor.
6. CHESBROUGH, H. W.; APPLEYARD, M. M. Open innovation and strategy. *California Review Management*, v. 50, 2007. Disponível em: https://doi.org/10.2307/41166416. Acesso em: 14 jul. 2022.

7. LEGO Ideas. Acesso em: 16 fev. 2021. Disponível em: https://ideas.lego.com/. Acesso em: 14 jul. 2022.
8. SCHLENDER, B; JOBS, S. The three faces of Steve. *Fortune Magazine*, 9 nov. 1998. Disponível em: https://archive.fortune.com/magazines/fortune/fortune_archive/1998/11/09/250880/index.htm. Acesso em: 14 jul. 2022.
9. HARWOOD, R. Unleashing customer innovation with lego ideas. *100%Open*, 30 abr. 2014. Disponível em: https://www.100open.com/unleashing-customer-innovation-with-lego-ideas/. Acesso em: 14 jul. 2022.
10. Entrevista ao autor.
11. OBWEGESER, N. et al. 7 Key principles to govern digital initiatives. *MIT Sloan Management Review*, 1 abr. 2020. Disponível em: https://sloanreview.mit.edu/article/7-key-principles-to-govern-digital-initiatives. Acesso em: 14 jul. 2022.
12. Entrevista ao autor.
13. Entrevista ao autor.
14. MÜLLER, S. D. et al. Digital innovation and organizational culture: the case of a danish media company. *Scandinavian Journal of Information Systems*, v. 31, n. 2, 2019.

CAPÍTULO 27

1. MATTES, F. Scaling-Up: the framework. *The Digital Transformation People*, 17 maio 2019. Disponível em: https://www.thedigitaltransformationpeople.com/channels/strategy-and-innovation/scaling-up-the-framework/. Acesso em: 14 jul. 2022.
2. THE SECRETS to scaling digital. *Hitachi Consulting*, 2019. Disponível em: https://www.hitachivantara.com/en-us/pdf/hcc/point-of-view/hitachi-scaling-digital-pov.pdf. Acesso em: 14 jul. 2022.
3. MOYER, K.; COX, I. Digital business transformation: closing the gap between ambition and reality. *Gartner Research*, 18 jun. 2018. Disponível em: https://www.gartner.com/en/documents/3879565/digital-business-transformation-closing-the-gap-between-. Acesso em: 14 jul. 2022.
4. ABOOD, D. et al. Accenture, 2019. Disponível em: https://www.accenture.com/_acnmedia/Thought-Leadership-Assets/PDF/Accenture-IXO-HannoverMesse-report.pdf. Acesso em: 14 jul. 2022.
5. Entrevista ao autor.
6. OBWEGESER, N. et al. 7 key principles to govern digital initiatives. *MIT Sloan Management Review*, 1 abr. 2020. Disponível em: https://sloanreview.mit.edu/article/7-key-principles-to-govern-digital-initiatives/. Acesso em: 14 jul. 2022.
7. WADE, M. et al. *Orchestrating transformation: how to deliver winning performance with a connected approach to change*. Lausanne: IMD, 2019.
8. Entrevista ao autor.
9. Entrevista ao autor.
10. SALZMAN, M. L. et al. *Buzz: Harness the power of influence and create demand*. Hoboken, NJ: John Wiley & Sons, 2005.
11. Entrevista ao autor.
12. Entrevista ao autor.
13. BÜCHEL, B.; WADE, M. Anchored agility: the holy grail of competitiveness. *IMD* (artigo), jun. 2013. Disponível em: https://www.imd.org/research-knowledge/articles/anchored-agility-the-holy-grail-of--competitiveness/. Acesso em: 14 jul. 2022.

CAPÍTULO 28

1. FORTH, P. et al. Flipping the odds of digital transformation success. *BCG*, 29 out. 2020. Disponível em: https://www.bcg.com/en-ch/publications/2020/increasing-odds-of-success-in-digital-transformation. Acesso em: 14 jul. 2022.

2. MOORE, S. How to measure digital transformation progress. *Gartner*, 30 set. 2019. Disponível em: https://www.gartner.com/smarterwithgartner/how-to-measure-digital-transformation-progress/. Acesso em: 14 jul. 2022.
3. Entrevista com os autores.
4. US DEPARTMENT OF Energy. Types of maintenance programs. *Operations & Maintenance Best Practices Guide: Release 3.0*, Chapter 5, 2013. Disponível em: https://www1.eere.energy.gov/femp/pdfs/OM_5.pdf. Acesso em: 14 jul. 2022.
5. DUGUID, R. How automation is transforming the supply chain process. Manufacturing.net, 7 set. 2018. Disponível em: https://www.manufacturing.net/automation/ article/13245800/how-automation-is-transforming-the-supply-chain-process. Acesso em: 14 jul. 2022.
6. GREGORY, S. 19 important digital marketing metrics for measuring success. *FreshSparks*, 13 ago. 2019. Disponível em: https://freshsparks.com/digital-marketing-success/. Acesso em: 14 jul. 2002.
7. SIA, S. K. et al. How DBS Bank Pursued a digital business strategy. *MIS Quarterly Executive*, v. 15, n. 2, 2016. Disponível em: https://aisel.aisnet.org/misqe/vol15/iss2/4/. Acesso em: 14 jul. 2022.
8. HOW TO USE DIGITAL learning to increase employee engagement. *Profiles Asia Pacific*, 5 maio 2020. Disponível em: https://www.profilesasiapacific.com/2020/05/05/digital-learning-employee-engagement/. Acesso em: 14 jul. 2022.
9. HANSEN, R.; SIA S. K. Hummel's digital transformation toward omnichannel retailing: key lessons learned. *MIS Quarterly Executive*, v. 4, n. 2, 2015. Disponível em: https://aisel.aisnet.org/misqe/vol14/iss2/3/. Acesso em: 14 jul. 2022.

CAPÍTULO 29

1. FENWICK, N. The state of digital business 2018: top technologies. *Forrester* (blog), 2 mar. 2018. Disponível em: https://go.forrester.com/blogs/digital-business-top-tech/. Acesso em: 14 jul. 2022.
2. LUCAS Jr. et al. Disruptive technology: how Kodak missed the digital photography revolution. *Journal of Strategic Information Systems*, v. 18, n. 1, p. 46-55, mar. 2009. Disponível em: https://www.sciencedirect.com/science/article/abs/pii/S0963868709000043. DOI: https://doi.org/10.1016/j.jsis.2009.01.002. Acesso em: 14 jul. 2022.
3. ASPARA, J. et al. Strategic management of business model transformation: lessons from Nokia. *Management Decision*, v. 49, n. 4, maio 2011. Disponível em: https://www.researchgate.net/publication/244085692_Strategic_management_of_business_model_transformation_Lessons_from_Nokia. Acesso em: 14 jul. 2022.
4. DAVIS, T.; HIGGINS, J. A blockbuster failure: how an outdated business model destroyed a giant. *Chapter 11 Bankruptcy Case Studies*, 2013. Disponível em: https://trace.tennessee.edu/utk_studlawbankruptcy/11. Acesso em: 14 jul. 2022.
5. MCGRATH, Rita. *Seeing around corners: how to spot inflection points in business before they happen*. Boston: Houghton Mifflin Harcourt, 2019.
6. KANE, G. C. et al. *The technology fallacy: how people are the real key to digital transformation*. Cambridge, MA: MIT Press, 2019.
7. READ JEFF Bezos's inspiring letter to shareholders on why he keeps Amazon at "day 1." *Entrepreneur*, 12 abr. 2017. Disponível em: https://www.entrepreneur.com/article/292797. Acesso em: 14 jul. 2022.
8. LOVEDAY, S. Toyota won't make a proper ev because dealers say it won't sell. *InsideEVs*, 7 dez. 2018. Disponível em: https://insideevs.com/news/341448/toyota-wont-make-a-proper-ev-because-dealers-say-it-wont-sell/. Acesso em: 14 jul. 2022.
9. VIKI, T. How making small bets can help leaders accept innovation failure. *Forbes*, 11 jun. 2020. Disponível em: https://www.forbes.com/sites/tendayiviki/2020/06/11/how-making-

small-bets-can-help-leaders-accept-innovation-failure/?sh=315d633d2c10. Acesso em: 14 jul. 2022.
10. McGRATH, R. *Seeing around corners: how to spot inflection points in business before they happen*. Boston/NovaYork: Houghton Mifflin Harcourt, 2019.
11. SIMS, P. *Little bets: how breakthrough ideas emerge from small discoveries*. Nova York: Simon & Schuster, 2011. p. 21.
12. Gartner Hype Cycle. Gartner, 2020. Disponível em: https://www.gartner.com/en/research/methodologies/gartner-hype-cycle. Acesso em: 19 jul. 22.
13. DELOITTE. Tech Trends 2020, Disponível em: https://www2.deloitte.com/content/campaigns/za/Tech-Trends-2020/Tech-Trends-2020/Tech-Trends-2020.html. Acesso em: 14 jul. 2022.
14. THOUGHTWORKS. *Technology radar: an opinionated guide to technology frontiers*, Vol. 23, 2020. Disponível em: https://www.thoughtworks.com/radar. Acesso em:
15. ZALANDO Tech Radar - 2020. Disponível em: https://opensource.zalando.com/tech-radar/. Acesso em: 14 jul. 2022.
16. McAFEE, A.; BRYNJOLFSSON, E. Investing in the IT that makes a competitive difference. *Harvard Business Review*, 1 jul. 2008. Disponível em: https://hbr.org/2008/07/investing-in-the-it-that-makes-a-competitive-difference. Acesso em: 14 jul. 2022.
17. ADAMOS. Disponível em: https://www.adamos.com/. Acesso em: 14 jul. 2022.
18. COLLABORATIVE innovation: transforming business, driving growth. *World Economic Forum*, ago. 2015. Disponível em: http://www3.weforum.org/docs/WEF_Collaborative_Innovation_report_2015.pdf. Acesso em: 14 jul. 2022.

CAPÍTULO 30

1. REEVES, M. et al. Advantage in adversity: winning the next downturn. *BCG Henderson Institute*, 18 jan. 2019. Disponível em: https://bcghendersoninstitute.com/advantage-in-adversity-winning-the-next-downturn-5853b4425db1. Acesso em: 14 jul. 2022.
2. PALMER, M. Pandemic kills corporate innovation plans. *Sifted*, 9 jun. 2020. Disponível em: https://sifted.eu/articles/pandemic-kills-corporate-innovation/. Acesso em: 14 jul. 2022.
3. TRENTMANN, N. Covid-19 forces levi to accelerate its consumer strategy shift. *Wall Street Journal*, 1 ago. 2020. Disponível em: https://www.wsj.com/articles/covid-19-forces-levi-to-accelerate-its-consumer-strategy-shift-11596223224. Acesso em: 14 jul. 2022.
4. EATON, K. Amex invests $100 million in its future: digital ecosystem, not the plastic Card. *Fast Company*, 11 set. 2011. Disponível em: https://www.fastcompany.com/1793698/amex-invests-100-million-its-future-digital-ecosystem-not-plastic-card. Acesso em: 14 jul. 2022.
5. VERHAGE, J. et al. New tech startups challenge amex in the niche corporate card market. *Fortune*, 8 mar. 2020. Disponível em: https://fortune.com/2020/03/08/new-tech-startups-want-to-remake-the-corporate-card/. Acesso em: 14 jul. 2022.
6. TAKAHASHI, D. Intel CEO: bad companies are destroyed by crises... great companies are improved by them. *Venturebeat.com*, 23 abr. 2020. Disponível em: https://venturebeat.com/2020/04/23/intel-ceo-bad-companies-are-destroyed-by-crises-great-companies-are-improved-by-them/. Acesso em: 14 jul. 2022.
7. WINTZENBURG, Jan Boris. Technology *versus* pandemic. *Porsche Consulting Magazine*, 23 jul. 2020. Disponível em: https://newsroom.porsche.com/en/2020/company/porsche-consulting-nestle-cio-filippo-catalano-21556.html. Acesso em: 14 jul. 2022.
8. Entrevista ao autor.
9. OLSON, R. Covid-19: the cybercrime gold rush of 2020. *Palo Alto Networks* (blog), 21 jul. 2020. Disponível em: https://blog.paloaltonetworks.com/2020/07/unit-42-cybercrime-gold-rush/. Acesso em: 14 jul. 2022.

10. GREENBERG, A. The untold story of Notpetya, the most devastating cyberattack in history. *Wired*, 22 ago. 2018. Disponível em: https://www.wired.com/story/notpetya-cyberattack-ukraine-russia-code-crashed-the-world/. Acesso em: 14 jul. 2022.
11. Ver Cyber security in the age of digital transformation. Nominet White Paper. Disponível em: https://nominetcyber.com/cyber-security-in-the-age-of-digital-transformation. E ver NOFAL, Hani. The unspoken truth: the role of cybersecurity in breaking the digital transformation deadlock. *GBM 8th Annual Security Survey*, 2019.
12. BRIDGING the digital transformation divide: leaders must balance risk & growth. *Ponemon Institute Research Report*, mar. 2018. Disponível em: https://www.ibm.com/downloads/cas/ON8MVMXW.
13. GLOBAL Center for Digital Business Transformation. *IMD Business School*, 2020.
14. Entrevista ao autor, ago. 2020.
15. GSTETTNER, S. et al. Three paths to advantage with digital supply chains. *BCG*, 1 fev. 2016. Disponível em: https://www.bcg.com/en-ch/publications/2016/three-paths-to-advantage-with-digital-supply-chains. Acesso em: 14 jul. 2022.
16. COSGROVE, E. How P&G created a "ready for anything" supply chain. *Supply Chain Dive* (newsletter), 3 jun. 2019. Disponível em: https://www.supplychaindive.com/news/pg-ready-for-anything-supply-chain-disaster-response/555945. Acesso em: 14 jul. 2022.
17. Entrevista ao autor.

CONCLUSÃO

1. MCARTHUR, G. et al. Journey. In *Oxford Learner's Dictionary*. Oxford University Press, n.d. Disponível em: https://www.oxfordlearnersdictionaries.com/definition/american_english/journey_1.
2. WORLDWIDE Semi-Annual Digital Transformation Spending Guide. International Data Corporation, 2019.
3. SOULE, D. L. et al. Becoming a digital organization: the journey to digital dexterity. *SSRN Electronic Journal*, 2 dez. 2015. Disponível em: https://doi.org/10.2139/ssrn.2697688. Acesso em: 14 jul. 2022.
4. BONNET, D. et al. Organizing for digital: why digital dexterity matters. *Capgemini Consulting* (artigo científico), 2015.
5. Chamada de ganhos do quarto semestre de 2013 da Capital One. Disponível em: http://investor.capitalone.com/static-files/8c0456aa-22d3-4fb9-b515-187783c1f015. Acesso em: 14 jul. 2022.
6. JOHNSON, N. Entrevista de Robin Bordoli: How artificial intelligence can help you get 100x more work done. *Salesforce Live,* 17 fev. 2021. Disponível em: https:// www.salesforce.com/video/1718054/. Acesso em: 14 jul. 2022.
7. GIRARD, B. *The Google way: how one company is revolutionizing management as we know it*. São Francisco: No Starch Press, 2009.
8. FOR HAIER'S Zhang Ruimin, success means creating the future. *Knowledge@Wharton* (podcast), 28 abr. 2018. Acesso em: 17 fev. 2021. Disponível em: https://knowledge.wharton.upenn.edu/article/haiers-zhang-ruimin-success-means-creating-the-future/. Acesso em: 14 jul. 2022.
9. DIGITAL transformation becomes mainstream: airbus digital teams join engineering and operations. *Airbus*, 15 maio 2020. Disponível em: https://www.airbus.com/ newsroom/news/en/2020/05/digital-transformation-becomes-mainstream-airbus-digital-teams-join-engineering-and-operations.html. Acesso em: 14 jul. 2022.

ÍNDICE REMISSIVO

Os números das páginas seguidos de *f* e *t* referem-se a figuras e tabelas, respectivamente.

@Leisure, 207
4Bs, 203
50/50/2020, 33-34
ABB Ability, 290
ABB, 64, 75, 97, 266, 290
Accenture, 261, 283
AccorHotels, 51
Acelerador *versus* perfeccionista (tensão de liderança), 234
Acrônimo PRISM, 32, 32*f*
ADAMOS, 208, 309
Adaptável *versus* estável (tensão de liderança), 231-232
Adobe Systems, 57
Agenda, 51
Agilidade auto-organizadora, 329
Ahold Delhaize, 163
Ahrendts, Angela, 73, 146, 233
Airbnb, 199-203, 207
Airbus, 156
Alibaba, 135, 147, 200, 207
Alibaba Tmall.com, 207
Alinhamento:
    da equipe responsável, 45-52
    das parcerias, 141-150
    de ambição com escala, 283
    do TI com o digital, 103-109
    dos conselhos supervisores, 82
    para criar impulso e engajamento, 59
Alphabet, 200
Amazon, 85-86, 174, 177, 199-200, 205, 299
Ambições:
    e parcerias, 146
    quando alinhar a escala com iniciativas digitais, 283
    (*ver também* Aspirações)
Ambiguidade na função, 241
American Express, 313
Analista *versus* intuitivo (tensão de liderança), 234
Ancoragem organizacional, 249
Aplicativo Nike+ runner, 184
Aplicativos *blockchain*, 68, 122, 256
Aplicativos de IoT, 163, 181, 208, 256,317
Apple, 41, 43, 147, 170, 185, 200, 203, 277
Aprendizado:
    colaborativo, 305, 306, 320
    estrutura e formatos de, 262
    incentivo para, 262
    para o conselho de administração, 86
Aprendizagem colaborativa, 318
Aprimoramento, 56, 255 (*Ver também* Habilidades digitais)
Aprovadores, 188
Aptidões críticas, inovação aberta e, 162, 16*ef*
Aquisição (os 4Bs), 203
Aquisições:
    com práticas de CR, 152
    e aptidões digitais, 152, 153
    e parcerias, 215, 218, 219
    plataforma, 178
Armadilha "cortar e colar", 286
Arquitetura de negócios, mapeamento, 67
Arsenal do hacker:
    canal de iniciativa digital, 279
    CDOs, 252
    conselho de administração, 89

credibilidade, 239
de produtos para serviços, 185
desenvolvimento de habilidades digitais, 262
desenvolvimento de impulso e engajamento, 59
desenvolvimento de senso de urgência, 43
digital e TI juntos, 107
equipes responsáveis, 51
financiamento, 77
hiperconsciência, 138
infraestrutura de tecnologia, 126
iniciativas digitais em escala, 291
iniciativas digitais existentes, 67
inovação aberta, 166
liderança digital ágil, 237
medindo o desempenho, 302
métodos ágeis, 116
modelos de governança digital, 101
monetização de serviços digitais, 195
novas tecnologias, 310
objetivos de transformação, 35
parcerias, 148
plataformas digitais, 208
portfólio de iniciativas digitais, 222
resiliência organizacional, 320
sobre, 26
startups, 156
sustentabilidade, 174
trabalhando com "silos" e "panelinhas", 268
Aspirações:
 de curto prazo, 39, 211, 255, 257-259
 em soluções de longo prazo, 259-261
 modelos que inspiram, 38-39
 (*ver também* Ambições)
AT&T, 259
Auditorias, de qualidade de dados, 124-125
Autoconsciência, 229, 235
Automação, 143, 143*t*, 164, 173, 218*f*, 219, 299, 312, 328
Autonomia:
 compartilhada, métodos ágeis e, 114-115
 e dimensionamento, 289-290
Avaliação do Hogan Agile Leader, 237
Axel Springer, 34, 153, 258
Backbone operacional, 105m 121
Backbone transacional, 121
BBVA, 220
BCG, 120, 156, 295
BCG Digital Ventures, 156
Beerwulf, 221Benioff, Marc, 147
Bezos, Jeff, 306, 328

BHP, 40
"Bill It, Kill It, or Keep It Free?" (Ulaga e Michel), 196
Bizzarri, Marco, 233
Blase, Bill, 259
Blockbuster, 305
Bodson, Bertrand, 65
Böhm, Hans, 221
Bombeck, Erma, 129
Booking.com, 207, 308
Bordoli, Robin, 328
Bosch, 111
Brotman, Adam, 104, 106
Burberry, 73, 76, 146-147, 207, 233
Burburinho tecnológico, 310
Burnout de urgência, 39
Bush, George H. W., 35
CA (*ver* Conselho de administração)
Cadeia de suprimentos, visibilidade na, 318
Canal de iniciativas digitais, 272, 274-281
 a importância de um, 274
 arsenal do hacker, 279
 avaliação e de priorização, 277
 ideação, 275
 melhores práticas e *insights* essenciais, 275
 questões para autorreflexão, 280
Capacidade de resposta:
 definição, 314
 resiliência organizacional e, 317
Capacitação de iniciativas digitais existentes, 65
Capital One, 327
Cargill, 261
Cartier, 205
Casella, John, 106-107
CAT Connect, 190, 193-194Catalano, Filippo, 316
Categorias de investimento digital, para financiamento, 72-74
Caterpillar, 190-191, 193-194
CDOs, 248-254
 a importância dos, 258
 arsenal do hacker, 252
 melhores práticas e *insights* essenciais, 249
 questões para autorreflexão, 253
 responsabilidades e objetivos dos, 252
 (*Ver também* Equipes responsáveis)
CDR (*Ver* Responsabilidade Digital Corporativa)
CDR ambiental, 171, 172*f*, 173
CDR econômica, 171, 172*f*, 172
CDR social, 171, 172*f*
CDR tecnológica, 171, 172*f*

CEOs (*Ver também* Equipes responsáveis)
Chambers, John, 183
China, 135
Cibersegurança, 326
Ciclo Hype, 308
CIOs, 15, 87, 122, 248, 305 (*Ver também* Equipes responsáveis)
Cisco, 32-34, 113-114, 183, 193, 196, 288, 269, 301, 308
Cliente(s):
    as dores do(s), 185
    comunicando o valor de serviço para o(s), 189
    consciência comportamental por meio do(s), 132-133
    dados do(s), 170-171
    engajamento do(s), medindo o desempenho por meio do(s), 287-289, 298*t*
Coaches, 117, 236
Coaches externos, 117
Coaches internos, 117
Coalizões, 208
Colaboração entre homem e máquina, 323, 328
Colaboração(ões), 266
    a importância de, 264
    arsenal do hacker, 268
    e métodos ágeis de trabalho, 267
    ferramentas para, 54
    homem e máquina, 313, 317
    incentivada(s) (*ver* Incentivos, para colaboração)
    intercâmbio de conhecimentos 130
    métodos ágeis para, 112
Colaborações multidisciplinares, 112
Comentários anônimos, 134
Comercialização, 59, 182*f*, 183, 186
Comitês:
    de estratégia, 87
    de tecnologia, 87
    paralelos, 88
Competição:
    em parcerias, 148
    interna, 97
Complacência, 42
Complementaridade, de parcerias, 145, 148
Comunicação:
    a importância da, 53
    com o conselho de administração, 86
    com *startups*, 155
    compartilhar entre as comunidades, 30
    da intenção estratégica, 191, 246

    má, 159
    reformulando, pela urgência, 39
    ruim, 155
    (*Ver também* Linguagem)
Conferência da Próxima Onda de Transformação Digital, 15
Conferências virtuais, 243
Confiança:
    a importância de construir, 64
    em parcerias, 147
    na liderança, 243
Conhecimento:
    compartilhando, com *startups*, 154
    e habilidades (*ver* Habilidades)
    intercâmbio de, e troca por colaboração, 266
Consciência comportamental, 132-135
Consciência situacional, 136
Conselho de administração (CA), 84-91
    a importância do, 84-85
    arsenal do hacker, 89
    e mecanismos de governança existentes, 87
    expedições de aprendizagem digital, 86
    melhores práticas e *insights* essenciais, 85
    modelos inovadores para engajar, 88
    questões para autorreflexão, 90
    transparência do, 86
Conselho supervisor, 82
Conselhos de assessoria, 51 (*ver também* Conselho de administração (CA))
Consenso, 47
Consistência, 101, 122
Consistência contextual, 236
CooperVision Inc, 106-107
Coppola, Barbara, 234
Costello, Kevin, 116
Covid-19, 235, 256
    a Nestlé após, 315-316
    capacidade de resposta com a, 273
    como acelerador digital, 66
    como disruptor, 256
    dimensionando durante a, 288,
    e ética digital, 170
    e resiliência organizacional, 313
    e Webinars ao vivo, 258
Credibilidade, 239-247
    a importância de estabelecer, 239
    ações para aumentar, 242-245
    arsenal do hacker, 245
    da liderança, 226-227

ÍNDICE REMISSIVO 357

fazendo as perguntas certas para garantir, 241-242
melhores práticas e *insights* essenciais, 241
por meio de facilitadores, 64
questões para autorreflexão, 246
Criação de valor, 213, 297, 298*f*
Cruz Vermelha, 99
CTOs, 305
Cultura:
    colaboração inibida pela, 264-265, 284
    da inovação, 274, 280
    e governança, 93
    efeitos da, 237
    experimentação, 215-216
Curiosidade, aproveitamento da, 261, 309
Custos de adesão, 71
Custos:
    adesão, 71
    de serviços digitais, 189
    diretos de capital humano, 71
    indiretos de capital humano, 71
    (*Ver também* Financiamento)
DAD (Entrega Ágil Disciplinada), 116
Dados:
    backups dos, 317
    habilidades e conhecimento em, 256
    manuseio dos, 197
    plataforma para, e análise dos, 121, 126
    qualidade dos, 124
    responsabilidade no gerenciamento dos, 127
    segurança dos, 125-128
Daimler AG, 100
Das, Subhra, 216
DBS Bank, 42, 43 300
De Coen, Diego, 244, 284
Decisão de consentimento, 19
Declarações de missão, 31, 33
Dell Computer, 133
Deloitte, 308
Departamentos de RH, 42
Desempenho:
    e criação de senso de urgência, 63
    lacunas no, 320
    medição (*ver* Medição de desempenho)
Desenvolvimento (os 4Bs), 203
Desenvolvimento de impulso e engajamento, 53-61
    a importância do, 53
    arsenal do hacker, 59
    conectando a organização para o, 55
    dar voz aos funcionários e às comunidades, 56

melhores práticas e *insights*, 55
promovendo novas formas de trabalhar para o, 57
questões para autorreflexão, 60
Desenvolvimento de senso de urgência, 37-44
    a importância do, 37
    melhores práticas e *insights* essenciais, 38
    questões para autorreflexão, 44
Detentor do poder *versus* compartilhador do poder (tensão de liderança), 233
Digibank, 42
DigitalOne, 100
Dimensionamento do tipo "cortar, adaptar, colar, ajustar", 286
Direitos de propriedade, 155, 172, 202
Discord, 310
Discutir de modo honesto, 6
Disrupção, 16, 40, 49, 70, 72, 86, 113, 132, 133, 139, 199, 212
Docomo, 215
Dores, análise das dos clientes, 185, 186
Downloads, 296, 302
Dropbox, 192
Drucker, Peter, 294
Dundee Precious Metals, 137
DuPont, 133
Ecossistemas:
    aproveite o seu, 138
    consultivos, 88
    parcerias nos (*ver* Parcerias)
E-Estonia, 38
Efeito "opinião da pessoa mais bem paga" (HiPPO), 47
Eficiência operacional, 179, 297, 298
Eixo digital, 267, 289
Empreendimentos, greenfield, 96, 98*f*
Empresas B2B, 180, 188, 194, 197, 203
Empresas B2C, 180, 184, 191, 203, 328
Energie Baden-Württemberg (EnBW), 99
Engajamento:
    cliente, 121, 184, 294, 297, 298*t*, 299
    desenvolvimento de impulso e (*ver* Desenvolvimento de impulso e engajamento)
    funcionário, 294, 297, 298*t*
    regras de, 202
Entrega ágil disciplinada (DAD), 116
Equilíbrio de portfólio, 211-224
Equipe(s):
    centralizada(s), 320
    de comunicação, 243
    digital(is) (*ver* Equipes digitais)

para inovação aberta, 166
votação em, 49
Equipes digitais:
   a integração de, 99
   capacidades combinadas em, 99
   conexão direta com o topo pelas, 97
   modelos em evolução de, 99
   o departamento de TI e as, 103-108
Equipes responsáveis, 45-52
   a importância das, 46
   alinhamento de, na fase de execução, 45, 47, 222
   arsenal do hacker, 51
   CDOs ancorados nas, 249
   e o efeito HiPPO, 47
   e votações em equipe, 49
   inovação aberta apoiada pelas, 166
   melhores práticas e *insights* essenciais, 47
   questões para autorreflexão, 52
   revisões da transformação pelas, 222
   suposições subjacentes nas, 48
   tópicos "indiscutíveis", 49
   uso de métodos ágeis nas, 116
ERGO Insurance Group, 252
Ericsson, 114-115
Especialista *versus* aprendiz (tensão de liderança), 231
Especificidade, 36
Estabilidade das infraestruturas de TI, 122
Estabilidade, da infraestrutura de tecnologia, 121
Estável *versus* adaptável (tensão de liderança), 231-232
Estônia, 38-39
Estratégias em fases/etapas, 185
Estrategista *versus* visionário (tensão de liderança), 232
Estrutura organizacional,
   colaboração inibida pela, 265
Ética digital, 169-176
Etsy, 204
Evernote, 192
Executivo financeiro, 77
Executivos (*ver* Equipes responsáveis)
Expedições de aprendizado digital:
   estrutura e tipos de, 262
   para o conselho de administração, 86
Experiência, com parcerias, 145
Experimentação orientada por hipóteses, 308
Exploração de borda, 218, 218*f*
Extreme Programming, 110
Facebook, 133, 170, 173, 191, 200

Facilitadores, e iniciativas digitais existentes, 63, 64
Fairbank, Richard, 327
Falante *versus* ouvinte (tensão de liderança), 233
Fase de avaliação e de priorização, 274, 277
Fase de construção, 22*f*, 23
Fase de estabilização, 22*f*, 24, 249
Fase de execução:
   aquisições/parcerias, 219
   Greenfield, 96, 98*f*, 218*f*, 220
   mapeamento, 217, 218*f*
   simplificação radical da parte principal, 219
   sobre, 22, 22*f*, 24
   velocidade da, 222
Fase de ideação (do canal de iniciativas digitais), 275
Fase de iniciação, 21, 22*f*, 24
Fase de integração, 23
Feedback, 42, 123
Financiamento, 70-79
   a importância do, 71
   arsenal do hacker, 77
   categorias de investimento digital para, 72
   criando capacidade para, 74
   de portfólio, 76
   e CDOs, 249, 250
   melhores práticas e *insights* essenciais, 72
   modelos de, 74-76
   questões para autorreflexão, 78
Flexibilidade, da infraestrutura de tecnologia, 120, 123
FMCG, 75
Fora da curva, 49, 51
Força de trabalho aumentadas, 328, 328*f*
Fornecedores digitais, 143, 143*q*
Fornecedores únicos, 321
Forrester, 304
Frei, Frances, 64
Funcionários:
   colaboração de, com *startups*, 154
   consciência comportamental nos, 134
   engajamento dos (*ver* Desenvolvimento de impulso e Engajamento)
   engajamento dos, medindo o desempenho por meio do, 294, 297, 298*t*
   impulso e engajamento por meio da voz dos, 56
Funções de liderança digital:
   ágil (ver Liderança digital ágil)
   ambiguidade nas, 241
   CDOs (ver CDOs)
   como um modelo de governança, 94

escolhendo, 101
facilitadores, 64
Fundos correspondentes, 75
Furação Sandy, 319
Gallup, 53
GANDALF, 261
Garner, Curt, 106
Gartner, 256, 283, 295
Gartner, Inc., 133
Gates, Bill, 38, 202
GE (*ver* General Electric)
GE Digital, 93, 97, 120
Gelsomini, Mark, 137
General Electric (GE), 55, 93, 120, 183, 216
General Motors (GM), 136
Gerentes de relacionamento entre digital e TI, 108
Gokcen, Ibrahim, 243
Google, 85, 86, 134, 145, 147, 154, 170, 174, 191, 200, 300
Google Moderator, 134
Governança:
  a importância de uma boa, 82, 89
  e ética digital, 169-170
  e o conselho de administração, 84, 87
  modelos de (ver Modelos de governança digital)
Grandes iniciativas, dimensionamento para, 288
GroupM, 89
Grove, Andrew, 315
Growney, Bill, 157
Grupo Bayer, 57, 164
Grupos de trabalho informais, 68
Gucci, 233
GV, 154
Habilidades:
  de processos, definição, 256
  de tecnologia, definição, 256
  digitais (ver Habilidades digitais)
  e gerenciamento de mudanças, 256
  interpessoais, 101, 239
Habilidades digitais, 255-263
  a importância de desenvolver, 256
  a importância de desenvolver, por você mesmo, 332
  arsenal do hacker, 262
  melhores práticas e *insights* essenciais, 257
  questões para autorreflexão, 263
Habilidades e conhecimentos de processo, definição, 256
Habilidades interpessoais, 101, 226, 239, 245
Haier, 330
Harvard Business Review, 124

Hastings, Reed, 86
Haymarket Media Group, 116
Heineken, 221
Hema, 135
Herren, Fred, 63, 65, 250, 276, 278, 318
Hewlett, Bill, 307
Hieronymi, Felix, 111
Hilton, 34
Hiperconsciência, 132-140
  a importância da, 133
  arsenal do hacker, 138
  comportamental, 133
  definição, 132
  melhores práticas e insights essenciais, 133
  questões para autorreflexão, 139
  situacional, 136
Hoffman, Reid, 48
Hoffstetter, Patrick, 33
Holanda, 96
HP, 307
Hummel, 301
IA (inteligência artificial), 68, 165, 172-173, 256, 323
IBM, 56, 277
IDC, 71, 322
Ignorantes digitais, 256-258
IKEA, 234
IMD, 50
IMD Business School, 288
Imigrantes digitais, 256, 258
Incentivos:
  para colaborações, 154, 266
  para o aprendizado, 262,
  para trabalho com *startups*, 157
  para venda e monetização de serviços digitais, 193, 195-196
Inclusivo (no acrônimo PRISM), 32f, 34
Infraestrutura de retaguarda, 123-124
Infraestrutura de tecnologia, 119-128
  a importância da, 119
  a robustez da, 315
  arquitetura, 121
  arsenal do hacker, 126
  e qualidade de dados, 124
  e segurança de dados, 125
  estabilidade da, 122
  flexibilidade da, 123
  melhores práticas e insights essenciais, 120
  questões para autorreflexão, 127
Infraestrutura exterior, 124
Infraestruturas em nuvem, 122

ING, 267, 268
Iniciativas digitais, 211-224
    aberta(s) (ver Inovação aberta)
    arsenal do hacker, 222
    canal de (ver Canais de iniciativas digitais)
    cultura de inovação, 274, 280
    dimensionamento (ver Dimensionamento de iniciativas digitais)
    eventos para promover, 310
    existentes (ver Iniciativas digitais existentes)
    mapeamento, 214-219, 214f, 218f
    medidas de desempenho (ver Medidas de desempenho)
    melhores práticas e *insights* essenciais, 213
    melhores práticas para, 275
    o "como", 217
    "o quê", 213
    portfólio equilibrado de, 222
    questões para autorreflexão, 223
Iniciativas digitais em escala, 282-293
    a importância da customização durante, 285
    a importância de, 282
    alinhamento das ambições durante o, 283
    aproveitamento de um desafio comum par, 289
    arsenal do hacker, 291
    buy-in das partes interessadas, 286
    melhores práticas e insights essenciais, 283
    para grandes iniciativas, 288
    planejamento para, 284
    questões para autorreflexão, 292
Iniciativas digitais existentes, 62-69
    a importância das, 62
    arsenal do hacker, 67
    e aceleração, 66
    e capacitação, 65
    e facilitação, 64
    melhores práticas e insights essenciais, 63
    questões para autorreflexão, 68
Inovação aberta, 130, 159-168
    a importância da, 160
    arsenal do hacker, 166
    criação de mentalidade para a, 161
    e aptidões críticas, 162
    incorporação de arquiteturas a partir da, 164
    melhores práticas e insights essenciais, 160
    questões de autorreflexão, 167
Insights essenciais (*ver* Melhores práticas e *insights* essenciais)
Instrumentos de produtividade, 59
Intel Corporation, 315
Inteligência Artificial (IA) , 119, 232, 306, 320, 323
Intenção estratégica, 31, 246
Intuitivo *versus* analista (tensão de liderança), 234
Inventário, fazer, 62-69
Investimentos:
    apoiados por parceiros, 76
    centrais, 75
    de referência, 77
    em manutenção, 72, 76t
    exploratórios, 73, 76t
    fundamentais, 73, 76
    locais, 75
    revisão de, 78
IWC, 205
Jams de inovação, 161
Japão, 110, 288
Jawwy, 216
Jet.com, 205
Jobs, Steve, 49, 271, 277
Jornada de transformação digital, 20, 22f
Jouret, Guido, 64, 97, 266, 290
JTI, 244, 284
Jurisdição, dos CDOs, 248, 249, 250-251
Kenzo, 207
Klein, Mark, 252
Ko, Albert, 136-137
Kodak, 305
Kone Corporation, 193
Lackner, Tomas, 162
Lambert, Jorn, 285
Legislação GDPR, 174
Lego, 276
Lego Ideas, 276
LeSS (Scrum em Larga Escala), 116
Leurs, Bart, 96, 274, 276, 296, 313
Levi Strauss, 313
Liderança:
    alinhamento com a, 46
    coach para, 236, 237
    digital (ver Funções de liderança digital)
    digital ágil (ver Liderança digital ágil)
    e TI *versus* tensão digital, 105
    emergente, 230
    tradicional, 229-238
Liderança digital ágil, 229-238
    a importância de uma, 230
    arsenal do hacker, 237
    mecanismos de enfrentamento para promover uma, 235-236
    melhores práticas e *insights* essenciais, 97

ÍNDICE REMISSIVO   361

questões para autorreflexão, 238
tensões de uma, 231-235
Liderança emergente, 230
Liderança tradicional, 211-212, 230-237

Lincoln, Abraham, 119
Lindsey-Curtet, Charlotte, 99, 234
Linguagem, para acelerar a transformação digital, 56, 116, 196, 286
Lloyds Banking Group, 75, 219
Luxury Pavilion, 207
LVHM, 265
Maersk, 125, 243
Mahapatra, Mrutyunjay, 242
Marine, Tokio, 215
Mastercard, 285
McDonald's, 164, 300
Mcgrath, Rita, 138
Mecanismos, promoção de valores ágeis em vez de, 115
Medição de desempenho, 294-303
   a importância da, 295171
   com objetivos claros, 296, 302
   com tabela de desempenho digital visual, 301
   e inovação aberta, 166
   melhores práticas e *insights* essenciais, 295
   por meio de medidas digitais categorizadas, 297, 298t
Medidas digitais categorizadas, 297
Meier, Sven, 100, 287
Melhores práticas e *insights* essenciais:
   avaliação e priorização, 277-278
   canal de iniciativas digitais, 275
   CDOs, 249
   colaboração, 240, 250, 265-266
   com a equipe responsável, 47-48
   com financiamentos, 72
   conselho de administração, 84-85
   credibilidade, 242
   desenvolvendo senso de urgência, 38-40
   dimensionando iniciativas digitais, 283
   habilidades digitais, 257-258
   hiperconsciência, 133
   ideação, 275, 279
   infraestrutura de tecnologia, 121
   inovação aberta, 160-162
   liderança digital ágil, 230
   medindo desempenho, 295
   métodos ágeis, 111
   modelo de governança digital, 94-95

monetizando serviços digitais, 189-190
novas tecnologias, 305
objetivos da transformação, 32-36
organizações de TI, 104-105
para desenvolver impulso e engajamento, 55-56
para fazer inventário de iniciativas digitais, 63-64
parcerias, 142-144
plataformas digitais, 201-203
portfólio de iniciativas digitais, 213
resiliência organizacional, 313
sobre, 26
startups, 152-156
sustentabilidade, 170-171
venda baseada em serviços, 182
Mensurável (no acrônimo PRISM), 32, 32*f*
Mentalidade "o digital primeiro", 326, 327, 327*f*
Mentalidade "tudo na mesma", 38
Mentalidade:
   para a inovação aberta, 159, 161
Mentoria reversa, 89, 134
Métodos ágeis, 83, 110-118
   a importância de usá-los, 110-111
   agilidade auto-organizadora, 318-319
   arsenal do hacker, 101
   e autonomia compartilhada, 114-115
   em colaborações, 147-148
   melhores práticas e *insights* essenciais, 111-116
   mudanças sustentáveis com, 113-114
   para a colaboração, 112-113, 266-268
   promover, em vez de mecanismos, 115-116
   questões para autorreflexão, 117-118
   sobre, 83
Métricas NPS, 299
Métricas proxy de sucesso, 302
Metro Group, 154-155
Michel, Stefan, 196
Michele, Alessandro, 233
Michelin, 183-184, 220
Michelin Fleet Solutions, 184
Microaprendizagem, 261
Microcomportamentos, 236
Microempresas, 330
Micron Technology, 123
Microsoft, 125, 170, 200, 231
Mídias sociais, 299, 306
Miranda, Joe, 277
MIT Sloan School of Management, 46
Mitchells & Butlers, 299
Mobilidade de recursos, para a colaboração, 266
Modelo de déficit, 38

Modelo de governança, negócios como de costume, 95
Modelo de negócios freemium, 192
Modelos, 43
Modelos de governança digital, 92-102, 98f
   a importância de, 92
   arsenal do hacker, 101
   melhores práticas e *insights* essenciais, 94
   questões para autorreflexão, 102
Mondelez, 74
Monsanto, 164-165
Montblanc, 205
Morriss, Anne, 64
Movimentos mais ousados, 232
Mudança
   gerenciamento da, 111, 215, 256-257
   sustentável, com métodos ágeis, 112
Munich Digital Partners, 142
Nadella, Satya, 231
Narasimhan, Vas, 232
Narayen, Shantanu, 57
NASA, 162
Nativos digitais, 26, 142, 256-258
Negociadores, 188
Nestlé, 98, 275, 276, 315-316
Netflix, 41, 86, 88, 96, 285
Nokia, 305
North Stars, 31, 72
Novartis, 65, 144
Novartis AG, 232
Novartis Sandoz, 144
Novas tecnologias, 304-311
   a importância de, 304
   arsenal do hacker, 310
   criação de muitas opções de, 307
   experimentação orientada por hipóteses com, 308
   fontes de, 305
   melhores práticas e *insights* essenciais, 305
   questões para autorreflexão, 311
Objetivos:
   complexos, 35
   definição de (ver Objetivos de transformação)
   de transformação (ver Objetivos de transformação)
   e o acrônimo PRISM, 32, 32f
   pouco realistas, 33
Objetivos complexos, 35
Objetivos de transformação, 31-36, 32f
   a importância dos, 31
   alinhamento, 46-47
   arsenal do hacker, 35

definição, 31
e ambiguidade na liderança, 241
medição de desempenho com, 296, 302
melhores práticas e insights essenciais, 32
questões para autorreflexão, 36
Objetivos pouco realistas, 33
Observação (os 4Bs), 207
Orçamentos base zero, 214, 215
Organizações centradas em produtos, 180
Organizações com grupos fechados, "panelinhas" ou "silos":
   incentivo para colaboração em, 266
   métodos ágeis em, 267
   promoção da colaboração em (ver Colaboração)
Organizações descentralizadas, 65, 93
Orn, Scott, 157
Oxford Learner's Dictionary, 322
P&D (*ver* Pesquisa e desenvolvimento)
P&G (Procter & Gamble), 94, 98319
Pagadores, 188
Pagar por serviços digitais (monetização), 174-198
   a importância da, 189
   arsenal do hacker, 195
   comunicando o valor do serviço para, 191
   e incentivo para vender, 194
   e precificação, 194
   estratégia em etapas, 188
   melhores práticas e insights essenciais, 189
   preparo da empresa para, 192
   questões para autorreflexão, 197
Painéis, 294, 301, 314
Palmisano, Sam, 56
Palo Alto Networks, 316
Pandora, 231
Parceiros de transformação estratégica, 143t
Parcerias, 141-150
   a importância das, 141
   arsenal do hacker, 148
   construção de confiança e alinhamento nas, 133
   encontre os parceiros corretos, 144
   externas, 142, 219
   melhores práticas e *insights* essenciais, 142
   questões para autorreflexão, 149
   transformação estratégica, 143t
Partes interessadas:
   buy-in de, ao dimensionar iniciativas digitais, 278, 286
   fase de ideação com as, 275
   incentivo de vendas com as, 188
   mapeamento das, 245

PayPal, 201
Pear Therapeutics, 144
Perfeccionista *versus* acelerador (tensão de liderança), 229, 234
Pernod Ricard, 58
Personalização:
    ao dimensionar iniciativas digitais, 285-286
    evite a alta, 186
Perspectivas neutras, 51
Pertencimento (os 4Bs), 203, 204*f*-207
Pesquisa e desenvolvimento (P&D):
    a importância de, 305-306
    inclusiva, 34
    para novas tecnologias (ver Novas tecnologias)
Pesquisas de pulso, 299
Pessoas "I", 260
Pessoas "M", 260
Pessoas "T", 260
Philips Consumer Lighting, 164
Pihkala, Tomio, 193
Planejamento, para escalar iniciativas digitais, 284
Plataformas:
    ágeis de engajamento do cliente, 121
    aquisição de, 205
    digitais (ver Plataformas digitais)
    princípios de curadoria para, 209
    qualidade dos dados, 121, 124
Plataformas digitais, 199-210
    a importância de aproveitar as, 200
    arsenal do hacker, 208
    melhores práticas e *insights* essenciais, 201
    questões para autorreflexão, 209
Política interna, 244, 251
Ponemon Institute, 317
Pontos de contato, para o alinhamento do digital com o TI, 107
"Por Que é Importante?"
    canal de iniciativa digital, 274
    CDOs, 248
    colaboração, 256
    conselho de administração, 84
    credibilidade, 239
    desenvolvimento de impulso e engajamento, 53
    desenvolvimento de senso de urgência, 37
    equipe responsável, 46
    financiamento, 71
    gerenciamento de portfólio, 212
    hiperconsciência, 133
    infraestrutura de tecnologia, 119
    iniciativas digitais em escala, 282

inovação aberta, 160
inventário das iniciativas digitais, 62
liderança digital ágil, 230
medição de desempenho, 295
métodos ágeis, 110
modelos de governança digital, 93
novas tecnologias, 304
objetivos de transformação, 31
organizações de TI, 103
pagamento por serviços digitais, 189
parcerias, 141
plataformas digitais, 200
resiliência organizacional, 312
sobre, 26
startups, 151
sustentabilidade e ética, 169
trabalho entre "panelinhas", 264
vendas baseadas em serviços, 180
Portfólios, equilíbrio, 213
Práticas de CR, de *startups*, 151, 152
Precificação, 124, 182, 194
Preciso (no acrônimo PRISM), 32, 32*t*
Preço baseado em resultados, 195
Price, Jonathan, 40
Pringuet, Pierre, 58
Problema do "ovo e da galinha", 201
Procter & Gamble (P&G), 94, 98, 319
Programa GLOBE (Global Business Excellence), 316
Programa InGenius, 275-276, 278
Programas de engajamento, 58
Propostas de valor digital, 214*f*, 215
Proust, Marcel, 15
Questões para autorreflexão:
    canal de iniciativas digitais, 280
    CDOs, 253
    colaboração, 269
    conselho de administração, 90
    credibilidade, 246
    desenvolvimento de impulso e engajamento, 60
    desenvolvimento de senso de urgência, 44
    digital e TI, 108
    equipes responsáveis, 52
    financiamento, 78
    habilidades digitais, 263
    hiperconsciência, 139
    infraestrutura de tecnologia, 127
    iniciativas digitais em escala, 292
    iniciativas digitais existentes, 68
    inovação aberta, 167

liderança digital ágil, 238
métodos ágeis, 117
modelos de governança digital, 102
monetização de serviços digitais, 197
novas tecnologias, 311
objetivos de transformação, 36
parcerias, 142
plataformas digitais, 209
portfólio de iniciativas digitais, 223
propósito das, 26
resiliência organizacional, 321
startups, 158
sustentabilidade, 175
venda baseada em serviços, 186
Rabobank, 95-96, 267, 275, 289,
RACI, 107
Radiall, 97
Randstad North America, 288
Rápidas, vitórias, 23, 244, 246
Realista (no acrônimo PRISM), 32
Rear, Andrew, 142
Reconfiguração, da cadeia de valor atual, 214*f*
Red Hat, 232
Redes distribuídas, dentro da equipe digital, 97
Reengenharia, digital, 77, 214, 214*f*
Regras de engajamento, 202
Reinvenção, do modelo de negócios, 214*f*, 215
Relatório "Tech Trends", 308
Resiliência organizacional, 312-322
    a importância da, 312
    arsenal do hacker, 320
    definição, 313
    e capacidade de resposta, 317
    e robustez, 315
    e vivacidade, 314
    melhores práticas e *insights* essenciais, 313
    questões para autorreflexão, 321
Resistência, 18, 219, 240, 244, 284
Responsabilidade:
    do CDO, 104-109
    na governança, 106
    no gerenciamento de dados, 127
Responsabilidade digital corporativa (CDR):
    atenção para a, 127–128
    sobre, 169
    tipos de, 171-174, 172*f*
Ressentimento, 219
Retorno sobre investimento (ROI), 54
    com investimentos digitais, 71

considerando apenas o portfólio, 76
de investimentos exploratórios, 74
Reuniões abertas, 107, 243
Revisão dos investimentos digitais, 78
Revisões, a importância das, 222, 223
Ricard, Alexandre, 58
Richemont, 205
Robustez:
    definição, 314
    resiliência organizacional e, 315
Roche Diagnostics, 320
Rodgers, Ian, 265
ROI (*ver* Retorno sobre investimento)
Ruess, Eberhard, 278, 316
Ruh, Bill, 183
Ruimin, Zhang, 330
Safáris digitais, 86
SAFe (estrutura ágil escalonada), 116
Safeway, 133
Salesforce, 76, 147
Samsung, 153
Samsung NEXT, 153
Sandberg, Anna, 115
Schenkel, Gerd, 244
Scheunert, Sabine, 100
Schmid-Lossberg, Alexander, 258
Schneider Electric, 86
Schnity, Ulrich, 153
Schulze, Trevor, 123
Scouting, 161
Scrum, 269
Scrum em Larga Escala (LeSS), 116
Scrum@Scale, 116
Seeing around corners (Rita McGrath), 138
Segurança psicológica, 47
Segurança, custos de, 72
Serviço Postal dos EUA, 124
Serviços gratuitos, 188, 189-192, 195-196
Sessões de aceleração, 66
Sessões de desintoxicação, 51
Setor público, inovação no, 38
SGS, 65, 250, 276, 318
Siddiqi, Farhan, 163
Siemens, 161
Sills, Beverly, 322
Simple, 220
Simplificação radical da parte principal, 218*f*, 219
Sistemas legados, 122, 123, 126
Sites transacionais, 286
Slack, 310

ÍNDICE REMISSIVO 365

SnackFutures, 74
Soluções de longo prazo, 259
Sotheby's, 205
Spotify, 192, 267, 269
Starbucks, 86, 106, 184
Startups, 151-158
   a importância das, 151
   arsenal do hacker, 156
   compartilhamento de conhecimentos e comunicação com, 154
   incentivo de colaborações com, 154
   melhores práticas e *insights* essenciais, 152
   práticas e estruturas de CR de, 152
   questões para autorreflexão, 158
State Bank of India, 74, 242
Steinacker, Saskia, 57
Steinem, Gloria, 177
Strategyzer, 307
Strode, Muriel, 225
Stukalsky, Alan, 288
Sucesso, medição do, , 297, 298*t* (*Ver também* Medição de desempenho)
Sucinto (no acrônimo PRISM), 32, 34
Suposições subjacentes, 48-49
Sustentabilidade, 169-176
   a importância da, 169
   melhores práticas e insights essenciais, 170
   questões para autorreflexão, 175
   se houver mudança, 113-114
Swanson, James, 165
Tabela de desempenho digital visual, 301
TDC, 112-113
TechCrunch, 157
TechnoWeb, 161
Tecnologias:
   habilidades e conhecimentos de, definição, 256
   infraestrutura para (ver Infraestruturas de tecnologia)
   novas (ver Novas tecnologias)
   sistemas legados, 122, 123, 126
Tempo, 305
Tencent, 86, 200
Tensões:
   detentor do poder *versus* compartilhador do poder, 233
   entre lideranças tradicionais e emergentes, 230
   entre o digital e o TI, 105, 105f
   estável *versus* adaptável, 231
   intuitivo *versus* analista, 234
   perfeccionista *versus* acelerador, 234

Terceirização, 142, 143, 163, 172
Testes, 308
Thiel, Peter, 201
Thomson Reuters, 277
ThoughWorks Technology Radar, 308
TI tradicional, 103, 105*f*, 106
TI, 103-109. 105*t*
   a importância do, 103
   arsenal do hacker, 107
   e infraestrutura de tecnologia, 119, 122
   fornecedores, 143t
   interligado com o digital, 104
   melhores práticas e *insights* essenciais, 104
   questões de autorreflexão, 108
   time/equipe digital e, 19, 82
Ticketmaster, 123-124
TikTok, 191
Tolia, Chetan, 287
Tomada de decisões:
   ágil, 115
   autonomia, 112
   em lideranças tradicionais *versus* emergentes, 231, 234, 242, 260, 275
   orientada por dados, 234, 328
   pelos CDOs, 251
   rápida, 114
   uso da tecnologia para aumentar a, 305
Tópicos "indiscutíveis", 50, 51
Transformação da cadeia de valor, 214*f*, 215-216
Transformação digital:
   a importância da, 326
   o caminho para, 327f
   o crescimento da, 322-323
   o futuro da, 325-326
   os desafios da, 20-28
Transformação(ões):
   cadeia de valor, 188, 212-214, 214*f*, 215
   especialistas em, 85
   objetivos para a (ver Objetivos de transformação)
Transparência:
   do conselho de administração, 86
   do TI e do digital, 107
   em parcerias, 144
   na ideação e na inovação, 267
Triângulo da confiança,
Twain, Mark, 29
Uber, 41, 43, 85, 177, 199-200, 203, 299
Uber Eats, 200
UBS, 287
Ulaga, Wolfgang, 196

Under Armour, 133
Unidades CR (capital de risco corporativo), 152
Unidades de capital de risco corporativo (CRC), 151
Unidades digitais compartilhadas, 95, 98*f*
Unilever, 54, 240
Unipol, 173
Unir a equipe central, 320
Urgência, desenvolvimento de senso de (*ver* Desenvolvimento de senso de urgência)
US Department of Energy, 297
Usabilidade, 122, 283
Usuários, 188
ValuesJam, 56
Venda de serviços, 180-187, 182*f*
   a importância da, 180
   arsenal do hacker, 185
   melhores práticas e *insights* essenciais, 181
   questões para autorreflexão, 186
Venda incentivada, 194
Vendedores, 194, 196
Vendendo o peixe, 169
Verlaine, Tom, 81
Versace, 207
Viki Tendayi, 307

Vírus NotPetya, 125
Visão digital:
   comunicando a sua, 41
   modelos explicando a, 43
Visão externa, 43
Vistaprint, 117
Vitórias rápidas, 23, 216, 244
Vivacidade:
   definição, 313
   resiliência organizacional e, 313
Viyet, 205
Volvo Cars, 98, 115
Vozes da comunidade, 56-59
Walmart, 98, 135, 205
Watchfinder, 206
Webinar ao vivo, 258
WeChat, 147
Welde, Rahul, 54, 240
Westergren, Tim, 231
Whitehurst, Jim, 232
XOM, 204
Zara, 43, 134
Zoom, 197, 288
Zuckerberg, Mark, 171

SOBRE OS AUTORES

Michael Wade

Michael Wade é professor de inovação e estratégia no IMD e dirige o Centro Global de Transformação de Negócios Digitais do IMD, um grupo de pesquisa focado em disrupção e transformação digital. Ele é autor de dez livros sobre temas digitais e tecnológicos. Sua pesquisa acadêmica foi publicada ou citada na mídia, como *Harvard Business Review, MIT Sloan Management Review, Strategic Management Journal, MIS Quarterly*, entre outros veículos. Ele dirige uma série de programas executivos no IMD sobre tópicos digitais, incluindo Leading Digital Business Transformation (Liderando a transformação de negócios digitais), Digital Disruption (Disrupção digital), Digital Execution (Execução digital) e Digital Transformation for Boards (Transformação digital para conselhos). Michael comenta regularmente sobre tópicos digitais na mídia impressa e visual, além de ter sido nomeado, três vezes, um dos principais líderes de pensamento digital na Suíça por *Bilanz, Le Temps* e *Handelszeitung*.

Didier Bonnet

Didier Bonnet é professor de Estratégia e de Transformação digital no IMD Business School. Ele tem mais de 25 anos de experiência em desenvolvimento de estratégia, globalização e transformação de negócios para grandes corporações, além de ter trabalhado em mais de 15 países. Antes do IMD, Didier foi consultor de estratégia e vice-presidente executivo de Transformação Digital Global da Capgemini Invent. Ele é coautor do livro best-seller *Leading Digital: Turning Technology into Business Transformation*. A pesquisa de Didier foi publicada em: *Harvard*

Business Review, MIT Sloan Management Review, R&D Management, Business Strategy Review, Financial Times, Forbes, entre outros. Didier também comenta regularmente sobre tópicos relacionados à transformação digital. Além de ter sido nomeado "Líder Digital Global 2018" pelo CDO Conclave, ele foi considerado um dos cinco principais líderes globais de pensamento e influenciadores de disrupção digital em 2021 pela Thinkers 360. É formado em economia e obteve o doutorado na New College, Oxford University.

Tomoko Yokoi

Tomoko Yokoi é pesquisadora e escritora do Global Center for Digital Business Transformation no IMD. Ela é contribuidora da *Forbes* em tópicos relacionados à transformação e inovação digital, e seus artigos foram publicados em veículos como *MIT Sloan Management Review, Quartzo,* entre outros. Tomoko traz *insigths* de profissionais para sua pesquisa com base em 20 anos de experiência como executiva sênior nos setores B2B e B2C, que inclui desde tecnologias industriais e de saúde até *softwares* corporativos e serviços educacionais. Como empreendedora digital de meio período, está sempre atenta a novas tecnologias e novas tendências, além de fornecer serviços de consultoria para transformações de negócios digitais. É detentora de MBA do IMD e de MALD da Fletcher School of Law and Diplomacy.

Nikolaus Obwegeser

Nikolaus Obwegeser é professor e diretor do Institute for Digital Technology Management da Universidade de Ciências Aplicadas de Berna (BFH). Suas áreas de especialização incluem Transformação e Inovação de Negócios Digitais. Como estudioso e autor, Nikolaus teve sua pesquisa publicada em vários meios acadêmicos e profissionais altamente conceituados, incluindo: *MIT Sloan Management Review, Technovation* e o *Journal of Product Innovation Management.* Antes de ingressar na BFH, Nikolaus foi pesquisador do IMD e professor associado de sistemas de informação da Universidade de Aarhus (Dinamarca). Além das atividades de pesquisa, Nikolaus fornece regularmente serviços de assessoria e consultoria para organizações públicas e privadas na área de transformação de negócios digitais.